中國學術思想 研究輯刊

八 編

林 慶 彰 主編

第 4 冊

莊子「氣」概念思維（下）

陳 靜 美 著

花木蘭文化出版社

國家圖書館出版品預行編目資料

莊子「氣」概念思維(下)／陳靜美 著 — 初版 — 台北縣永和市：
花木蘭文化出版社，2010〔民 99〕
目 4+164 面；19×26 公分
（中國學術思想研究輯刊 八編；第 4 冊）
ISBN：978-986-254-188-3（精裝）
1.（周）莊周　2.莊子　3.學術思想　4.研究考訂
121.337　　　　　　　　　　　　　　　　99002350

ISBN - 978-986-2541-88-3

9 789862 541883

中國學術思想研究輯刊
八 編 第四冊 　　　　　　　ISBN：978-986-254-188-3

莊子「氣」概念思維（下）

作　　者	陳靜美
主　　編	林慶彰
總 編 輯	杜潔祥
出　　版	花木蘭文化出版社
發 行 所	花木蘭文化出版社
發 行 人	高小娟
聯絡地址	台北縣永和市中正路五九五號七樓之三
	電話：02-2923-1455／傳眞：02-2923-1452
網　　址	http://www.huamulan.tw 信箱 sut81518@ms59.hinet.net
印　　刷	普羅文化出版廣告事業
封面設計	劉開工作室
初　　版	2010 年 3 月
定　　價	八編 35 冊（精裝）新台幣 58,000 元

莊子「氣」概念思維（下）

陳靜美　著

目

次

第四章　莊學〈外雜篇〉「氣」概念的解析

　　第三章已充分論及「氣」爲修養的先決條件，亦解析莊子言「心」之意涵。本章之主旨，重在分析、歸納《莊子》〈外雜篇〉「氣」概念之涵義，以明莊學「氣」概念的眞實意涵。特意將〈內篇〉與〈外雜篇〉之「氣」概念分別論述，乃爲藉由理解〈內篇〉與〈外雜篇〉之「氣」概念發展之演變與歷程，進而把握〈內篇〉與〈外雜篇〉之「氣」概念的內涵與特色。

　　〈外雜篇〉所論之「氣」，並不妨〈內篇〉「氣」概念之發展，甚而，〈外雜篇〉的觀點是爲〈內篇〉「氣」義進一步之發揮，故而，將〈外雜篇〉視爲《莊子》內七篇思想更進一層的拓深與闡發。

第一節　莊學〈外雜篇〉「氣」概念的意涵

　　爲釐清〈外雜篇〉「氣」概念之意旨，與探討〈外雜篇〉「氣」概念之形上涵義，故就《莊子》〈外雜篇〉之「氣」概念，分別自然現象之「氣」、生命形軀（精神、生理）之「氣」、工夫修爲之「氣」，與哲學義涵之「氣」等四大面向深入闡述之。

一、自然現象之「氣」

　　1.「強陽氣」（〈知北遊〉）

　　2.「天氣」、「地氣」、「六氣」（〈在宥〉）

　　3.「春氣」（〈庚桑楚〉）

　　4.「四時殊氣」（〈則陽〉）

二、生命形軀（精神、生理）之「氣」

1. 「血氣」（〈在宥〉）
2. 「忿滀之氣」（〈達生〉）
3. 「馮氣」（〈盜跖〉）
4. 「恃氣」與「盛氣」（〈達生〉）
5. 「容動色理氣意六者，謬心也」（「氣息」）（〈庚桑楚〉）
6. 「志氣」（〈盜跖〉）
7. 「出氣」（「呼吸之氣」）（〈盜跖〉）
8. 「定氣」（〈說劍〉）

三、工夫修為之「氣」

1. 「純氣」（〈達生〉）
2. 「養氣」（〈達生〉）
3. 「平氣」（〈庚桑楚〉）
4. 「耗氣」（〈達生〉）
5. 「神氣」（〈天地〉、〈田子方〉）
6. 「邪氣」（〈刻意〉）
7. 「雲氣」（〈在宥〉、〈天運〉）

四、哲學義涵之「氣」

1. 「一氣」（〈知北遊〉）
2. 「本無氣」（〈至樂〉）
3. 「陰陽者，氣之大者也」（〈則陽〉）
4. 「受氣於陰陽」（〈秋水〉）

一、自然現象之「氣」

（一）「強陽氣」——自然現象之氣

　　是天地之委形也；生非汝有，是天地之委和也；性命非汝有，是天地
　　之委順也；子孫非汝有，是天地之委蛻也。故行不知所在，處不知所
　　持，食不知所味。天地之強陽氣也，又胡可得而有邪！（〈知北遊〉）
所謂「強陽」，郭象注：「強陽，猶運動耳」；〔註1〕成玄英疏：「強陽，運動也」；
〔註2〕宣穎云：「彊陽，就氣之健動處言之」；〔註3〕可知「強陽」乃運動、健

〔註 1〕 引自郭慶藩：《莊子集釋》，頁 740。
〔註 2〕 引自郭慶藩：《莊子集釋》，頁 740。

動之意；而「強陽氣」則意謂天地之氣的運動。天地之氣是運動、健動的存在，天地之氣的運動與健動能夠成就人與萬物的生成變化；譬如人之形體、性命與子孫，即是「天地陰陽運動之氣聚結而成者」。〔註4〕

此是說明吾人之身體是天地間陰陽二氣暫時賦予的形軀，吾人之生命亦是天地間陰陽二氣暫時委寄之和；〔註5〕因而「生」、「性命」、「子孫」都是天地之「委和」、「委順」、「委蛻」；人亦是「委形」，〔註6〕託付、委託於「氣」的存在。郭象注釋「強陽」之意爲運動，亦即取其天地能夠驅使「委和」、「委順」、「委蛻」的動力所在。正因人之形體、性命與子孫都來自天地之委，是天地之「委形」、「委和」、「委順」、「委蛻」所形成的，是以，無人能以有爲的方式得到而佔有，故言「明斯道也，庶可以遺身而忘生也」。〔註7〕其實，莊學以「行」、「處」、「食」之爲「在」、「持」、「味」，就是由於天地間「一氣」的流轉交通，特別是因爲「天地之強陽」爲「氣」，「氣」的運動即爲「天地之強陽」。

誠如，宇宙萬物的運動性由天地之「強陽」而來，其運動主體即是「氣」；莊學肯定「氣」的運動性事實，因而並未正面說明「氣」何以運動（亦即「氣」的運動性從何而來）。只是，當論及有關「氣」的運動規則時，常以四季作爲象徵性的比喻，此如，莊子視其妻之死，爲自然現象的變化，即〈至樂〉所云：「今又變而之死，是相與爲春夏秋冬四時行也」。依莊書脈絡，或許所給出的答案，就是「氣」乃自然而然的運動，「自然」即是「氣」的運動特性，除「自然」而外，無所謂「氣」的運動特性，顯見，在處理許多問題的見解上，莊書通常是以「自然」爲其根本之解答。〔註8〕

〔註3〕 語出宣穎：《南華經解》，〈知北遊〉解，頁389。
〔註4〕 語出郭慶藩：《莊子集釋》，頁740。
〔註5〕 因爲陰陽和合，方有萬物生焉，所以，莊子亦以「和」來代稱萬物的生命。天地陰陽二氣暫時之「和」，可以成就吾人之生命。
〔註6〕 所謂「委形」，宣穎：《南華經解》，頁389云：「委字妙，造化流而不息，偶爾委寄，便成一物。未幾，又復歸，還如委任者，暫以相付，終非我有也」。
〔註7〕 引自郭慶藩：《莊子集釋》，頁740。
〔註8〕 莊子常以「自然」來作爲問題的解答，可自以下敘述得到印證。〈德充符〉：「惠子謂莊子曰：『人故無情乎？』莊子曰：『然。』惠子曰：『人而無情，何以謂之人？』莊子曰：『道與之貌，天與之形，惡得不謂之人？』惠子曰：『既謂之人，惡得無情？』莊子曰：『是非吾所謂情也。吾所謂無情者，言人之不以好惡內傷其身，常因自然而不益生也。』」此言：以人爲代表的宇宙萬物，都是「道」和「天」所賦予的「貌」和「形」，而莊子所謂「無情」之意，就是

（二）「天氣」、「地氣」、「六氣」──自然現象之氣

> 天氣不和，地氣鬱結，六氣不調，四時不節。今我願合六氣之精以
> 育群生，爲之奈何？（〈在宥〉）

所謂「天氣」、「地氣」，〔註9〕意謂「陰陽之氣」。而「六氣」，是即陰、陽、
風、雨、誨、明之氣；此同於《左傳》的六氣之說，與〈逍遙遊〉「御六氣之
辯」的「六氣」。

此是雲將向鴻蒙請教所言，說明雲將欲超脫於天、地、四時之不調和、
不節度之「氣」（陰、陽、溫、涼、寒、暑之「氣」之鬱結），希冀合乎「六
氣」之精，以求能夠「育群生」。所謂「四時不節」，依宣穎的解釋是「四時
不調」，導致四時不調現象的原因是陰陽並傷、並廢。〔註10〕正因，天的陰氣
失調不順，地的陽氣也抑鬱結聚，無法一升一降地成和交通，使得陰陽之氣
的變化，導致六氣亦受影響而失調，且因季節不依原有秩序運行，自然寒暑
現象也隨之混亂，萬物的生長變化也受到影響，人之形體就在如此冷暖失調
混亂之下受到傷害。即因「陰陽之氣」或「六氣」不調，萬物乃至四季變化
都會紊亂，故而，唯有陰陽諧和，「六氣」調順，四季才會正常變化，萬物亦
才會正常生長。依此可知，人類與萬物的生長變化，無不受「陰陽之氣」變
化所支配，顯見「氣」之於萬物，確實具有相當之影響力。

（三）「春氣」──自然現象之「氣」

> 夫春氣發而百草生，正得秋而萬寶成。夫春與秋，豈無得而然哉？ 天
> 道已行矣。（〈庚桑楚〉）

此言春有春的「氣」，且「春氣」發動之時，所有草木、穀物開始成長，至於
秋天，萬物果實成熟，春生秋成，「得其自然者而任之」，〔註11〕此是自然之
「天道」運行的結果。即因春生秋成乃自然之道的運行結果，人爲造作會破

沒有什麼有情與無情，都只是「道與之貌，天與之形」，如此而已；因此，重
點在於如何保存「自然」之「氣」，而不是在於強調「氣」的運動性之根據（來
源、原因、目的）。

〔註9〕 依《禮記》〈禮運〉曰：「天秉陽，垂日星；地秉陰，竅於山川」，在日常生活
　　　 中，人們注意到熱氣上升飛騰，寒氣下降低沉，所以，中國古代以「陽氣」
　　　 象徵「天氣」，「陰氣」代表「地氣」。

〔註10〕 〈在宥〉：「人之大喜、毗於陽；大怒邪，毗於陰。陰陽並毗，四時不至、寒
　　　 暑之和不成，其反傷人之形乎」。宣穎：《南華眞經正義》頁165：「毗，偏也」。
　　　 王叔岷：《莊子校詮》言「毗」有廢、破、墜、傷之意。

〔註11〕 語出陳壽昌：《南華眞經正義》，〈庚桑楚〉解，頁18。

壞自然法則，故而，爲政者亦宜效法天道，無心自然，自然無爲。

　　莊子論「氣」，有所謂「六氣」（「天地」與「四時」之「氣」）之說，而「六氣」是指陰、陽、春、夏、秋、冬，或是「天地」與「四時」所蘊含之「氣」的特性——陰、陽、溫（風）、涼（雨）、寒（晦）、暑（明）。然而，春氣啓動而萌生萬物，秋氣則促成萬物的成長；然而，春與秋之所以能在無所得的情形下，具有萌生萬物與成長萬物的能力，乃因春生秋成並非春秋本身能「然」，而是得於天道之行使然。也就是說，春秋是得之於天道之「春氣發」的「氣」，所以，當春氣一發之時，而有百草生。縱使，天道乃是藉由「氣」而「行」於季節，並使各季節展現出不同的節氣（殊氣）以遂行天道（「故歲成」），然而，天道本身並不參與四季的生、長、斂、殺，因而又謂「天不賜」。

（四）「四時殊氣」——自然現象之「氣」

　　　　四時殊氣，天不賜，故歲成；五官殊職，君不私，故國治；文武殊
　　　　能，大人不賜，故德備；萬物殊理，道不私，故無名。無名故無爲，
　　　　無爲而無不爲。時有終始，世有變化。（〈則陽〉）

「四時」指春夏秋冬四季；「四時殊氣」意謂春夏秋冬四季之氣各有不同。〔註12〕所謂「賜」，宣穎云：「賜則私也」；〔註13〕即因天不偏私，「合四時之氣以爲氣，利萬物而不自以爲恩」，〔註14〕故而每年有所收成。反觀，爲政者之偏私乃治國之大患，故不能不去之。依此，莊子理想的治世之道，須「順物自然而無容私」（〈應帝王〉），「以百姓心爲心」（《老子》〈四十九章〉），無心而爲，無爲而治；因著天道順應萬物之性而無所偏私，故能「歲成」，同理，爲政者亦應給出百姓存活的空間，百姓方能自適自得。

　　此言四時殊氣、五官殊職、文武殊能、萬物殊理之「殊」；雖說四時的「氣」、五官的職分、文武的能力、萬物之理，都不相同，但是，天、君、大人、道因其不偏不黨與無私，而使四時、五官、文武、萬物各得其正。依莊學，肯定春、夏、秋、冬之「氣」的不同特性，可知殊氣、殊職、殊能、殊理，乃象徵著宇宙萬物的時間（時）與空間（世），一定存在著「終始」和「變化」；

〔註12〕因著中國是典型的北半球溫帶季風氣候，季風與寒暖緊密相連；由於，季風來自四方，所以季節配以方位。以是之故，「四時殊氣」是將寒暖與季風兼而言之的寒暖之氣。
〔註13〕語出宣穎：《南華經解》，〈則陽〉解，頁458。
〔註14〕語出陳壽昌：《南華眞經正義》，〈則陽〉解，頁37。

而此「六氣」之「終始」與「變化」，即是「氣化」。

　　一般而言，「四時殊氣」是指陰陽之氣的變化，而對萬物發揮生長斂殺之效。而莊學之「氣」概念因具有「一氣」性，因此，四時之「氣」就本體而言，仍是「一」，至於，四時所論及之「氣」內涵，方是「殊」。也就是說，「一氣」是用來說明宇宙萬物之整體性的存在原理，而「氣殊」則是用來解釋自然現象之循環變化的形構原理。故而，四時之「氣」雖然可有不同，但仍同屬於「一氣」。

　　〈外雜篇〉所論自然現象之氣，無論是〈在宥〉之「天氣」、「地氣」、「六氣」，〈庚桑楚〉之「春氣」，或〈則陽〉之「四時殊氣」，皆承自〈內篇〉的比喻用法，表面上看是描述天地氣象的自然變化，但實際上，「天氣」、「地氣」、「六氣」之說是欲超離天、地、四時之鬱結不調和之「氣」，希冀合乎「六氣」之精，以求能夠化育群生；「春氣」之說則在闡明春生秋成乃自然之道的運行結果，人為造作會破壞自然法則，是以，為政者亦宜效法天道，無心自然，自然無為；而「四時殊氣」則在鋪敘春夏秋冬四季之氣各有不同，因著天的不偏私，所以每年有所收成，由此帶出為政者須先去偏私而後治國之重要與省思。而〈知北遊〉之「強陽氣」，更是表明人之形體、性命與子孫，即是天地陰陽健動之氣聚結而成者，宇宙萬物的一切，都是天地所暫委，是以，人與萬物必要隨順自然，特別是天地間「一氣」之流轉交通的強陽之氣。

二、生命形軀（精神、生理）之「氣」

（一）「血氣」──生命形軀（精神、生理）之「氣」

　　　昔者黃帝始以仁義攖人之心，堯舜於是乎股無胈，脛無毛，以養天
　　　下之形。愁其五藏以為仁義，矜其血氣以規法度。（〈在宥〉）

「矜其血氣」，依郭慶藩釋曰：「矜其血氣，猶孟子言苦其心志也。矜者，苦也，訓見爾雅釋言篇」；[註15]「矜」乃勞苦，「血氣」是指精力，屬於生命形軀之氣，「矜其血氣」意謂苦費心血。

　　此言老聃否定「以仁義攖人之心」、「以養天下之形」及「愁其五藏以為仁義，矜其血氣以規法度」。莊學本意並不在於，以五藏來擔憂仁義，以「血氣」來矜憐法度；而是以五藏與「血氣」來詮釋仁義與法度。此以五藏與「血

〔註15〕語出郭慶藩：《莊子集釋》，頁374。

氣」來作爲人最普遍的生存條件與結構，象徵「血氣」能夠代表一般人都具有的正常氣力，一如「人氣」。依此可知，莊學認爲我們人類都保有生命共同之「氣」，也就是「血氣」。

（二）「忿滀之氣」──生命形軀（精神、生理）之「氣」

> 公則自傷，鬼惡能傷公！夫忿滀之氣，散而不反，則爲不足；上而不下，則使人善怒；下而不上，則使人善忘；不上不下，中身當心，則爲病。（〈達生〉）

「忿滀之氣」，依王先謙《莊子集解》引李頤云：「忿，滿也。滀，結聚也。精神有逆，則陰陽結於內，魂魄散於外，故曰不足。陽散陰凝，故怒；陰發陽伏，故忘也。上下不和，則陰陽爭而攻心，心，精神主，故病也」；〔註16〕「忿滀之氣」是即鬱結之氣。內心若驚恐不安，會使鬱結之氣「散而不反」、「上而不下」、「下而不上」、「不上不下」地爭而攻心，這會對人造成負面影響，使人變得「善怒」、「善忘」，乃至於生病。

此言桓公見鬼生病時，皇子告敖對病症的解釋，是以「氣」說明人的病因。尤其，皇子告敖以桓公自我傷害，而非鬼神所害爲由，表現對人生禍患保持著極理性與合理的態度思維；而皇子告敖一針見血的做法，就是以對桓公有益的說明而令桓公歡喜高興，自然病痛很快即能痊癒。依此，本應充滿結聚之氣，如因有所憂懼而散，或只上不下，或只下不上，或不上不下地爭而攻心，就會使人受影響而生病。至於，「忿滀之氣」之所以積聚胸中，乃因憂患入襲於心，使心不能以虛靜待物的緣故，是以，桓公的病是因內心疑懼，使氣無法上達亦不下通，堆積閉塞在心中所導致。值得注意的是，莊子述說桓公見鬼的寓言故事，並非爲討論鬼神是否存在，而是在強調人應順應自然，方不致因物而傷其性。

雖謂莊子之「生死」，就是「一氣」的聚散，然而，人生病痛又自何而來，依莊學，人生病痛基本上是來自「陰陽之氣」的錯亂。只要有意識地消除「忿滀之氣」，就能提升自我免疫能力，也就能夠遠離身體病痛。此即〈外物〉云：「有甚憂兩陷而無所逃。螴蜳不得成，心若縣於天地之間，慰睯沈屯，利害相摩，生火甚多，眾人焚和，月固不勝火，於是乎有僓然而道盡」，明確指出心被困於利害、榮辱、是非、得失等「兩陷」中而反覆不安，加上求成不得

〔註16〕語出王先謙：《莊子集解》，頁161。

而使心懸盪不踏實，利害之念如此輾轉相摩，就會在心中摩擦出火來而焚了
天和之氣，那麼，性中清明如月之生機和氣既遭焚斬殆盡，自然無法保持春
和之氣。因此，如何而能常保健康與維持長壽，必然就是要永保和氣，〈在宥〉
有言：「我爲女遂於大明之上矣，至彼至陽之原也；爲女入於窈冥之門矣，至
彼至陰之原也。天地有官，陰陽有藏。愼守女身，物將自壯。我守其一以處
其和。故我修身千二百歲矣，吾形未常衰」，天地職司覆載之責，陰陽亦源源
不絕地相互掩覆互爲其根，而「比形於天地，受氣於陰陽」（〈秋水〉）之人，
實無須旁騖外求，只要愼守天地所委之形，陰陽所委之和，萬物就會自然茁
壯，廣成子自身即是守住由無落向有的起初之「一」，且處於二氣之「和」，
就能擁有千二百歲的長壽，甚至，形體未衰。依此可見，「和」之於生命的存
續，確實具有相當重要的影響力。至於，陰陽二氣之和合意義，是既不偏於
陽亦不偏於陰，故爲絕對中性的狀態，因爲中性狀態也就蘊含無限的可能性。
所以，陰陽二氣之和合，不僅足以生物，而且足以生成萬物，「和」是中性具
有無限的可能，而萬物即是此無限可能之具體呈現。

（三）「馮氣」──生命形軀（精神、生理）之「氣」

> 佚溺於馮氣，若負重行而上也，可謂苦矣。（〈盜跖〉）

「佚溺」是佚塞沉溺。關於「馮氣」，王念孫曰：「釋文曰，『馮氣，馮音憤，
憤懣也。言憤畜不通之氣也。』案『馮氣』，盛氣也。昭五年左傳：『今君奮
焉震電馮怒，』杜注曰：『馮，盛也。』楚辭離騷：『馮不厭乎求索，』王注
曰：『馮，滿也，』楚人名『滿』曰『馮』。是『馮』爲盛滿之義」；〔註17〕可
知「馮氣」意指憤懣之氣。

此言知和與無知的對話，無知以「富之於人，無所不利」，所以崇拜財富
權勢，一味追求「聲色滋味權勢」所帶來的快樂；相對於此，知和則以「平
爲福，有餘爲害，物莫不然，而財其甚者也」，主張因任自然，批評縱欲之弊，
指出種種貪求爭奪的天下大害，而「佚溺於馮氣，若負重行而上也，可謂苦
矣」，即爲其中之一。所謂「佚溺於馮氣」，墮落沉迷於欲求名利的爭競追逐，
心會疲於奔命，生命亦將無法自在自適，故而，唯有消解對於外在權勢富貴
的定執與追競，無欲無知，無心無爲，生命才能回歸自然眞實。

〈盜跖〉之「馮氣」，是指憤懣之氣，〈達生〉之「忿滀之氣」意謂鬱結

〔註17〕引自陳鼓應：《莊子今註今釋》，頁872。

之氣，兩者意思相近，皆言「氣」的積聚不通暢。

（四）「恃氣」與「盛氣」——生命形軀（精神、生理）之「氣」

> 紀渻子爲王養鬥雞。十日而問：「雞已乎？」曰：「未也，方虛憍而
> 恃氣。」十日又問，曰：「未也，猶應嚮景。」十日又問，曰：「未
> 也，猶疾視而盛氣。」十日又問，曰：「幾矣，雞雖有鳴者，已無
> 變矣，望之似木雞矣，其德全矣。異雞無敢應者，反走矣！」（〈達
> 生〉）

所謂「恃氣」，意指自負高傲之氣；「盛氣」形容蓄勢待發的模樣。「恃氣」與
「盛氣」皆偏向以心使氣；假定，內心因爲驕傲自高而不平和，「氣」自然無
法柔和。

　　此言莊學以鬥雞故事來說明「德全」狀態，而「恃氣」與「盛氣」之表
現，則是「德未全」的階段。第一次，鬥雞的表現是假裝驕傲，一副盛氣凌
人的姿態（「虛憍則傲，恃氣則凌」）；〔註18〕第二次，鬥雞對另外的鬥雞反應
非常敏感，連聲音與影像也要對付；第三次，鬥雞依然「顧視速疾，意氣強
盛」，〔註19〕「氣」仍舊興奮、搖亂；等到第四次，鬥雞差不多像是隻木雞似
的，對另外鬥雞的鳴叫聲沒有任何反應，亦無法應戰而逃避。紀渻子爲周宣
王養鬥雞，在紀渻子看來，「恃氣」與「盛氣」都是不足取的，一般的鬥雞，
「虛憍而恃氣」、「疾視而盛氣」，心易被外物牽引而去，所以，看見影像、聽
到聲音，就會有所回應，雖然這是生物自然的生理反應，但在戰鬥時易居下
風。是以，紀渻子認爲好的鬥雞，必須不驕昂而恃氣，不怒視而盛氣，而「望
之似木雞」一樣地虛靜，〔註20〕精神專一而不爲外物所牽引，方謂德全。

　　鬥雞這則寓言故事，事實上是個隱喻，合乎我們人類的情境遭遇，因而，
「恃氣」與「盛氣」亦相當於人之不完全的心理狀態，也即是形軀生命之氣。
後代註釋家常以「神」與「氣」的關係，來解釋這則鬥雞的故事。江遹言：「疾
視則其神不甯，盛氣則其心不平」；〔註21〕王夫之亦云：「守氣者，徐之徐之，
已俟其內充，而自不外溢。內充則神安其宅，外不溢則氣定而終無變；舉天

〔註18〕江遹註曰：「虛憍則傲，恃氣則凌」；參閱焦竑：《莊子翼》，頁169。

〔註19〕成玄英疏；引自郭慶藩：《莊子集釋》，頁655。

〔註20〕莊子賦予「呆若木雞」一詞正面涵義，意謂超越「虛憍而恃氣」、「疾視而盛
氣」後，所呈顯之狀若木雞般氣定神凝的精神境界；而莊子原意未若現今用
法，將人視爲笨呆的像木頭做成的雞一樣。

〔註21〕江遹註；引自焦竑：《莊子翼》，頁169。

下可悅可惡可怪可懼者，自望而反走，純氣不待守而自守矣」。〔註22〕依江遹與王夫之所謂「神」，已是「氣之神」，人之「氣」成為決定「神」的要素之一，亦即，人的內在氣宇（「氣」）會影響及人對外在世界的精神態度（「神」）。由於，「恃氣」與「盛氣」，是「氣」的不完全性，也就是「氣」因外物而產生動搖，故而，人應當回復「純氣之守」的樣態，能夠如此，就不會有興氣作浪的情事，亦不會有凌氣逼人的情狀。依此亦可知，莊學所謂「氣」概念，是會受外物影響之可變之物，而「恃氣」與「盛氣」都只不過是失常的情況。

（五）「容動色理氣意六者，謬心也」（「氣息」）——生命形軀（精神、生理）之「氣」

> 徹志之勃，解心之謬，去德之累，達道之塞。貴富顯嚴名利六者，勃志也。容動色理氣意六者，謬心也。惡欲喜怒哀樂六者，累德也。去就取與知能六者，塞道也。此四六者不盪胸中則正，正則靜，靜則明，明則虛，虛則無為而無不為也。（〈庚桑楚〉）

關於「容動色理氣意」，依成玄英疏，乃容貌、變動、顏色、辭理、氣息與情意；〔註23〕其中，「氣」指氣息，屬於形軀生命之氣。而「謬」通繆，束縛之意。此言「容動色理氣意」六者顯現於外，會束縛心靈，心靈受束縛，不僅思慮未能通達於理而無法照見事物本相，同時，亦與自由無限之道體相互隔絕；之所以如此，在於心有知的作用，因心知外馳而執著陷溺於物。然而，真君之心畢竟是生命之主體，人若於心上作虛靜之修養工夫，破除成心，超脫物欲，去蔽去障，自能「徹志之勃，解心之謬，去德之累，達道之塞」，使心免於「容動色理氣意」之攪動與束縛，恢復心靈原有之明覺與躍動。

　　一般而言的理想狀態是，捨去志之勃、心之謬、德之累、道之塞，而達到志、心、德、道完全實現的狀態。使志、心、德、道無法發揮其實各有六個原因：對志而言，是貴、富、顯、嚴、名、利這六者，引起了志的悖亂；對心而言，是容、動、色、理、氣、意這六者，導致了心的謬誤；對德而言，是惡、欲喜、怒、哀、樂這六者，引發了德的累贅；對道而言，是去、就、取、與、知、能這六者，導引了道的杜塞。導致心之謬誤的六者之中，「氣」也像其他五種一樣，束縛綑紮著心。基本上，上述四種六者若不動搖，那麼，志、心、德、道就都可保存自己的本位，只是，人們已受此四種六者的影響，所以，必須回

〔註22〕語出王夫之：《莊子通‧莊子解》之〈莊子解〉，頁162。
〔註23〕引自郭慶藩：《莊子集釋》，頁80，成玄英疏。

到「中則正，正則靜，靜則明，明則虛，虛則無爲而無不爲」的情狀。

即使「氣」如同容、動、色、理、意，是綑綁心的原因之一，且人所固有表現之「氣」，並非六情之顯現，亦非名利富貴之所指，但是，「氣」仍然具有與容貌、變動、顏色、辭理、情意相似之特徵，亦即「氣息」之顯現。

（六）「志氣」——生命形軀（精神、生理）之「氣」

今吾告子以人之情，目欲視色，耳欲聽聲，口欲察味，志氣欲盈。（〈盜跖〉）

所謂「志」，是心之所之；「氣」乃所以充滿於形體而爲喜怒；「志氣」意謂心志、氣概。

此謂莊學藉大道之口向孔子所言，依盜跖之見，人之性情是欲眼睛見到顏色，耳朵聽到聲音，口舌察辨味道，心志要求滿足，但是，人生短促，通道者當「說其志意，養其壽命」。所謂「志氣」之「志」，可說是「志意」，是除了視覺、聽覺與味覺之外，心的某種機能，統帥各種知覺的最高層知覺。「目欲視色，耳欲聽聲，口欲察味，志氣欲盈」，指出欲望之爲人之本能，有著無可奈何的非理想性；而此發抒相類於〈庚桑楚〉：「容、動、色、理、氣、意」六者所導引之「心」的謬誤。

盜跖說到人之性情，表面上看，似有放縱情欲、即時享樂之意，然而，自其強調輕利全眞，反對「以利惑其眞」與「狂狂汲汲，詐巧虛僞事」觀之，盜跖其實是反對心知之定執，而主張隨順自然之情性的，是以，成玄英疏云：「夫目視耳聽，口察志盈，率性而動，稟之造物，豈矯情而爲之哉？分內爲之，道在其中矣」。〔註24〕

莊子言「志氣」，在理論結構上，固然不若宋明理學家所謂「氣質之性」，不過，莊學已然觸及「氣」之「質性」所牽涉負面的影響問題。所謂「志氣」，依莊學之解讀，是要求滿足「心」之欲望的機能，且其意義並非全然是正面的。

（七）「出氣」（「呼吸之氣」）——生命形軀（精神、生理）之「氣」

孔子再拜趨走，出門上車，執轡三失，目芒然無見，色若死灰，據軾低頭，不能出氣。（〈盜跖〉）

「出氣」是指人體的「呼吸之氣」，屬於生命形軀之氣。孔子訪問大盜賊受到驚嚇之後，對盜賊所說的話，有驚訝的感動與徹底的覺悟，因而連呼吸都困

〔註24〕引自郭慶藩：《莊子集釋》，頁1000，成玄英疏。

難，孔子芒然自失，臉色如灰，甚至連喘氣都有所不能。古人此將精神氣化的原因，乃因人的精神狀態與呼吸有極密切的關係。

（八）「定氣」——生命形軀（精神、生理）之「氣」

> 大王安坐定氣，劍事已畢奏矣！（〈說劍〉）

所謂「定氣」是平定氣息，心平氣和之意。文王在聽完莊子的三劍說之後，才覺悟到自己的劍只不過是鬥雞般的庶人之劍，是不足以爲諸侯之劍與天子之劍的，因而，內心受到衝擊，不想吃飯，於是，莊子請文王將心情穩定下來。依此可知，人在遇見興奮或刺激的情況時，會隨之做出發憤、發抖等反應，此時，「氣」若穩定，就代表心理的平靜安寧，而若「出氣」（或「入氣」）就象徵心理狀態的不穩定。

「定氣」要求一種心理的平靜，包含心理的平衡狀態及人將不安心理穩定之意；而「氣息」則指人與動物的心理狀態。而此「定氣」與「氣息」之「氣」，基本上是屬於「氣質」之「氣」，所以容易導致心理上的不安與不穩定，這亦表示「氣」有可能變爲否定性的傾向。此外，最高知覺之統帥的「志氣」，也是屬於心的活動，所以「志氣」亦屬「氣質」之「氣」。

總之，關於生命形軀之氣的論述，無論是屬於人之精力的「血氣」（〈在宥〉）、鬱結於心的「忿滀之氣」（〈達生〉）、憤懣不滿之「馮氣」（〈盜跖〉）、自視甚高之「恃氣」（〈達生〉）、目中無人之「盛氣」（〈達生〉）、束縛心靈之「氣息」（〈庚桑楚〉）、心志氣概之「志氣」（〈盜跖〉）、呼吸反應的「出氣」（〈盜跖〉），以及心平氣和的「定氣」（〈說劍〉）等，不分其屬乎精神性或生理性，生命形軀之氣都與心靈脫離不了聯繫，亦與生命之驅馳正相關聯。

三、工夫修爲之「氣」

（一）「純氣」——工夫修為之氣

> 子列子問關尹曰：「至人潛行不窒，蹈火不熱，行乎萬物之上而不慄。
> 請問何以至於此？」關尹曰：「是純氣之守也，非知巧果敢之列。居，
> 予語女！凡有貌象聲色者，皆物也，物與物何以相遠？夫奚足以至
> 乎先？是色而已。則物之造乎不形而止乎無所化，夫得是而窮之者，
> 物焉得而止焉！」（〈達生〉）

此言得道至人是因「純氣之守」，而非「知巧果敢之列」，所以能「潛行不窒，

蹈火不熱，行乎萬物之上而不慄」。所謂「純氣之守」，成玄英疏：「保守純和之氣」；〔註25〕陳壽昌曰：「善守純陽之氣」；〔註26〕皆指保存「純氣」的本然狀態。而「純氣」意即純和之氣，依宣穎所言：「先天之精，塵滓不容者也。……知巧果敢，乃與純氣相反者，……所以不能守此純氣者，止因人慾用事，汩雜此氣，故致神傷而犯害種種矣。開口用知巧果敢，一反正爲此，故純氣之守止是無心自然」，〔註27〕可知無心乃守氣之要。

在子列子詢問至人之行事，關尹回答：「物」是消極意義，侷限於「貌象聲色」的存在；物與物間並沒有很遠的差別，也未有先後的層次，一切都只是困鎖於「形」與「色」的拘限；物是在「不形」中產生，且至於「無所化」之後停止的，如果有人得此物之造化和停留之根源而與之窮達，那麼，物就無法妨礙他（至人）。由於，關尹將至人不可思議的行事作爲「純氣之守」之詮釋，以說明物的性質與限制，而至人明瞭使物造化與使物停留的情形，且與之窮達。只是，作爲「造化之深根，自然之妙本」〔註28〕的「純氣」，是「氣」未活動之先的「不形」與「無所化」之本然狀態，也是憂患、邪氣所不能入襲之「平易恬淡」的狀態，故而，莊學認爲唯有至人能做到不使「物」攪擾其「純氣」，使「氣」未受雜染與知巧果敢的入襲。是以，所謂「純氣之守」，即意謂保存「純氣」之本然狀態，而如何保存的方法，就在於「養氣」。

（二）「養氣」──工夫修爲之「氣」

> 彼將焉得而止焉！彼將處乎不淫之度，而藏乎無端之紀，遊乎萬物之所終始。壹其性，養其氣，合其德，以通乎物之所造。夫若是者，其天守全，其神無郤，物奚自入焉！（〈達生〉）

所謂「養氣」，即不以心使氣。〔註29〕此謂子列子問「至人」行事時，關尹回答說「養氣」是持守「純氣」的方法。所謂得道的人，能在水中行走而不被

〔註25〕引自郭慶藩：《莊子集釋》，頁634。

〔註26〕語出陳壽昌：《南華眞經正義》，〈達生〉解，頁26。

〔註27〕參閱宣穎：《南華經解》，〈達生〉解，頁339～341。此外，成玄英：《南華眞經注疏》，頁764：「夫不爲外物侵傷者，乃是保守純和之氣，養於恬淡之心，而致之也」。

〔註28〕成玄英疏解「至人」曰：「夫得造化之深根，自然之妙本，而窮理盡性者，世間萬物，何得止於控取焉！故當獨來獨往，出沒自在，乘正御辯，於何待焉」。參閱郭慶藩：《莊子集釋》，頁635。

〔註29〕參閱郭慶藩：《莊子集釋》，頁636。

窒息，在火上行走而不覺得燠熱，高升於萬物之上而不害怕，這樣的作爲，不是因爲英勇果敢，而是能守「純氣」之故。守「純氣」，一其性，專其志，所以能與天地萬物合德，與化生萬物之「氣」相通，與天地精神合而爲一，這就是至人的生命境界。依莊學思路，「性」、「氣」、「德」本就是充全完整的，〔註30〕專一其本性、涵養其純氣、合乎其全德等工夫修養，最主要的目的，無非是欲回復其本然狀態，以「遊乎萬物之所終始」且「通乎物之所造」。因而，「養氣」並非需藉特殊技能，只須「處乎不淫之度，而藏乎無端之紀」。尤其，物之壹性、養氣、合德，實不限於身體領域，而是擴及於人的自然天性與精神性（「其天守全，其神無郤」）；因爲，唯有回歸人之自然天性與精神性層面，外物方不致攪擾於人（「物奚自入焉」）。

至於，「萬物之所終始」與「物之所造」，究竟所指爲何，王夫之認爲是「氣」，其言：「物之所自造者氣也，與彼更生者也，散而成始者也。物者，氣之凝滯者也。象貌聲色，氣之餘也。人之先合於天，爲命之情者，純而已矣；更生而不窮，不形於色而常清。……夫人之雜氣一動，開人之『知巧果敢』，以閉天之純氣，則其散而更散者，害延不已，于是攻戰殺戮之氣動於兩間，而天受其累」。〔註31〕此是王夫之以「氣」概念詮釋關尹之文的說明，王夫之的詮釋可說是莊學「養氣」思想的結論，簡而言之，即是人應該保存「天之純氣」，而去除「人之雜氣」。

依上論述，無論是無心自然的「純氣」或不以心使之的「養氣」，莊書論工夫修爲之氣皆通過「心」以言「氣」。「純氣」與「養氣」之工夫內容，就是落實持守純和之氣，專一本性而不雜染，涵養虛氣而不傷害，契合萬物而不離其德，而通過「純氣」與「養氣」之修養工夫者，即爲至人。唯有精神自由之至人，乃天性完備而精神凝聚，外物亦莫之能傷的神全之人，其能「遊乎萬物之所終始」，達至「通乎物之所造」的境地。

（三）「平氣」──工夫修為之氣

> 故敬之而不喜，侮之而不怒者，唯同乎天和者爲然。出怒不怒，則怒出於不怒矣；出爲無爲，則爲出於無爲矣！欲靜則平氣，欲神則順

〔註30〕由於，莊子肯定人與宇宙萬物之「性」、「氣」、「德」的充全完整性，且壹性、養氣、合德亦皆基於人的純然之性，故而，莊子之「純氣」，同時可用於説明人與天。參閱鄭世根：《莊子氣化論》，頁 166～169。
〔註31〕語出王夫之：《莊子通・莊子解》之〈莊子解〉，頁 157。

心。有爲也欲當，則緣於不得已，不得已之類，聖人之道。(〈庚桑楚〉)
所謂「平氣」，是即靜氣，指心平氣和之意。郭象注曰：「平氣則理足，順心
則神功至，緣於不得已則所爲皆當」，〔註32〕寧靜之先要平氣，全神之先要順
心，爲令所爲之事皆得當，就必須「緣於不得已」。所謂「不得已」，即是以
無心應事，此是由「心齋」之「虛而待物」所觀照出內心之不得已，因而，
若能緣順於此「行乎其所不得不行」〔註33〕之不得已，則所爲必皆得當，且
應事出於不得已，即爲聖人之道。

　　此言尊敬也無所謂喜歡，侮辱也無所謂忿怒，只要「同乎天和」。所謂
「天和」是指「造物之和氣」〔註34〕、「自然的和氣」〔註35〕、「自然之冲氣」
〔註36〕等，而「同乎天和」意指混同於自然的絕對統一之中。發怒也像是不
怒，因爲「怒出於不怒」；有所爲也像是無爲，因爲「爲出於無爲」。更重要
的是爲達「靜」與「神」，則非要「平氣」與「順心」不可，故而，「平氣」
與「順心」各自成爲完成「靜」與「神」的先決條件。爾後，即使表現而爲
外在行爲，這也是情非得已的；且外在行爲還須合於「天和」，此亦是不得
已的表現，〔註37〕此不得已的表現就是「聖人之道」。由於，莊書工夫修養
論的重點在於「養氣」，而「平氣」尤其是「養氣」的重要方法之一。

（四）「耗氣」——工夫修爲之「氣」

　　臣，工人，何術之有！雖然，有一焉。臣將爲鐻，未嘗敢以耗氣也，

　　必齋以靜心。齋三日，而不敢懷慶賞爵祿；齋五日，不敢懷非譽巧

　　拙；齋七日，輒然忘吾有四枝形體也。當是時也，無公朝。其巧專

　　而外骨消，然後入山林，觀天性，形軀至矣，然後成見鐻，然後加

　　手焉，不然則已。則以天合天，器之所以疑神者，其是與！(〈達生〉)

「耗氣」意指損耗精神。「氣」是會耗損的，必須予以保養，所謂「氣耗則心

〔註32〕引自郭慶藩：《莊子集釋》，頁817。

〔註33〕語出陳壽昌：《南華眞經正義》，〈庚桑楚〉解，頁13。關於「不得已」，徐復
　　　　觀：《中國人性論史》〈先秦篇〉，頁411～412 謂：「『不得已』是形容主觀上
　　　　毫無要有所爲的欲望，而只是迫於客觀上人民自動的要求，因而加以順應的
　　　　情形」。

〔註34〕林希逸註：引自陳鼓應：《莊子今註今釋》，下冊，頁679。

〔註35〕參閱陳鼓應：《莊子今註今釋》，下冊，頁679。

〔註36〕林雲銘註：引自陳鼓應：《莊子今註今釋》，下冊，頁679。

〔註37〕此引文是依照陳鼓應、曹礎基之版本爲「有爲也欲當，則緣於不得已」。而郭
　　　　慶藩、黃錦鋐之標點皆爲「有爲也。(，) 欲當則緣於不得已」。

動，心動則神不專也」，〔註38〕「氣」不耗則「心」不動，心不動則精神專一，故梓慶削木爲鐻之前，「未嘗敢以耗氣也，必齋以靜心」。「齋以靜心」之「齋」，是心靈上而非物質上的齋戒；梓慶爲鐻時，不敢耗損精神，必定齋戒而使心靈虛靜。

此是說明修養之時，最好不要耗費「氣」，倘若，過分損耗「氣」，那麼，「靜心」也不可能完成。因爲，「氣」本是「純氣」（〈達生〉），保存「純氣」相當於「養氣」（〈達生〉），所以，「氣」的耗損容易帶來「心」的不安；故而，「平氣」（〈庚桑楚〉）的目的在於「靜」，莊學欲以「氣」來達到「靜心」。至於，如何以「氣」以達「靜」，此於「梓慶削木爲鐻」之故事中，已知「必齋以靜心」，尤其是齋心要求連續的工夫修養；齋戒三日，「不敢懷慶賞爵祿」，此爲忘利；齋戒五日，「不敢懷非譽巧拙」，此爲忘名；齋戒七日，「忘吾有四枝形體」，此爲忘我，此時「視公朝若無」，〔註39〕是爲忘勢也。至此忘我忘勢之境，精神凝聚專一，外界滑心之事盡消，然後進入山林，觀察樹木之質性，「以我之自然，合其物之自然」，〔註40〕是爲「以天合天」。

由於，梓慶削木爲鐻的修養歷程，是循序漸進的，關鍵在於「齋以靜心」，而所謂「齋三日」、「齋五日」、「齋七日」，猶如「十日戒，三日齊」（〈達生〉「祝宗人說彘」）；此時，「齊」通「齋」，〔註41〕且莊學所謂「齋」，乃是相關「氣」之齋，而非祭祀之齋（〈人間世〉）。梓慶以「齋以靜心」的工夫修養，先忘利，再忘名，終至忘我、忘勢，使心靈擺開一切名利欲求而處於虛靜狀態，而後依乎天理，順乎自然，以自我之本性契合萬物的本性，是以而有見者猶驚鬼神之樂器創作。梓慶由忘利、忘名、忘我、忘勢，最後「以天合天」的修養歷程，實近於〈大宗師〉之顏回，先忘禮義，再忘仁義，最後坐忘的工夫過程；而「以天合天」亦近於「坐忘」之至道境界。

（五）「神氣」（〈天地〉、〈田子方〉）——工夫修為之「氣」

子非夫博學以擬聖，於于以蓋眾，獨弦哀歌以賣名聲於天下者乎？

汝方將忘汝神氣，墮汝形骸，而庶幾乎！而身之不能治，而何暇治

〔註38〕引自王先謙：《莊子集解》，頁163，李頤云。

〔註39〕語出郭慶藩：《莊子集釋》，頁659。

〔註40〕引自陳鼓應：《莊子今註今釋》，頁537，林希逸之說法。

〔註41〕參閱陳鼓應：《莊子今註今釋》，上冊，頁536；與曹礎基：《莊子淺注》，頁279、284。

天下乎！子往矣，無乏吾事。(〈天地〉)

「神氣」之「神」，是為狀詞，形容妙用莫測；「神氣」之「氣」，則指精神狀態。

此言子貢遇丈人方將為圃畦，為圃者得知子貢為孔丘之徒，遂而評之曰：「博學以擬聖，於于以蓋眾，獨弦哀歌以賣名聲於天下」，並規勸子貢應當「忘汝神氣，墮汝形骸」，方能逼近於道。此為圃者對子貢說明其行為，用力甚多而見功寡的偉大理由，以及，為圃者對儒家以博學假扮聖人(「智」)，超群出眾而欲以指導百姓(「禮」)，利用獨特哀慟的音樂得名天下(「樂」)之批駁。因而，如果能夠忘懷「神氣」與「形骸」，那麼，就能夠近於「道」；假若，連自己也無法主宰，則將如何統治這個世界。

「忘汝神氣，墮汝形骸」之「忘」與「墮」，都是工夫。「忘」即無心，當下忘了一切，使生命主體達到精神自由的境界；〔註42〕能「忘」，「氣」才會很自在。莊學於此意在表明，通過工夫修養而忘神氣、墮形骸，即能如為圃者，而為全神全形的至德之人。

所謂「神氣」與「形骸」，前者接近於「精神」，後者相類於「身體」，兩者是相互對比的觀念。〔註43〕只是，關連於「氣」所涉及「心」、「精」、「神」、「體」、「無」等廣大問題，〔註44〕「神氣」有可能涉及到「神」、「心」、「形」的問題，〔註45〕「形骸」亦可能與「心」、「身」、「魂」、「魄」連繫等問題；〔註46〕基於上述認知可謂，「神氣」之「氣」，是同時包含物質性與精神性之意義的。〔註47〕由於，「神氣」此一概念所涉及的範圍極為廣泛，又可分別視為單獨的「神」或「氣」來代表不同的涵義，因而，依莊學之文本脈絡，

〔註42〕參閱吳怡：《禪與老莊》，頁170言：「莊子的『忘』，⋯⋯是把整個的心念意識，一齊放卻。但這並不是消極的躲避，而是另有其積極的目標」。此積極的目標實即使生命主體達到精神自由的境界。

〔註43〕關連於「氣」所牽涉到的廣大問題，有關形、神、氣之整理，參閱胡孚琛：〈道家形、氣、神三重結構的人體觀〉(新竹，國立清華大學中國文學系與研究所，氣與身體哲學研討會，1991年5月)。

〔註44〕參閱楊儒賓：〈從「以體合心」到「遊乎一氣」——論莊子真人境界的形體基礎〉(台中，第一屆中國古代思想史研討會，1989)。

〔註45〕參閱傅佩榮：〈莊子人觀的基本結構〉《哲學與文化》(15卷1期，1988)。

〔註46〕參閱杜正勝：〈形體、精氣與靈魂——中國傳統對「人」認識的形成〉《新史學》(2卷3期，1991)。

〔註47〕傅佩榮先生說：「我們不必把莊子的『氣』侷限於物質世界中的一種元素，像水火土氣之氣；事實上，莊子很可能是要借用『氣』之不限定的性格來彰顯他的精神境界」；語出《儒道天論發微》，頁246。

廓清概念之意指實是非常必要的。此外,〈田子方〉云:

> 夫至人者,上闚青天,下潛黃泉,揮斥八極,神氣不變。今汝怵然
> 有恂目之志,爾於中也殆矣夫!

「神氣」意指精神的穩定性。莊學謂「神氣不變」,「神氣」若欲不變,是須透過神凝心聚之工夫修養的。

此言至人可以統攝四方八達而不改變「神氣」,亦即,至人能夠一直維繫著「神氣」不變的理想態度。伯昏無人對禦寇射法時強調,不論環境如何危險,「死生不入於心」,精神狀態安穩,不爲外物所遷移,神凝心聚就能射的很準確,而且,能夠達到猶如至人一般「上闚青天,下隱黃泉,譬彼神龍,升沉無定,縱放八方,精神不改」〔註48〕之至境。

〈天地〉之「忘汝神氣」與〈田子方〉之「神氣不變」,皆就人生的精神修養而立論。然而,二處「神氣」,其義有別;所謂「忘汝神氣」是須經無心(「忘」)工夫予以消解的的精神狀態,而「神氣不變」則是透過工夫修養至於體現道後所呈顯的精神狀態。

(六)「邪氣」──工夫修為之氣

> 吹呴呼吸,吐故納新,能經鳥申,爲壽而已矣。此道引之士,養形
> 之人。……夫恬淡寂漠,虛無無爲,此天地之平而道德之質也。故
> 曰聖人休焉,休則平易矣。平易則恬淡矣。平易恬淡,則憂患不能
> 入,邪氣不能襲,故其德全而神不虧。(〈刻意〉)

「邪氣」泛指乖戾之氣,凡傷人而使致病者,皆謂之。此言人生病痛的預防方法,就在於保護「氣」。「氣」不定則神不全,人體內若有邪氣、憂患等入襲,就會德不全而神虧,而予心魔以可趁之機,於是生病矣。如欲避免「邪氣」對於人體之侵襲傷害,即須修養自身做到「平易恬淡」。雖然,並不能十分確定莊學所說的「邪氣」之意,但是,可以肯定的是,平易恬淡的人是不可能有憂患與「邪氣」。因而,平易恬淡可說是防止「陰陽之氣」的錯亂,〔註49〕且維護正常「血氣」的最佳方法;若能落實平易恬淡,即連喜怒也不能傷害於人(「陰陽之患」)。〔註50〕所謂「平易恬淡」,就是「任自然而運動」,〔註

〔註48〕 語出郭慶藩:《莊子集釋》,頁726。
〔註49〕 〈大宗師〉:「陰陽之氣有沴」;依莊子之理解,人生病痛基本上是來自「陰陽之氣」的錯亂。
〔註50〕 參閱〈人間世〉所謂「陰陽之患」:葉公子高將使於齊,問於仲尼曰:「王使

51〕對於外界的事事物物皆以不得已而應的態度處之，如此「心既恬淡，跡又平易，唯心與跡，一種無爲」，〔註52〕自然「邪氣」不襲於內，憂患不入於胸，德性趨於完備而精神無所虧損。

「吹呴呼吸」是指人的氣息。莊學認爲藉吐納法來調整自身氣息，效法熊鳥懸在樹上，或飛行時伸長腳的做法，來運行氣息，雖能養形得壽，但仍非聖人之德，因爲，聖人惟「平易恬淡」。所謂「平易恬淡」其實也就是一種「休」的狀態，包含心知感官皆無運作的狀態（虛無無爲），亦可謂是一個人喜怒好惡憂懼未發時「中」的狀態，因而，可不受憂患、邪氣的入襲，亦且能夠保持德與神的完整不虧，這才是莊學所謂的養形之要。只是，無論是藉導引吐納以養形，或通過寂漠無爲、平易恬淡而達成既養形又保神的境界，此皆與「氣」密切相關。

〈在宥〉云：「陰陽並毗」與〈大宗師〉：「陰陽之氣有沴」（使子輿生病的「沴亂」陰陽之氣），都可稱爲「邪氣」。是以，若欲避免「邪氣」的攪擾傷害，即須保持平易恬淡，亦即〈刻意〉所云：「聖人之生也天行，其死也物化。靜而與陰同德，動而與陽同波。不爲福先，不爲禍始。感而後應，迫而後動，不得已而後起」，聖人對生死動靜都是無所爲（「不爲福先，不爲禍始」），只有在有所感與受迫之不得已的情況下，才應有所動。聖人所抱持的是一種隨順的態度，在生命存續中，依循自然的運轉而動（「天行」），至生命終迄之時，則隨物而化。聖人之靜，是與陰氣同守柔順依從之德，其動則是與陽同顯健動波湧之性，聖人對於生死動靜，皆是被動地符應而已。故而，「平易恬淡」既是心知感官皆無所發用（休焉）〔註53〕的狀態，因此可說是對生、死、

諸梁也甚重，齊之待使者，蓋將甚敬而不急，匹夫猶未可動，而況諸侯乎！吾甚慄之。子常語諸梁也曰：『凡事若小若大，寡不道以懽成。事若不成，則必有人道之患，事若成，則必有陰陽之患。若成若不成而後無患者，唯有德者能之。』吾食也執粗而不臧，爨无欲清之人。今吾朝受命而夕飲冰，我其內熱與！吾未至乎事之情，而既有陰陽之患矣；事若不成，必有人道之患。是兩也，爲人臣者不足以任之，子其有以語我來！基於平易恬淡，即連喜怒也不能傷害於人之前提，鄭世根先生自死生如陰陽的觀點，將莊子「死生一如」說，又稱爲「死生陰陽」觀；參閱《莊子氣化論》，頁127。

〔註51〕語出郭慶藩：《莊子集釋》，頁539。
〔註52〕語出郭慶藩：《莊子集釋》，頁539。
〔註53〕聖人之「休」，並不是使心知感官死寂般的不運作，而是隨順於陰陽之氣的靜則靜、動則動。誠如人全身放鬆後浮在水面上，隨水波起伏，可獲得適意的休息，可是人並非是死去的。

動、靜、禍、福皆不得已而「應」的態度處之，換言之，陰陽之氣在沴亂時會傷形，若能平易恬淡地隨順之，就能養形，而所謂「平易恬淡」其實是指隨順形軀與天地間的陰陽之氣。

所謂「純氣」是純淨不雜的陰陽之氣，相對於此就是受知巧果敢等外事所造成的「雜（染之）氣」；所謂「衡氣」是平和衡齊的陰陽二氣，相對於此就是沴亂的「邪氣」。可見，「衡氣」之平和與「純氣」之精粹，方為陰陽之氣的本質，而「邪氣」與「雜染之氣」並非陰陽之氣的本質。

（七）「雲氣」（〈在宥〉、〈天運〉）——工夫修為之氣

> （黃帝）「我聞吾子達於至道，敢問至道之精。吾欲取天地之精，以佐五穀，以養民人。吾又欲官陰陽，以遂群生，為之奈何？」廣成子曰：「而所欲問者，物之質也；而所欲官者，物之殘也。自而治天下，雲氣不待族而雨，草木不待黃而落，日月之光益以荒矣！」（〈在宥〉）

此言廣成子以為黃帝所詢問的至道之精，是物之質（樸、本），而所欲官的陰陽，是物之殘（部分、不全）。〔註54〕設若，黃帝欲官陰陽，〔註55〕想要役使陰陽作為自己「遂群生」的工具，如此「不任其自爾而欲官之」〔註56〕的作法，卻在治理天下後，導致「雲氣不待族而雨，草木不待黃而落」的結果。可見「雲氣」族聚的正常與否，顯然是會因著陰陽是否被干擾（欲官之）而受影響；換句話說，當陰陽之氣沴亂之時，同質性之「雲氣」亦會因而失序，這是因為人的恬淡純樸是會影響天地之間的自然之氣。〔註57〕所以，「雲氣」雖為漂浮於空中，凝聚成雨之物，但是，「雲氣」亦具有反應人們是否隨順自然與恬淡純樸之象徵，此即政治不夠清明的世代，「雲氣」通常不等待集結、不變黑而下雨，草木與日月也不正常地運作。依此似可推論，莊學之謂「雲氣」，不只是一般性的涵義（前四則與陰陽之氣相關連之「雲氣」），而是被界

〔註54〕焦竑：《莊子翼》，頁317，引呂吉甫註云：「空同之上，無物而大通之處，道為無名之樸，故曰質。陰陽，道之散，故曰殘」。

〔註55〕所謂「官」，〈德充符〉有言：「而況官天地、府萬物...」；成玄英：《南華真經注疏》云：「綱維二儀，苞藏宇宙」；劉武：《莊子集解內篇補正》曰：「言官使天地，府聚萬物也」。官陰陽的句法同於官天地，因而，「官」注亦採使天地成為綱維與役使之的解釋。換句話說，黃帝所謂「官陰陽」是想役使陰陽來作為自己「遂群生」之工具，結果卻弄巧成拙。

〔註56〕語出郭慶藩：《莊子集釋》，頁380。

〔註57〕此即〈繕性〉言：「古之人......與一世而得澹漠焉。當是時，陰陽和靜」之意。

定爲神人、至人與聖人之工夫修養的必要條件之一。

　　此處之「雲氣」，依成玄英疏：「族，聚也。分百官於陰陽，有心治萬物，必致兇災。雨風不調，炎涼失節，雲未聚而雨降，木尚青而葉落；欃槍薄蝕，三光昏晦，人心遭擾，玄象荒殆」，〔註58〕與〈逍遙遊〉之「雲氣」、〈齊物論〉之「雲氣」一般，以比喻用詞來強調從事工夫修爲之重要，並作爲「有心爲治」〔註59〕之執政者，應無爲而治，順應萬物之自然變化，給出人與萬物自生自長之自由與空間的提醒及教導。其次，〈天運〉云：

　　　　孔子見老聃歸……曰：「吾乃今於是乎見龍。龍，合而成體，散而成
　　　　章，乘雲氣而養乎陰陽。」

此說直以「龍」指稱老子。「龍」乃至陽之象徵，成玄英疏：「夫龍之德，變化不恆，以況至人隱顯無定，故本合而成妙體，妙體窈冥；跡散而起文章，文章煥爛」，〔註60〕所謂合而成體，散而成章，即象徵陰陽的合散，則龍之「乘雲氣」亦是乘乎陰陽之氣。而且，此以「乘雲氣」與「養乎陰陽」並舉，說明老子能夠調攝陰陽之氣。

　　〈天運〉之「雲氣」用法與〈在宥〉之「雲氣」用法相當，亦以象徵天候變化之「雲氣」喻示順任自然與無爲而治之工夫修養的重要。所謂「乘雲氣而養乎陰陽」，亦即「乘雲氣而無心，順陰陽而養物」，若能無心、養物，自能如同至人般「顯隱無定」〔註61〕、變化無常。

　　值得注意的是，莊子〈內篇〉言「雲氣」，總與其心目中的理想人格關連而言，〈逍遙遊〉：「（鵬）絕雲氣，負青天，然後圖南，且適南冥也」、〈逍遙遊〉：「（神人）乘雲氣，御飛龍，而遊乎四海之外」、〈齊物論〉：「（至人）乘雲氣，騎日月，而遊乎四海之外」。而此〈在宥〉與〈天運〉言「雲氣」，亦與工夫修爲之意相關。

　　總之，〈外雜篇〉論工夫修爲之氣，無論是無心自然的「純氣」或不以心使之的「養氣」（〈達生〉），心緣於不得已之「平氣」（〈庚桑楚〉）或齋以靜心之不「耗氣」（〈達生〉），神凝心聚之「神氣不變」（〈田子方〉）與無心自在之「忘汝神氣」（〈天地〉），平易恬淡地不以「邪氣」入心（〈刻意〉），以及順任

〔註58〕引自郭慶藩：《莊子集釋》，頁380。
〔註59〕語出陳壽昌：《南華眞經正義》，〈在宥〉解，頁18。
〔註60〕語出成玄英：《南華眞經注疏》，頁631。
〔註61〕語出郭慶藩：《莊子集釋》，頁525。

無為地乘「雲氣」(〈天運〉)與任「雲氣」(〈在宥〉);凡此皆是自「心」以言「氣」,在「心」上作「純氣」、「養氣」、「平氣」、不「耗氣」、「神氣不變」、「忘汝神氣」、不以「邪氣」入心、順任「雲氣」之自然無為等修養工夫,「氣」自然得純、得養、得平、不耗、不變、自在、平易恬淡、順任自然與無為而治。

四、哲學意涵之「氣」

此乃關乎宇宙生成之「氣」,包含有〈知北遊〉之「一氣」,〈至樂〉之「本無氣」,〈則陽〉之「陰陽者,氣之大者也」,與〈秋水〉之「受氣於陰陽」四說。

(一)「通天下一氣」——哲學意涵之「氣」

> 生也死之徒,死也生之始,孰知其紀!人之生,氣之聚也;聚則為生,散則為死。若死生為徒,吾又何患!故萬物一也,是其所美者為神奇,是其所惡者為臭腐;臭腐復化為神奇,神奇復為臭腐。故曰:「通天下一氣耳」。聖人故貴一。(〈知北遊〉)

莊學承自老子「萬物負陰而抱陽,沖氣之為和」(〈四十二章〉)的觀點,視「氣」為構成宇宙萬物共同普遍的原始材質,並以「氣」之聚散說明宇宙萬物之生成變化;「氣」凝聚而人物成,「氣」消散而人物死,人之生死,物之成毀,都是「氣」聚散變化而成的結果,人是如此,萬物亦復如是。自「氣」的角度而言,人所讚美的神奇之物及所厭惡的臭腐之物,活著的人與死去的人,乃都一樣;這是因為森然羅列的宇宙萬物,雖然型態各異,但都不過是「一氣」而已。所謂「一」當指「道」;〔註62〕「一氣」即「一」,〔註63〕「一」即「一氣」,「一氣」是「氣」概念的根本思想,而「聚散」〔註64〕則是莊子

〔註62〕「一」指「道」,可證之於「聖人故貴一」下,宣穎注曰:「以上皆言道也」(引自宣穎:《南華經解》,〈知北遊〉解,頁385)。馮友蘭:《中國哲學史本書初集》,頁14,以「一氣」解釋「一」,而認定〈知北遊〉有「氣化論」之嫌,甚以之為「唯物論」。此絕非莊子「一氣」論之善解。

〔註63〕何謂「一」?《禮記》〈禮運疏〉孔穎達曰:「未分曰一」。「一氣」亦指未分而連續之「氣」。《易傳》〈繫辭上〉云:「易有太極,是生兩儀,兩儀生四象,四象生八卦」,鄭玄注「太極」為「淳和未分之氣也」,所以,「太極」亦稱未分而連續之「氣」。《荀子》〈賦〉言雲氣:「充盈大宇而不窕」,所謂「不窕」即無間,亦即雲氣是充盈無間之連續的氣。在古代哲學質樸的思想中,無間與連續就是被空間充滿,而沒有虛空的存在。

〔註64〕在古希臘哲學,與「聚散」概念相當的是濃厚化與稀薄化;此如阿納克西米

首次明確提出的概念，〈則陽〉篇在回答「四方之內，六合之里，萬物之所生惡起」時，有言：「陰陽相照相蓋相治，……聚散以成」，「聚散」概念來自於宇宙萬物的循環變化，「氣」之聚散的過程，使得從「一氣」所產生之宇宙萬物，得以復歸於「一氣」。故而，莊學以「氣」而爲宇宙萬物的共同材質，並以「氣」詮釋生死、美惡等生命與物體的存在，著實發揮了〈大宗師〉「遊乎天地之一氣」的「一氣」思想，似乎亦較老子的「氣」概念思想更進一步，也更爲深刻。因此，王夫之先生嘗詮釋「一氣」思想云：「此篇衍自然之旨。其云觀天者，即〈天運篇〉六極五常而非有故之謂也。言道者，必有本根以維持守；而觀渾天之體，渾淪一氣，即天即物，即物即道，則物自爲根而非有根，物自爲道而非有道。非有根者，道之所自運；非有道者，根之所自立。無根則無可爲，無道則無可之。故仁義禮徒爲駢枝以侈於性，而到之自然者，故不爲之損益。故知其無可之，而知乃至；於以入天地萬物而不窮，則物無非道，物無非根，因天因物，而己不爲。聖人之所斷、所保者，此耳。其說亦自〈大宗師〉來，與內篇相爲發明，此則其顯言之也」。〔註65〕此外，「一氣」之「一」的觀點，其涵義實相當於古希臘埃歐尼亞學派，「從一切產生一，從一產生一切」的思想。亞里斯多德論及古希臘哲學之「一」時，曾謂：「爲

尼斯認爲，一切的存在物都是由空氣的濃厚化而產生的；赫拉克利圖斯亦認爲，一切皆由火這個元素轉化而成，或者由於火的濃厚化而形成，或者由於火的稀薄化而形成；英國學者李約瑟博士就曾說過：「聚與散、濃厚與稀薄——對於不同密度的表示——可能是所有物理發現中最古老、最重要的一個。它是被古代中國人和古代希臘人各自獨立地發現的……。正如這個概念再後來的歐洲思想中一直存在著，我們也將在後來的中國思想（例如公元四世紀張湛的《列子注》）中再看到它，公元十一世紀的新儒家也把它運用到他們的宇宙論中」（語出 Science and Civilization in China , Vol . 2 , p.40）；羅素在論述阿納克西米尼斯的哲學時所說：「這種理論所具有的優點是可以使不同的實質之間的區別都轉化爲量的區別，完全取決於凝聚的程度如何」（語出《西方哲學史》上卷，頁 54），此言中國哲學所謂「化生」，就是變化而生，也就是由密度的變化而發生一物向另一物的轉化，羅素之意乃在於聚與散、濃厚與稀薄之不同密度的表示之中，存在著因量變引起質變的思想而此思想與埃歐尼亞學派之「從一生出萬物」、「一切都是從一物向它物的轉化，是從分離到統一，並從統一到分離的轉化」的思想，是相一致的。依此可知，「聚散」概念不僅表示不同密度，更是形而下的有形之物與形而上的無形之氣，相互轉化的關鍵點——氣聚則成形，形散復而爲氣。而中國哲學的「氣」概念，是指自身具有運動能力的物質概念，由於其義爲物與能的統一，故是 matter-energy。

〔註65〕語出王夫之：《莊子解》，頁 184。

了它們是延續（continuous 即連續）的，因而稱之為一」、「在另一個意義上，事物之被稱為一，是因為它們的底層相同，……都是水或氣」。〔註66〕而「通天下一氣」乃意謂宇宙萬物是一個連續統一的整體，且宇宙萬物皆由「一氣」所產生。

　　莊學由「一氣」所引伸出的意義是：「生」與「死」並為生命的兩面，莊學將生死問題視為「氣」之聚散，生與死只不過是自然現象的相互流轉；而萬物為一的道理同樣也是基於「氣」之聚散，如此「神奇」與「臭腐」亦只是「一氣」的變化流行，是以，莊學認為整個天下可以通於「一氣」。正是因為萬物是由「氣」之聚散而成，而「氣」之聚散一如「道」之無終始，所以，「氣」亦是一直存在著的。並且，「通天下一氣」思想亦展現象徵莊書玄同彼我、萬物一齊的生命智慧，深刻體現「天地與我並生，萬物與我為一」的精神境界。〔註67〕

　　〈知北遊〉「通天下一氣」段是黃帝回答知的說法；所謂「死之徒」，其實早已出現在《老子》〈五十章〉：「出生入死。生之徒，十有三；死之徒，十有三；人之生，動之於死地，亦十有三。夫何故？以其生生之厚」，與〈七十六章〉：「人之生也柔弱，人之死也堅強。草木之生也柔脆，其死也枯槁。故堅強者死之徒，柔弱者生之徒」。老子所說的「生之徒」與「死之徒」，是指生這一類的人與死這一類的人。事實上，老子視生死如「出入」，並不似莊學自「氣」之聚散來看生死問題。而莊學所言的「生之徒」與「死之徒」並不是二類，是唯一的「徒」，是一類的，所以〈知北遊〉謂：「若死生為徒，吾又何患」。依此，「生」、「死」互為「徒」，亦就是說「生」、「死」共為一類，「生」、「死」互為終始。宣穎曰：「萬物之死生，總一氣也」，〔註68〕萬物形

────────────────

〔註66〕參閱《古希臘羅馬哲學》，頁19。

〔註67〕不過，李存山先生卻依據：「在《知北遊》中，『知』先問『道』于『無為謂』，『三問而無為謂不答也』。『知』又問『狂屈』，答曰：『予知之，將語若，中欲言而忘其所欲言。』『知不得問』，于是又問『黃帝』。黃帝雖然講出了『通天下一氣耳』一席話，但在此前後，黃帝強調：『無思無慮始知道，無處無服始安道，無從無道始得道』；『彼其（無為謂）真是也，以其不知也；此其（狂屈）似之也，以其忘之也；予與若終不近也，以其知之也』。這一段對話，分判莊子哲學中，『通天下一氣耳』只被看作是一句『終不近道』的話（參閱李存山：《中國氣論探源與發微》，頁126）。如此戲謔的說法，實未能貼近莊子言形上之「氣」的原義。

〔註68〕語出宣穎：《南華經解》，〈知北遊〉解，頁385。

態在變化流行中，各有不同，然皆只是暫時的形態。莊學極其明瞭，生命可自腐敗之中演生出新的生命，而新的生命終了又會再度腐化為無生命，故云：「臭腐」復化為「神奇」，「神奇」復化為「臭腐」，萬物雖然變化萬端，但究其實，則皆為「一氣」之聚散循環而已。自變化之根本而言，「萬物皆一也」（〈德充符〉）、「凡物無成與毀，復通為一」（〈齊物論〉），是以不須「以生為神奇而美之，以死為臭腐而惡之」。〔註69〕基於「通天下一氣」的思考，所衍生出「萬物一也」、「死生為徒」之生死一如的哲學；莊學所謂「生死」，其實就是「一氣」的聚散。莊學自「氣」之聚散說人之生死，其意在於喻示人的生命是處在一無窮的變化之中，人之悅生惡死，乃出於未知「生者死之徒，死者生之始」（〈知北遊〉），實則生生死死無有分別，只不過是一氣之流轉，物生物死，亦只是死生夢覺，以物觀之，是「其形化」（〈齊物論〉）；以氣觀之，「氣」充塞天地宇宙間，通天下都是氣，萬物之生成變化，都在渾然「一氣」之中，故只是「氣」之聚散循環作用不同，並無所謂生死。莊學對於生命的終極關懷，是欲人於「一氣」的流轉之中，透過「無聽之以心，而聽之以氣」的「心齋」（〈人間世〉）修養工夫，契會「通天下一氣」之理，明瞭死生存亡為一體（〈大宗師〉），將死生皆放下，不入於胸次，提撕生命超拔於萬化之上，證成虛靈明覺之真君主體，體悟真道，求得精神之絕對自由。

此外，依〈人間世〉所言：「獸死不擇音，氣息茀然」，生命現象的存在與否，即由其呼吸之有無來判定，於是，息亦有氣之意，根本著重的仍是「氣」。以及〈齊物論〉所謂：「夫大塊噫氣，其名為風」，「風」其實是指天地的呼吸，故以「息」來稱大地所吐之「氣」，「風」就是大地震動（噫）了「氣」所造成的。無論是指生物呼吸之「氣息」，或是天地呼吸之「氣息」，皆屬〈知北遊〉：「通天下一氣耳」（全天下皆是「氣」）之概念的發揮。並且，「一氣」概念是較上於生命與形體之上的存在原理，故而，亦可進一步推論：莊子在宇宙論上是「一氣」論者，且以「氣」為宇宙萬物之存在依據。

（二）「本無氣」──哲學意涵之「氣」

> 是其始死也，我獨何能無概然！察其始而本無生，非徒無生也而本無形，非徒無形也而本無氣。雜乎芒芴之間，變而有氣，氣變而有形，形變而有生，今又變而之死，是相與為春秋冬夏四時行也。人

〔註69〕語出宣穎：《南華經解》，〈知北遊〉解，頁385。

且偃然寢於巨室，而我嗷嗷然隨而哭之，自以爲不通乎命，故止也。
（〈至樂〉）

此言「氣」是形的基礎，形體由「氣」聚而生，生命由形體而顯，「氣」是生命的物質基礎，人之生死，萬物之存亡都是「氣」聚散變化的結果。所謂「本無氣」的狀態，是莊學對宇宙萬物之起源的見解，「本無氣」著重在說明，生命尚未開始之際，不但沒有形體，即便連最基本的「氣」也沒有；忽然間，變而爲「氣」，而後有生命與形體。即至莊子體察人類生死，不過如春夏秋冬四季的運行一般，便停止爲妻子哭喪，並鼓盆而歌。所以，人是由芒芴的「道」化生的，「道」變化而產生「氣」，「氣」變化而產生形體，形體變化而產生生命，有了生命才有了人；人若死亡，生命停止，形體分解，復歸於「氣」，又隨著大自然的春夏秋冬運行變化。

有形之物由無形之「氣」變化產生的觀點，同時亦表明莊學對生命本質的深度見解；莊子好友惠施，本爲弔唁安慰而來，卻驚訝莊子怎能無所哀痛，殊不知，此時的莊子，早已超脫一般人對生死的看法，而獨以「氣」概念之涵義來解開生命的始源。正所謂「生」來自「形」，「形」來自「氣」，存有的發生自「氣」開始，「氣」而後有「形」，「形」而後有生。死亡只是「氣」之變而已，變而爲死，則「相與爲春秋冬夏四時行」，因此，死後平平靜靜地長眠於「巨室」之中，此「巨室」乃是「氣室」、「天地之氣」。莊子之妻，雖已死亡，莊子卻以爲她只是沉睡在「氣室」之中，如此通透生命的眞相，其實也就是「一氣」之化的眞正意涵。

依此可知，莊子生命哲學實具備三項特點：其一是「察其始而本無生」，生命並非本來就有的，而是逐漸演化而成的。其二是「氣變而有形，形變而有生」，人之形體生命都是「氣」凝聚的結果。其三是「偃然寢於巨室」，有生就有死，生死變化是自然而然的，人死即回歸於大自然，因此，對於死亡應持樂觀放達的態度，而不該是惆悵傷悲的。莊學如此肯定生命的存在源起，亦破解了關於生命的神秘色彩，並明白指出生存與死亡僅是現象世界演化過程中的相異形式與不同階段，尤其批判對於死亡的憂慮與恐懼，如此之思考與獨特之見解，在近代科學尚未興起之際，實屬難能可貴。其次，因著莊學認爲人是現象世界的一部分，死亡即回歸大自然，所以，堅決反對弟子對他實行厚葬，〈列禦寇〉云：「莊子曰：『吾以天地爲棺槨，以日月爲連璧，星辰爲珠璣，萬物爲齎送。吾葬具豈不備邪？何以加此！』弟子曰：『吾恐

烏鳶之食夫子也。』莊子曰:『在上爲烏鳶食,在下爲螻蟻食,奪彼與此,何其偏也』」,由於人之生是自然氣化的演進結果,人之死亦是氣化消散回歸自然的過程,「在下爲螻蟻食」是氣化於自然,「在上爲烏鳶食」亦是氣化於自然,所以不須厚葬;於此,亦可看出莊書完全沒有人死爲鬼與靈魂不滅的迷信觀念。〔註70〕再者,因著死亡的必然性,莊學極力強調超脫生死,表明人之生死猶如晝夜交替,是不得不的自然變化,因而,無論死生應無動於心。〈達生〉云:「生之來不能卻,其去不能止」,有生必有死,死是生之必然,所以人無須戀生而惡死;〈齊物論〉曰:「予惡乎知說生之非惑邪?予惡乎知惡死之非弱喪而不知歸者邪?麗之姬,艾封人之子也。晉國之始得之也,涕泣沾襟;及其至於王所,與王同筐床,食芻豢,而後悔其泣也。予惡乎知夫死者不悔其始之蘄生乎」,焉知死後不比生時更快樂,爲什麼要悅生惡死,莊學反對惡死的根據是:死亡對於人生只能有一次,任何人都不可能有過眞正死亡的體驗,而死後的情況不可知。假定反對惡死是合理的,設若死後比生時更快樂,則是虛妄荒謬的;〈大宗師〉嘗言:「夫大塊載我以形,勞我以生,佚我以老,息我以死」,以生爲勞,以死爲息,固然是事實,不過也是對現實情境的無力厭倦,莊子即欲自此出發,打破生死的對立與區別,主張〈德充符〉之「以死生爲一條」,與〈大宗師〉:「孰能以無爲首,以生爲脊,以死爲尻,孰知死生存亡之一體者,吾與之友矣」(死生都是「氣」所變化,但是,一味以生死齊等,這無疑有抹殺生活意義與生命價值之嫌)。因而,莊書謂超脫生死應「外生死」(〈天下〉)、「不知悅生,不知惡死」(〈大宗師〉),也就是視之爲「死生無變於己」(〈齊物論〉)、「死生亦大矣,而不得與之變」(〈德充符〉)之義。

(三)「陰陽者,氣之大者也」──哲學意涵之「氣」

今計物之數,不止於萬,而期曰萬物者,以數之多者號而讀之也。
是故天地者,形之大者也;陰陽者,氣之大者也;道者爲之公。因其大以號而讀之則可也,已有之矣,乃將得比哉!則若以斯辯,譬猶狗馬,其不及遠矣。(〈則陽〉)

〔註70〕莊子反對厚葬,在形式上與墨子的節葬觀點相通,但是,二者的理論根據是全然不同的。墨子著眼於節儉,反對侈靡,反對人殉,相信人死爲鬼。莊子強調人的自然本質,即宇宙萬物之共同的物質基礎,反對關於生命觀點的神秘(不相信鬼神)與對死亡的恐懼。顯然,莊子比墨子的思想更接近科學。

此乃太公調回答小知的敘述,當中以「氣」、「形」對舉,可知莊學所言之「氣」,是指無形的材質。所謂「天地者,形之大者也!陰陽者,氣之大者也!道者為之公」,成玄英疏:「天覆地載,陰陽生育,故形氣之中最大者也。天道能通萬物,亭毒蒼生,施化無私,故謂之公也」;〔註71〕郭象注曰:「物得以通,通物無私,而強字之曰道」;〔註72〕此皆說明「天地」是「形」,天地雖能覆載萬物,但只是形體之中最大者;「陰陽」是「氣」,陰陽之氣雖變化萬端,然亦只是氣中最大者;而「道」為二者所公有,「天地」與「陰陽」總括起來就稱之為「道」。故「道」應是既非形亦非氣,既是形又是氣,〔註73〕既不是「天地」,也不是「陰陽」,而是「天地陰陽所公共」;〔註74〕之所以稱之為「道」,是因為它大,「道」大,且「其大更為無偶也」。〔註75〕「道」是無所不包、無所不通,總括天地與陰陽而無容私的,〈則陽〉云:「萬物殊理,道不私」,「道」超越於天地陰陽之上,而為萬物的生成原理。

　　莊學認為「天地」是以「形」來做為事物當中最大、最具代表性的的現象世界;「陰陽」是以「氣」來說明現象世界之中最大、最具象徵性的存有結構;「道」則總稱一切,包含「天地」與「陰陽」;「道」以「大」來描述,「萬物」以「多」來形容。依此「陰陽者,氣之大者也」說明「氣」具有陰陽屬性,莊學以陰陽對立但又相反相成的關係詮釋「氣」,亦指出陰陽為氣的兩種基本形態。而「陰陽」是「氣」之所以有種種變化作用的最大原因,正如「天地」是「形」之所以有種種類型樣態的最大原因;且莊學認為,「氣」從屬於「道」,「氣」是「道」所產生之細微的原始材質,「氣」構成宇宙萬物,包括天地人物的形體;「氣」之所以能聚散而形成宇宙萬物,就是因為陰陽二氣交感變化的作用,〔註76〕而「道」則是天地陰陽何以能如此的共同原因。

〔註71〕引自郭慶藩:《莊子集釋》,頁913。

〔註72〕引自郭慶藩:《莊子集釋》,頁913。

〔註73〕「道」既為「天地」、「陰陽」之所共有,所以,宣穎:《南華經解》,〈則陽〉解,頁460曰:「不可指之為形,不可指之為氣」。

〔註74〕語出宣穎:《南華經解》,〈則陽〉解,頁459~460。

〔註75〕語出宣穎:《南華經解》,〈則陽〉解,頁460。

〔註76〕中國哲學的「氣」概念一產生,即與「陰陽」概念緊密地聯繫在一起。中國古代以農業為主的經濟型態,決定了人們對於氣候寒暖的關心,中國所處溫帶季風氣候的地理環境,又使人們把寒暖變化視為由陰陽二氣於天地之間循環變化所引起的;因而,春夏秋冬,陰陽之推移的思想,上升為哲理,於是,將「陰陽消息」作為宇宙運動變化的規律與原因。

　　所謂「陰陽」源於〈易傳〉，闡明乾坤乃生生易道所內含之動健、柔順兩相對待之功能或作用。乾由於動健而能使化，坤由於柔順而能成物；宇宙間一切相對現象都是乾坤特性的顯現，而由此相對作用所產生之變化，即可推知有此本身不變之「易道」為其一切變化之根本與最高原理。沒有「易道」就沒有乾坤德能的彰顯，沒有乾坤所展現的作用，亦無法得知萬物中不變的「易道」自身。萬物皆在天地間實現，亦以天地為變化之所，因而，〈易傳〉將天地與乾坤相連，自經驗角度說明乾坤作用。〈繫辭上傳第一章〉：「天尊地卑，乾坤定矣。……在天成象，在地成形，變化見矣」，與〈繫辭上傳第五章〉：「生生之謂易，成象之謂乾，效法之謂坤」；古人以天地為成象成形之所，透過觀察天地間萬物變化所累積之經驗，再經抽象作用，就成就了乾坤兩個作用。由於，乾坤是非常抽象之名詞，故而〈易傳〉借用較為具體之陰陽來說明乾坤之不同功能。陰陽的特性是動靜剛柔，由動靜剛柔的相摩相盪、相推相引，以解釋宇宙萬物一切的生成變化（〈繫辭下傳第六章〉：「立天之道曰陰與陽，立地之道曰柔與剛」）；且由〈繫辭上傳第五章〉所言：「一陰一陽之謂道」與「陰陽不測之謂神」來看，陰陽已脫離乾坤依附而分別成為獨立。其實，乾坤、天地、陰陽是《易經》思想中有著極高同質性，且具相互對待、相反相成之特性的三組概念，是以，《易經》常自不同層面、不同角度，以之作為闡釋「易道」變化的內在原理，一如牟宗三先生所言：「陰陽以氣言，天地以形言，乾坤以德言。乾之德為健，坤之德為順。乾健之德亦即天之德，坤順之德亦即地之德。乾健故陽，坤順故陰。無論是天地、陰陽、乾坤，總在顯創造原理與凝聚原理」。〔註77〕因此，《易經》之乾坤、天地、陰陽由於義同，經常可以相互替代，亦由於質同，經常被連用以強化語氣，因為彼此間並沒有實質的差異，所以，重點在於論述「易道」作用時自哪一個角度切入之分別。

〔註77〕語出牟宗三：《才性與玄理》，頁104。牟先生雖認為《易經》是以「氣」論陰陽，但《易經》中並未明指陰陽為氣，反而是天地與「氣」的關係更為密切。此或許是因古人對於哲學性概念之掌握，是起於天地間具體之雲氣煙氣抽象而成；雖然，《易經》之「氣」概念已超越形象之意義，而為變化之原理，但作者仍自兼具形上形下雙重性格之天地為氣論之切入點，尚未習慣僅停留在純形上的領域裡作探討。依天地與陰陽之形上意義相同，可以互通替代之認知而言，牟先生所謂「陰陽以氣言」，是站得住腳的；只是，陰陽為氣，是氣化作用之兩個內在原理的意涵，一直到莊子思想中始得充分發揮。

（四）「受氣於陰陽」——哲學意涵之「氣」

> 天下之水，莫大於海，萬川歸之，不知何時止而不盈；尾閭泄之，
> 不知何時已而不虛；春秋不變，水旱不知。此其過江河之流，不可
> 為量數。而吾未嘗以此自多者，自以比形於天地而受氣於陰陽，吾
> 在天地之間，猶小石小木之在大山也，方存乎見少，又奚以自多！
> （〈秋水〉）

所謂「比形於天地」，是指將形體寄託於天地之間。「比」，通庇，寄託之意；
〔註78〕「受氣於陰陽」，意謂人與萬物皆稟受於陰陽沖和之氣而生。

　　此言河伯向北海若感嘆自己的「小」，反而北海若亦向河伯說到自己的不
「大」，因為北海若較諸「天地」與「陰陽」，亦是「小」；北海若視己為大山
中的小石、小木，寄形於天地並受氣於陰陽（自己的存在來源就是「天地」
與「陰陽」），可見北海若所著重的，不儘然是大小多少等分別比較，而是要
肯定自己為自己的所以然；是以，不僅是北海若，宇宙萬物莫不「比形於天
地而受氣於陰陽」。依此，可知成其為宇宙萬物構成要素的「形」與「氣」，
各自植基於「天地」與「陰陽」，而「天地」與「陰陽」是為「萬物」的存有
根據。〔註79〕

　　雖然，北海若只是寓言人物，而大海卻是客觀的自然存在，莊子借北海
若之口說出此言，認為大海「受氣於陰陽」，實際上是說宇宙萬物「受氣於陰
陽」。於此，亦再次證明，宇宙萬物皆寄託形體於天地，萬物與人均包含有稟
受於自然的「陰陽之氣」；而「受氣於陰陽」之說，顯然是老子「萬物負陰而
抱陽，沖氣以為和」之觀念的發揮。是以，〈秋水〉篇除了重申生命自陰陽交
感的沖和之氣而來，「氣」為形構萬物生命之材質的觀點，尚指出了「號物之
數謂之萬，人處一焉」，人為萬物之一，且人在天地之間猶如小石小山之在大
山一般，實在是太渺小的事實。

　　人與萬物一樣，生命皆來自陰陽二氣，生命既受此沖和之氣，則人與萬
物體內自然包含有此陰陽交感的沖和之氣；「陰陽之氣」調和，體內元氣和平，
人類與萬物即正常地生長發展，反之，「陰陽之氣」失去平衡，萬物與人類都
會發生變異，乃至於毀滅。〈則陽〉言：「陰陽者，氣之大者也」，是自陰陽之

〔註78〕參閱陳鼓應：《莊子今註今釋》，頁455，引《廣雅·釋詁》：「庇，寄也」。
〔註79〕鄭世根先生言：「天地」是「萬物」的「外在」存有根據，「陰陽」是「萬物」
　　　　的「內在」存有根據；參閱《莊子氣化論》，頁143、89～93。

氣的不調不順，來解釋四時失序，甚至影響人之健康的原因。而〈繕性〉云：「古之人，在混芒之中，與一世而得澹漠焉。當是時也，陰陽和靜，鬼神不擾，四時得節，萬物不傷，群生不夭」，則是說明混沌芒昧的古代，因舉世之人皆淳樸，故陰陽二氣能順氣性之自得地升降，因而和靜影響所及，亦能使鬼神不攪擾而萬物群生。如此而言，人的恬淡淳樸，亦會影響天地間的自然之氣，而自然之氣又回返過來庇護著人；人與天地之氣間的互動現象，實即〈秋水〉所說「自以比形於天地而受氣於陰陽」之概念的開展，也就是說，「陰陽之氣」是四時能否依序運行，萬物能否自然生長的絕對條件。

所以，〈大宗師〉言及子輿生病，病因就在於「陰陽之氣有沴」，說明「陰陽之氣」是會沴亂的，而且，沴亂時會使人生病。如此說法，亦見於〈在宥〉云：「人大喜邪，毗於陽，大怒邪，毗於陰。陰陽並毗，四時不至，寒暑之和不成，其反傷人之形乎」，人太高興時，陽氣偏勝，反之，陰氣偏勝，若是，一個人喜怒迭生，即會使陰陽之氣並廢，而造成傷人之形的結果。既然，陰陽之氣的沴亂與偏廢皆會令人受到傷害，則如何能使陰陽之氣不傷害於人，而此〈刻意〉云：「聖人休休焉則平易矣。平易則恬淡矣。平易恬淡，則憂患不能入，邪氣不能襲，故其德全而神不虧……聖人之生也天行，其死也物化。……感而後應，迫而後動，不得已而後起」，學習聖人對於生死動靜皆是被動地符應，「平易恬淡」地隨順形軀與天地間的陰陽之氣，即能達成既養形又保神的境界。

總之，關於哲學義涵之氣，是莊學論及宇宙生成思想的理論根據。莊學承自老子「萬物負陰而抱陽，沖氣之為和」（〈四十二章〉）的觀點，視「氣」為構成宇宙萬物共同普遍的原始材質，並以「氣」之聚散說明宇宙萬物之生成變化；〈知北遊〉之「通天下一氣」，彰顯出「萬物皆一也」（〈德充符〉）的思想理路，亦定調莊學宇宙生成論的論理根據。〈至樂〉之「本無氣」，開啟莊學對宇宙萬物起源的見解，亦重申「道」為「氣」之先，「道」乃「氣」之本，同時，印證宇宙萬物的生成變化是周而復始、循環不已的，人由「道」稟「氣」而生，人死復歸於「氣」，又隨著大自然的春夏秋冬運行變化。〈則陽〉所謂「陰陽者，氣之大也」，進一步指出「氣」從屬於「道」，形構萬物之「氣」所以能聚散而形成宇宙萬物，就是因為陰陽二氣交感變化的作用，而「道」則是天地陰陽何以能如此的共同原因。〈秋水〉之言「受氣於陰陽」，更加強調天地四時能否依序運行，宇宙萬物能否自然生長，其絕對的要件即

在於「陰陽之氣」。

　　所謂「陰陽之氣」，是〈外雜篇〉論「氣」最重要的概念。依「陰陽者，氣之大也」(〈則陽〉)說明「陰陽」爲「氣」的顯現特性；循「比形於天地而受氣於陰陽」(〈秋水〉)指出「陰陽」爲「萬物」的存在依據；據「乘雲氣而養乎陰陽」(〈天運〉)表徵「陰陽」爲「宇宙」的生存原理；可知「氣」概念與「陰陽」說關係密切。〔註80〕雖然，莊學並未明言「陰陽二氣」的思想，不過，亦不難尋出「陰陽二氣」之基本意蘊。以下即進一步闡釋「陰陽」與「幾」等，〈外雜篇〉中間接與「氣」概念相關之論述。

五、〈外雜篇〉間接與「氣」概念相關之論述

(一)「陰陽」

　　老聃曰：「吾游心於物之初。」孔子曰：「何謂邪？」曰：「心困焉而
　　不能知，口辟焉而不能言。嘗爲汝議乎其將。至陰肅肅，至陽赫赫。
　　肅肅出乎天，赫赫發乎地，兩者交通成和而物生焉！」(〈田子方〉)
此謂「肅肅」是陰氣寒，「赫赫」是陽氣熱。「肅肅出乎天，赫赫發乎地」〔註81〕是說陰氣自天而降，陽氣自地而升。〔註82〕「兩者交通成和而物生焉」是指陰陽二氣在涌搖激盪中醞釀，在成和時生成；此和而生物之「和氣」，亦即〈應帝王〉中壺子所展現的「衡氣」。

　　莊子認爲當喜怒、憂患入侵人心時，會使陰陽之氣沴亂而邪(〈大宗師〉：「陰陽之氣有沴」)，並對人造成傷害。只是，對於未必具有認知心的它物，又何以會有生死存毀，原來，陰之至，是肅肅然地具有肅殺之力，陽之至，

〔註80〕依莊子於〈在宥〉將「天地之氣」分別言爲「天氣」與「地氣」來看，似乎
　　　　將「陰陽二氣」思想分別言爲「陽氣」與「陰氣」，也就有跡可循了。
〔註81〕〈齊物論〉：「近死之心，莫使復陽」；《成玄英疏》：「陽，生也」。〈人間世〉：
　　　　「夫以陽爲充孔揚」；《成玄英疏》：「陽，剛猛也」。〈在宥〉：「我爲女遂於大
　　　　明之上矣，至彼至陽之原也；爲女入於窈冥之門矣，至彼至陰之原也」；《成
　　　　玄英疏》：「陽，動也。陰，寂也」。依上所引陰陽之性，確有肅殺、寒凝與生
　　　　生、健動之別。
〔註82〕成玄英疏曰：「近陰中之陽，陽中之陰，言其交泰也」。陰陽交泰，天地交感
　　　　而萬物化生，此爲《易傳》之思想，而〈田子方〉篇並不肯認儒家有此義，
　　　　而言是老子對孔子問話的回答。依此可知，宇宙萬物由陰陽二氣合和而生，
　　　　此觀點當是儒道兩家共同的思想；而〈田子方〉篇所設之孔老問答並非虛有，
　　　　乃因《易傳》所謂「天地絪縕……萬物化生」，爲《老子》「萬物負陰而抱陽，
　　　　沖氣以爲和」之思想的繼承與發揮。

則是赫赫然地擁有健動的生生之效；陰陽二者交通成和時，則有物生焉，反之，若「天氣不合，地氣鬱結」（〈在宥〉），或陰陽交通有一方偏勝而未能成和（〈在宥〉：「毗於陰、毗於陽」），便會無物生焉。既不能生物，那麼已生之形物，亦因缺乏生氣而無法持續下去，就等於是造成傷害，而如〈在宥〉所言：「陰陽並毗，四時不至，寒暑之和不成，其反傷人之形乎」之「反」，就是指陰陽本可使物生，但當並毗、不和之時，反而是會傷人之形的。其次，〈則陽〉亦云：

> 陰陽相照相蓋相治，四時相代相生相殺，欲惡去就，於是橋起，雌雄片合，於是庸有。安危相易，禍福相生，緩急相摩，聚散已成。此名實之可紀，精微之可志也。隨序之相理，橋運之相使，窮則反，終則始。

說明「陰陽」與「四時」乃為現象世界生成與變化之原理，此原理不僅合乎動物的兩性交合（「雌雄片合」），而且，適用於人事的吉凶利害（「安危相易，禍福相生」），甚至，可用以解釋長壽夭折與誕生死亡（「緩急相摩，聚散已成」即「壽夭」、「生死」之意）。〔註 83〕是故，莊子所謂「陰陽」，無疑是從人至宇宙無所不包、廣闊至極之詮釋架構。〔註 84〕

（二）「幾」

> 種有幾，得水則為䍃鼃，得水土之際則為蛙蠙之衣，生於陵屯則為陵舃，陵舃得鬱棲則為烏足，烏足之根為蠐螬，其葉為胡蝶。胡蝶胥也化而為蟲，生於竈下，其狀若脫，其名為鴝掇。鴝掇千日為鳥，其名為乾餘骨。乾餘骨之沫為斯彌，斯彌為食醯。頤輅生乎食醯，黃軦生乎九猷，瞀芮生乎腐蠸，羊奚比乎不箰，久竹生青寧，青寧生程，程生馬，馬生人，人又反入於機。萬物皆出於機，皆入於機。（〈至樂〉）

針對此論，以「氣」釋之的有：郭象注：「此言一氣而萬形，有變化而無死生也」、成玄英疏：「胥得熱氣，故作此蟲」，與陸長庚解：「盈天地之間，只是陰陽二氣，循環不息。養乎，歡乎，何容心哉！順其自化可耳」〔註 85〕（陸長庚以為「機」是「氣」之動處，而物種是由「氣」之動而生）。以「精氣」解之的是：呂吉甫註：「物或已無情相成，或以有情相成，或以無情生有情，

〔註 83〕參閱黃錦鋐：《新譯莊子讀本》，頁 308；「緩及壽夭，聚散生死」。
〔註 84〕參閱鄭世根：《莊子氣化論》，頁 80。
〔註 85〕參閱嚴靈峰：《列子莊子知見書目》，頁 139〈南華真經副墨〉。

或以有情生無情，皆遊魂精氣之所爲也」〔註86〕（呂吉甫以爲物類可分有情與無情兩類，而或各自相生或二者互生，然而都是遊魂精氣之所爲也）。此外，王叔岷曰：「種，物種也，即物類也。……幾，幾微。物類皆由幾微而來也」。〔註87〕歸納可知所謂「幾」〔註88〕是「氣」的具體顯現過程之根據，陳壽昌云：「機者，陰陽摩盪消長之機」；〔註89〕「幾」與「機」是可通用的，「機」當爲「幾」。〔註90〕自現實觀點來看，此言「青寧生程，程生馬，馬生人」，自是荒唐的謬悠之見，然而，莊學興趣並不在於闡述生與不生的實際狀況，而是著眼於探討相關宇宙萬物之生成、變化與消失的原理與原則。並且，莊學強調「人又反入於機」，人回歸宇宙萬物的共同本原，即是「萬物皆出於機，皆入於機」。

結合「種有機」與「萬物皆出於機，皆入於機」之論述，可進一步獲知莊學對物種來源的看法。所謂「機」既爲萬物之出、入處，亦可視爲萬物之所從來處，萬物皆由陰陽二氣摩盪涌搖，互有消長的幾微契機中而來，而後莊學舉出一連串物類演變情形，此段既詭異〔註91〕又冗長的敘述，其間雖不易深入，但至少仍可得知莊學認爲不是不可能，尤其是先由生物演進史的軌跡進入，再轉折爲逆向演化，顯見萬物由低等進化爲高等的生物演進觀，未必是莊學所以爲然的。莊學對於萬物生、化所抱持的看法，應是無一定規則的；〈天地〉云：「留動而生物」，動態的陰陽二氣留駐了一下觸動契機而生成萬物，留駐與觸動之後，「氣」仍繼續流行，這就是莊學認爲物種的發生是有其幾微難知之原因。

六、小　結

綜觀莊學〈外雜篇〉「氣」概念之意涵（包含生命形軀之氣、自然現象之氣、工夫修爲之氣與哲學意涵之氣），可深切明瞭「氣」在莊學思想中佔有極

〔註86〕引自焦竑：《莊子翼》，頁161。

〔註87〕語出王叔岷：《莊子校詮》，頁659。

〔註88〕「幾」義同《易傳》：「幾者，動之微，吉（凶）之先見者也」；〈繫辭〉：「極深而言幾」。

〔註89〕「摩盪」一如「涌搖」，「消長」意指陰陽二氣互有消長，故有成和而物生之契機。參閱陳壽昌：《莊子正義》，頁259。

〔註90〕參閱馬敍倫：《莊子義證》，頁479。

〔註91〕「馬生人」之記載見於正史著錄（王叔岷：《莊子校詮》，頁665：「史記六國年表：『秦孝公二十一年，馬生人』」），也出現於小說內容（馬其昶：《定本莊子故》，頁124：「陳景曰：『尸子云：越人呼豹曰程』《搜神記》：『秦孝公時，有馬生人』」）。

重要的分位，無論是人的形軀生理、精神生命，天地間的自然現象，理想性的工夫修為，乃至深刻的哲學義涵，都與「氣」息息相關。由〈外雜篇〉中相關「氣」概念的歸納分析，可清楚掌握由〈內篇〉到〈外雜篇〉「氣」義的發展與演變。

首先，自然現象之氣，表面上看是描述天地氣象的自然變化，但實際上，莊學皆意有所指，依〈知北遊〉之「強陽氣」，人與萬物必要隨順天地間「一氣」之流轉交通的強陽之氣，並且，以「六氣」之精調和「天氣」與「地氣」之積聚鬱結（〈在宥〉），化育群生；以「春氣」（〈庚桑楚〉）孕育萬物，成就春生秋成的自然之道；以「四時殊氣」展現天道的無所偏私，帶出為政者須先去偏私而後國治的深度反省，亦即以生命主體的工夫修養帶出無為而治的政治理想。

其次，生命形軀（精神、生理）之氣，無論是屬乎生理的「血氣」（〈在宥〉）、「忿滀之氣」（〈達生〉）、「馮氣」（〈盜跖〉）、「氣息」（〈庚桑楚〉）、「出氣」（〈盜跖〉）、「定氣」（〈說劍〉），或屬乎精神的「恃氣」（〈達生〉）、「盛氣」（〈達生〉）、「志氣」（〈盜跖〉），都與心靈的沉淪及生命的墮落密切相關，而為莊學所欲修養對治的目標。

再者，〈外雜篇〉所言工夫修為之氣，皆是自「心」以言「氣」，表明生命形軀之氣必進一步涵養而為「純氣」（〈達生〉），至於要如何「養氣」（〈達生〉），才能不「耗氣」（〈達生〉）、不以「邪氣」（〈刻意〉）入心，而達到「平氣」（〈庚桑楚〉）、「忘汝神氣」（〈天地〉）與「神氣不變」（〈田子方〉）地乘任「雲氣」（〈天運〉、〈在宥〉）而自適，依莊學之意，唯有透過無心無為、平易恬淡等修養工夫方可臻至。

最後，哲學意涵之氣是宇宙生成論的理論根據，莊學謂「道」乃「氣」之本，「氣」概念是為形構萬物生命之材質，宇宙萬物之生成變化乃因「氣」之聚散，而「一氣」（〈知北遊〉）思想則凸顯「萬物皆一也」（〈德充符〉）之義旨，且因陰陽二氣交感變化的自然作用，四時依序，萬物生長，「陰陽」乃「氣」的顯現特性，為「萬物」的存在依據，更是「宇宙」的生存原理。

是以，〈外雜篇〉所言之「氣」，是指無形的材質，〔註92〕而包括人在內的宇宙萬物，乃皆由陰陽二氣和合而成。〔註93〕如此說來，「氣」即是形體的

〔註92〕〈則陽〉：「天地者，形之大者也；陰陽者，氣之大者也」。
〔註93〕〈田子方〉：「至陰肅肅，至陽赫赫。肅肅出乎天，赫赫發乎地，兩者交通成和而物生焉」。

基礎，所有有形之宇宙萬物皆由無形之「氣」變化而產生；〔註94〕而「氣變有形」（〈至樂〉）之後，有形之物終復歸於無形之「氣」。〔註95〕

第二節　莊學宇宙生成論的義理架構

莊學宇宙生成論之義旨，有其形上學的關注爲其前提，依形上學探討宇宙萬物之存在特質而言，乃是就萬物之共通點與特性來看，而非以具體個別存在物爲其對象。形上思想著重的是宇宙萬物生成發展「不變」的部分，而生成論點則探討的是宇宙萬物的生成與「變化」。是以，解析宇宙萬物形上原理之「道」與萬物共同材質之「氣」，兩者之關係與特性，此是屬於形上學的範域，而涉及宇宙萬物之生成發展及其變化，即爲宇宙生成論之課題。

《莊子》「氣」概念具有宇宙生成論之意義者，主要見之於〈外雜篇〉；而〈知北遊〉所言「通天下一氣耳」，可謂宇宙生成論之根本思想。莊學論說萬物生命皆由「氣」所構成，並以「氣」之聚散循環解釋宇宙萬物的生成變化，其中，「道」、「氣」爲何，「道」與「氣」之關係爲何，此是屬於形上思想之研究範域；而「氣」與「萬物」的關係爲何，「道」與「萬物」的關係又如何，則爲解析「氣」概念於莊學宇宙生成論中之作用與重要性的主要課題。以下即就莊學的形上思維、氣化宇宙論與生死觀等三大面向，探討莊學宇宙生成之義旨。

一、莊學的形上思維

莊學之形上思維，表現於「道」、「氣」，以及「氣」「道」關係之獨特理解，亦爲架構宇宙生成之氣化思想的理論根據。關於「道」、「氣」之義，已於第三章第一節論說，以下即就「一氣」與「氣」「道」關係，闡述莊學的形上思維。

〔註94〕〈至樂〉：「雜乎芒芴之間，變而有氣，氣變而有形，形變而有生，今又變而之死，是相與爲春秋冬夏四時行也」。

〔註95〕〈知北遊〉：「不形之形，形之不形（成玄英疏：「夫從無形生有形，從有形復無形質」），是人之所同知也，非將至之所務也；此衆人之所同論也，彼至則不論，論則不至」；此謂「不形」是指無形之「氣」，依莊子思路，「人之所同知」與「衆人之所同論」者，應非不可言說之「道」與「無」，而只能是指無形之「氣」。依此，由無形之「氣」產生出有形之物，再由有形之物復歸於無形之「氣」之形上形下相互轉化的觀點，於戰國中期而後已是相當普遍，而爲人所同之、衆所同論的思想。

（一）關於「一氣」

「氣」概念思想，象徵宇宙萬物皆為「氣」所生，並且宇宙因此而為連續統一的整體——「一氣」，此為中國氣論哲學最根本的思想。

「一」概念在老子已被大量引用，例如；〈三十九章〉：「昔之得一者，天得一以清，地得一以寧，神得一以靈，谷得一以盈，萬物得一以生，侯王得一以為天下貞」，「一」為宇宙形上原理或變化理則；〈十四章〉：「視之不見名曰夷，聽之不聞名曰希，搏之不得名曰微。此三者不可致詰，故混而為一」，「一」指「道」的渾然未分、不可名狀，且為萬物之始的特性。莊學承繼老子「一」的思想，並以「氣」來落實，使得「道」與萬物間的化生關係，不再只停留於「道生一，一生二，二生三，三生萬物」（〈四十二章〉）之生成原理，而是進一步揭示其為「通天下一氣」（〈知北遊〉）之宇宙生成論。

所謂「通天下一氣」，即言萬物乃「一氣」之化。茲歸納《莊子》對「一氣」之闡述，解析其無形性、運動性與整體性之特質如下：

1.「一氣」之無形性

萬物之始必是無形，因為無形，必也無名，是以，無論老子言「恍惚」（〈二十一章〉）或莊子道「渾沌」（〈應帝王〉），亦皆指謂生成萬物之無形特性的描述與形容。

老子云：「道之為物，惟恍惟惚」與「恍兮惚兮，其中有物」（〈二十一章〉），所謂恍惚之物，既是無形，必非意謂一般具象之物，而是指稱無形之「氣」，「道」之作用，萬物構成。莊學亦言：「知形形之不形乎？道不當名」、「昭昭生於冥冥，有倫生於無形」、「有先天地生者物邪！物物者非物，物出不得先物者，猶其有物也」（〈知北遊〉），所謂先天地生之「物」，實指「一氣」；「物物者」，謂「道」；而「物物者非物」乃因「形形之不形」，亦即化生具體萬物之「一氣」，本身是無形的。

〈天下〉引惠施之語云：「至大無外，謂之大一；至小無內，謂之小一」，將至大與至小統合為一，顯示「氣」雖無形細微，卻能成就無限大之宇宙，此與原子論（宇宙是由原子組合而成，但無數細微、不可分割之原子，是無法統一無限大與無限小）之思想不同。

2.「一氣」之運動性

氣之虛無飄渺、若有似無，老子經由現象界之仰觀俯察，歸納得知宇宙萬物之生成歷程是：「天下萬物生於有，有生於無」（〈四十章〉）。所謂「無」

是指「道」的原初狀態，混沌恍惚，無法以感官認知；不過，此「無」並非絕對之虛無，而是包容萬物卻無法以感官認知的眞實存在。所謂「有」乃天地萬物的總稱，就宇宙生成層面而言，「氣」或氣化過程，亦指「道」與所成就萬物的中間環節。

莊學承繼此一思想，對「道」之「無」作更進一步之詮釋，提出「無有」之名，進而凸顯「道」之運動特性。〈天地〉云：「泰初有無，無有無名，一之所起，有一而未形」，「泰初」之「無」，意指本根之「道」，「無」因本身具有成就宇宙萬物之動化特性，所以又稱「無有」；「泰初」之「道」之所以「無名」，乃因「道」是不落言詮的。「道」雖不可名，但「道」之眞實性卻能藉著氣化而彰顯；即因「一氣」之存在，「道」才能稱爲「無有」。「道」藉「一氣」之流行與大用，成就宇宙萬物，因著「一氣」之化，宇宙萬物才能具體展現。故而，莊子亦以「天門」來形容「一氣」的作用，〈庚桑楚〉云：「有乎生，有乎死；有乎出，有乎入。入出而無見其形，是謂天門。天門者，無有也。萬物出乎無有。有不能以有爲有，必出乎無有，而無有一無有。聖人藏乎是」。所謂「天門」即是「無有」，亦即是「道」，乃萬物所從出的根源；而「道」之所以稱爲「天門」或「無有」，實因「一氣」之化。且因無形無象之「一氣」，不能以有形之物視之，所以說「入出而無見其形」，此無法以感官執取之「一氣」，宇宙萬物卻因其變化而得以生，故具有運動之特性。

其次，〈大宗師〉謂：「夫道，有情有信，無爲無形；可傳而不可受，可得而不可見；自本自根，未有天地，自古以固存；神鬼神帝，生天生地；在太極之先而不爲高，在六極之下而不爲深，先天地生而不爲久，長於上古而不爲老」；說明渾然未分之「一氣」，正是「道」化成萬物之始，故亦可凸顯「一氣」之作爲現象世界之運動變化的闡釋。

3.「一氣」之整體性

因人之認知拘限於時空，往往以言詞作爲概念之表述，而老莊在論及萬物之根源，爲跳脫名言之定圍，常以「無」或「無有」稱之。然此「無」或「無有」，並非寂滅頑空之虛無（什麼都沒有），反而是無法以感官捕捉之最眞實的存有，所以，老子謂之「道之爲物，惟恍惟惚」（〈二十一章〉）、「視之不見名曰夷，聽之不聞名曰希，搏之不得名曰微。此三者不可致詰，故混而爲一。……是謂無狀之狀，無物之象，是謂恍惚」（〈十四章〉）。

而莊學對老子渾然之「一」，定名爲「一氣」，〈知北遊〉云：「通天下一

氣耳，聖人故貴一」。莊學顯然是以「一氣」指謂「一」之內涵，以「一」作爲「一氣」之統稱。若對「一」作進一步之定義，孔穎達所說之「未分之一」，[註96] 是很貼切的註解；因未分即是整體，「一氣」顯然具有混然未分之整體特性，而此亦爲老莊所共同體認之道體原貌。〈應帝王〉對於不可分割之「一氣」原貌，有極生動之描述：「南海之帝爲儵，北海之帝爲忽，中央之帝爲渾沌。儵與忽時相與遇於渾沌之地，渾沌待之甚善。儵與忽謀報渾沌之德，曰：『人皆有七竅，以視聽食息，此獨無有，嘗試鑿之。』日鑿一竅，七日而渾沌死」，一般多以有爲無爲解之，希冀人應無心任化、順應自然。但是，若自宇宙生成面向而言，「渾沌」是指渾然未分之「一氣」，此「一氣」是整體不可分割的，因若可分割，則可量化，且具形質，如此即非萬物之所從出。鑿七竅而渾沌死，意謂整體渾沌之「一氣」在運動變化後形成萬物，此時，有形的現象世界與整體的渾然「一氣」是兩個不同的狀態；即使整體渾沌之「一氣」於化成萬物後有其個別不同之形體，但「氣」之本質仍是完全相同的，仍是整體「一氣」之部分；故而，〈齊物論〉言：「天地一指也，萬物一馬也」，〈德充符〉亦曰：「自其異者視之，肝膽楚越也；自其同者視之，萬物皆一也」。所謂「萬物皆一」即指宇宙萬物的原始材質是同質的「一氣」，即使萬物其形各不相同，但卻擁有共同之本質，意即渾然未分之「一氣」，正是一切變化的基礎，若無「一氣」，則變化即無由產生，亦無法爲人所理解。是以，自「一氣」之整體性觀之，萬物同質於「一氣」，沒有「氣」就沒有萬物。換句話說，基於「通天下一氣」之整體觀點，宇宙萬物之形與性雖有不同，但皆爲「一氣」之流行，至於，萬物化生後之自身轉變、物與物間的相互轉化，甚而人之生死，亦皆是「一氣」之流行。

此外，值得注意的是，〈列禦寇〉之「太一形虛」，與〈天下〉之「建之以常無，主之以太一」，對「太一」思想之解釋。所謂「太一」，依《呂氏春秋》：「道也者，至精也，不可爲形，不可爲名，彊爲之謂之太一」、「萬物所出，造於太一，化於陰陽」，[註97] 與《淮南子》：「洞同天地，渾沌爲樸，未造而成物，謂之太一」[註98] 之論，可知「太一」意指運動變化之根本。「太一」本身雖是

〔註96〕 參閱孔穎達：《禮記禮運疏》，卷二十二，台灣中華書局，四部備要經部，頁10～11。
〔註97〕 參閱呂不韋：《呂氏春秋》，卷五，台灣中華書局，四部備要子部，頁3～4。
〔註98〕 參閱高誘：《淮南子》詮言訓，卷十四，台灣中華書局，四部備要子部，頁1。

渾沌，但當展現造化作用之時，則分陰分陽，萬物於是成形。莊子於〈人間世〉更明確指出，形虛之「太一」即是「一氣」，因爲「氣也者，虛而待物者也」；可見，在莊學思想中，「太一」不僅指「道」，有時也意謂「一氣」。

總之，〈大宗師〉：「遊乎天地之一氣」與〈知北遊〉：「通天下一氣」，即「萬物一也」（〈知北遊〉）；「一」意謂宇宙萬物皆出於「一氣」，所謂「萬物一氣」之義。此因，「逍遙遊」方能「遊乎天地之一氣」，〔註99〕「齊物論」亦才能「通天下一氣」，故而，「遊」與「物化」實爲「萬物一氣」之前提，並且「氣」概念之觀點實即莊子哲學的重要課題。就莊學「氣」概念所衍生之人生論題，可自現象界之構成（「宇宙生成論」）來思維，亦可由吾人當該如何自處（「修養工夫論」）來反省。也就是人生存於宇宙之中與天地之間，其生命價值之所在，即是離不開與「氣」概念息息相關之生活模式，一如〈讓王〉舜以天下讓善卷，善卷所云：「予立於宇宙之中，冬日衣皮毛，夏日衣葛絺。春耕種，形足以勞動；秋收斂，身足以休食。日出而作，日入而息，逍遙於天地之間而心意自得。吾何以天下爲哉！悲夫，子之不知予也」。如此渾同於「一氣」之大化，而「逍遙於天地之間而心意自得」〔註100〕的心靈寫照，正是「遊乎塵垢之外」（〈齊物論〉）、「乘物以遊心」（〈人間世〉）、「遊心乎德之和」（〈德充符〉）、「遊無極之野」（〈在宥〉）、「遊乎萬物之所終始」（〈達生〉）、「遊心於物之初」（〈田子方〉）、「上與造物者遊」（〈天下〉）、「遊乎六和之外」（〈徐無鬼〉）之生命境界的最高彰顯。

由莊書肯定「天地自然」與強調「萬物一氣」可知，〈大宗師〉：「遊乎天地之一氣」與〈知北遊〉：「通天下一氣」所言，天地間的宇宙萬物同於「一氣」；就「氣」概念而言，宇宙萬物是合而爲一的、物我一體〔註101〕的。然而，

〔註99〕〈逍遙遊〉：「今子有大樹，患其無用，何不樹之於無何有之鄉，廣莫之野，彷徨乎無爲其側，逍遙乎寢臥其下」；說明寢臥於「大樹」，就是寢臥於〈人間世〉：「瞻彼闋者，虛室生白，吉祥止止」之「虛室」，也就是寢臥於〈至樂〉：「人且偃然寢於巨室」之「巨室」；換句話說，也即是逍遙於「一氣」之中，逍遙於無爲之意（〈天運〉：「逍遙無爲也」、〈大宗師〉：「彷徨乎塵垢之外，逍遙乎無爲之業」；「無爲」是指在天地之中回歸自然的狀況）。

〔註100〕「心意自得」是指心理與情感上自由自在與自得其樂的感受，以郭象的語言形容就是「適性」；參閱楊儒賓：〈向郭莊子注的適性說與向郭支道林對於逍遙遊義的爭辯〉，《史學評論》（台北市，第九期，1985 年 1 月）。

〔註101〕關於審美性的「物我一體」：參閱顏崑陽：〈從莊子「魚樂」論道家〉，《中國美學論集》（台北市，南天，1987），頁 121～151 與項退結：《邁向未來的哲學思考》，頁 310。

此處必須給出的深度反省是：基於「氣」概念之脈絡，〈大宗師〉與〈知北遊〉所言之「一氣」，皆屬宇宙萬物共同不異之形構之氣。但依「氣」概念的理論發展而言，兩處之「一氣」實有差異；〈大宗師〉之「一氣」由自然現象之氣出發，故必須進一步靠著工夫修養方能「遊乎塵垢之外」（〈齊物論〉）、「乘物以遊心」（〈人間世〉）、「遊心乎德之和」（〈德充符〉）；而〈知北遊〉之「一氣」則傾向氣之整體性的宇宙論述，故能進一步帶出氣化宇宙、生死一如之觀瞻。此外，莊學言「一氣」，亦特別論及「氣化」。

4.「氣化」

莊子的修養工夫論，言及「道」可以「生天生地」（〈大宗師〉），實際上是生成至陰至陽之氣，而至陰至陽之氣如何化生萬物的部分，則屬宇宙生成論的理論架構。以下即就「氣」化生萬物爲起始，分別論述「氣」內在於萬物——特別是人時，所呈顯的幾個重要面向（如神、心、志、形），及與「氣」之相互關係。

依〈秋水〉云：「號物之數謂之萬，人處一焉」，可見人本是萬物之一，並且，循〈知北遊〉：「人之生，氣之聚也」與〈田子方〉：「（陰陽）兩者交通成和而物生焉」，可知莊學肯定形由氣生。所謂形由氣生，〈知北遊〉云：「中國有人焉，非陰非陽，處於天地之間，直且爲人，將反於宗。自本觀之，生者，暗醷物也。雖有壽夭，相去幾何」，中原有人，卻是非陰非陽，「生者，暗醷物也」，依成玄英、王夫之、宣穎等人，皆解作聚氣貌，而莊學更直言「自本觀之」，故宜自生之原理來理解，物之本應爲氣聚而生。故而，所謂「非陰非陽」實指非偏於陰亦非偏於陽之陰陽和合而生者，且此陰陽和合而生之人「將反於宗」，此亦符合「合則成體，散則成始」（〈達生〉）之思想。而以「暗醷」而生又返於其所自來之現象，莊學以爲的確足以啓迪吾人了然於生命之或壽或夭，且因此亦可定調形由氣生之思想。至於，「氣」是如何化生萬物之形軀，則須回歸「道」之下貫並創生萬物的活動來說起。〈天地〉云：

> 泰初有無，無有無名。一之所起，有一而未形。物得以生，謂之德；
> 未形者有分，且然無間，謂之命；留動而生物，物成生理，謂之形；
> 形體保神，各有儀則，謂之性；性脩反德，德至同於初。〔註102〕

〔註102〕關於「泰初有無」段之註解，參閱成玄英：《南華眞經注疏》，頁 507：「泰，太。初，始也。元氣始萌謂太初。言其氣廣大，能爲萬物之始本，故名太初。太初之時，惟有此無，未有於有。有既未有，名將安寄，故無有無名」。郭象：

這是說明虛無之謂「泰初」,「泰初」之始惟有此「無」,而尚未有「有」,自亦未有「名」。此無「有」無「名」之「泰初」,即是「道」。「道」下貫而有「一」,萌生於至「無」之中,故曰起;只是,此「一」只是「有」的萌動,還不是已呈顯出物理之物(形:宣穎以「物得以生,謂之德」是預先說一句)。此尚未呈顯物理之「一」,隱然有陰陽之分,只是,雖分陰陽,仍然相吸相斥而離離合合地流行不已。而「道」用以命物的「一」,無間地隨著陰陽而流行,此流行不已之陰陽之氣,偶有所留,生機則爲之觸動,物即因而產生(此處始宜言「德」)。內在於物之「一」,即何以生成萬物之理,萬物亦唯有得此「一」始有物形與物理,故此「一」亦稱爲「德」。而形體已成,就要保住神,因陰陽所載以流行之「一」,不但成就萬物之形,同時亦載負「道」所命於萬物之理,此理即萬物所須遵循之理則,而萬物之展現理則以顯出與他物之不同時,則稱爲「性」。依此可知,「一」是使物成形、含理、展現理則與彰顯其性之「道」的化身,所以,當「一」內在於物,即爲「道」在該物中的代表,亦爲該物之實質,而特稱之爲「神」,故須保之。〔註103〕

依莊學,陰陽聚散流行而生物,萬物即同時擁有隨著陰陽流行之「一」,而當萬物得此「一」,實即已得「德」之和,故萬物亦同時含有「道」所命於物之理;此物形與物理兼具,方爲可見可知之萬物。並且,萬物須隨時保有

《南華眞經注》,頁 507:「一者,有之初,至妙者也。至妙,故未有物理之形耳」、陳壽昌:《莊子正義》,頁 194:「一……萌於至無之中,故曰起」。宣穎:《南華經解》,頁 240:「物得此未形之一以生,則性中各有一太極,故謂之德。此是預先說一句」與「分陰分陽。雖分陰陽,猶且陽變陰合,流行無間,乃天之所以爲命也」。陳壽昌:《莊子正義》,頁 195:「夫天命本流行不滯,而動者偶有所留,則生機爲之一觸,物即因以生焉」、林西仲:《標注補義莊子因》,頁 249:「造化之道,動則鼓萬物之出機。物者,動之留寓而成質者也」。宣穎:《南華經解》,頁 241:「形載神而保合之。視聽言動,各有當然之則,乃所謂性也。上所謂『得以生謂之德』者,此也。言性在形之後者,性須形載之,故曰形體保神也」與「性修則復其所得於未形之一矣;德之至則同於太初」。林雲銘:《莊子因》,頁 249:「有形矣,必有形形者以主之,則神也。形體而保守其神,使視聽言動,莫不有自然之儀則,謂之性」與「故修性者,貴反於德,德者即物得以生者也。德之至則同初,初即泰初之初」。

〔註103〕關於「泰初有無」段之「一」的涵義,莊子分別予以不同之名稱:就「道」由至無之中,有「一」萌生而言,此「一」爲至妙之有;就「一」分陰陽,載至妙之有以流行而言,此「一」稱爲命;就「一」爲物所得而言,此「一」稱爲德;就「一」內在於物而爲該物之實質而言,此「一」稱爲神;就「一」之或至或非至之陰陽命於該物而言,此「一」稱爲該物之理;就「一」展現爲該物之視聽言動的儀則而言,此「一」稱爲該物之性。

使萬物成形、含理與顯性之「一」，而此「一」因已成爲該物之實質，故以「神」稱之，作爲物之實質之「神」，使萬物依循各自之理則，而呈萬物不同之「性」。因此，只須修養此「性」，使「性」依循理則，即是順「神」之要求而護持住「神」，保有著理，亦即是使「一」完整如起初之「德」，而「德」達至純和極致之時，即又同於最初之「無」，也就是「泰初」之「道」。

　　此是莊學對於「道」生萬物，最爲具體的記載，徐復觀先生謂：這段話不是平說的，而是就著創造的歷程而說的。至於，進一步解析「道」如何生物，亦即，陰陽之氣之流行，何以會有所留，而使生機爲之一觸之問題。莊學訴之以「道」「生」「物」之「生」，具有「化生」與「禪生」兩種不同型態所致。

　　所謂「化生」，其實是指陰陽之氣的流行，因相互吸引而有所觸動，所產生不斷運動的現象；因氣之動而爲之留（停），此陰陽交通出現成和的狀態；成和之時即是彰顯「德」之性質，於是，使偶留之陰陽之氣，秉此「德」之「和」以生物。故就陰陽之氣變而有形體與物理之歷程而言，得此「和」乃是重要契機，因此，流動之氣成「和」而留，留而生物，因留觸動此契機而生物，而此契機自亦成爲物於陰陽不調時，散而爲氣之機轉。依此，〈至樂〉「種有幾」段之結語云：「萬物皆出於機，皆入於機」，契機之有無，即以陰陽聚合而物生，陰陽氣散則物死之現象視之；有此契機則物生，契機消失隨即物死。〔註104〕

　　莊學乃以天地是依陰陽和氣的型態生成萬物〔註105〕的思維，尚見之於〈天地〉之「泰初有無」段，此說明「道」如何透過陰陽二氣之和合而彰顯「德」，物得「德」而成物形、含物理之歷程。其實，陰陽初分之時，陰氣沉滯降爲地，陽氣蒸騰升爲天，而所謂陰陽有分，即指生天生地之意，爾後，「（至陰）肅肅出乎天，（至陽）赫赫發乎地」（〈田子方〉），通過陰陽二氣無間斷地流行不已，方能和合而生物。因著萬物皆受氣於陰陽，本非有異，〔註106〕然而，受形時之偶留，〔註107〕顯現出所含之理遂有多寡，故其性遂有厚薄，而神亦自有深淺，

〔註104〕契機之有無，實爲物生物滅之關鍵之意，可進一步自陳壽昌：《莊子正義》解：機者，陰陽摩盪消長之機，獲得印證。此謂陰陽摩盪正是成和之要件，即同於「出於機」；而消長則造成偏勝，使物散爲氣（或化爲其他物），即同於「入於機」。

〔註105〕言陰陽二氣之生物即天地之生物，即〈達生〉所言：「天地者，萬物之父母也」之意。

〔註106〕陳壽昌：《莊子正義》，頁477：「萬物芸芸，皆此生氣，本非異種，特一受其成形，遂各以不同形者，自相禪代也」。

〔註107〕莊子以「犯」字言人之成形，〈大宗師〉：「今一犯人之形，而曰『人耳人耳』」；

自然形亦各異。不過，不同之物有理爲性、有神爲質與有形爲體，畢竟仍蘊含理保神，也就是爲獨立完整之主體，〔註108〕而且，「道」本就內在於萬物之中，因而，任何物亦能如同「道」生天生地之後，即由天地化生萬物，再由物來生物，但是，所生之物只能以原物之形、性、理爲其形、其性與其理。

只是，氣和而生之「化生」型態是無法全然概括與說明物與物間之生成關係，〈山木〉有言：「『何謂無始而非卒？』仲尼曰：『化其萬物而不知其禪之者。焉知其所終？焉知其所始？正而代之而已矣』」，顏回向孔子請教，什麼叫做任何的始，即已是其卒之意（沒有那一個開始，不就是自己的結束），孔子的答覆是：陰陽之氣化生萬物後，就不知道萬物將「禪代」成什麼，又哪裡能夠知道，禪代者是什麼時候開始或什麼時候結束，所以，只有守正地等待。孔子此言，〈寓言〉可爲之詮解云：「萬物皆種也，以不同形相禪，始卒若環，莫得其倫，是謂天均」，萬物皆是種，並以此種，依萬物各自之形禪代下去；每一形即爲其所生之形的種，所生之形又爲後生之形的種，如此，每一形即爲上一形的卒，又爲下一形的始，就像是環一樣，找不出其間的端倪頭緒，這正是「天均」之意。〔註109〕依此，「禪」乃意指陰陽和而生物後，內在於物的德之和，亦爲通過物性而爲該物之「種」。

所謂「禪生」，〔註110〕意謂萬物一直保有著神，因此主體性而可生出相同形性之物，也就是說，萬物只是各以己形生出同形之物，而此被生之物又成其爲所生之物的種，所以說「萬物皆種也」、「萬物各以不同形相禪」。〈山木〉與〈寓言〉之以「禪」示意，似欲表示物生同形之物的關係（禪生），此與氣

成玄英：《南華眞經注疏》，頁317：「偶爾爲人」；宣穎：《南華經解》，頁64：「偶成爲人」。又〈大宗師〉曰：「特犯人形而猶喜之」；劉武：《莊子集解內篇補正》，頁157：「犯人形者，偶遭遇或偶接觸而成爲人之形也」。

〔註108〕依〈庚桑楚〉云：「性者生之質也，性之動謂之爲，爲之偽謂之失」；成玄英：《南華眞經注疏》，頁964：「率性而動，分內而爲，爲而無爲，非有爲也」。由於，物得生理而有性，即能率性而爲，且是分內之爲，正可說明個體已具有主體性的行爲能力。

〔註109〕參閱宣穎：《南華經解》，頁478：「倫，端也。天均，天理之均遍，無所不在者」。

〔註110〕關於「禪生」：〈知北遊〉云：「精神生於道，形本生於精……而萬物以形相生，故九竅者胎生，八竅者卵生」；王先謙：《莊子集解》，頁188：「九竅，人獸也；八竅，禽魚也」。所謂八竅、九竅正是意味各物有不同之形，而胎生、卵生指的是不同形之物所含的不同之理及所彰顯之不同之性。而物之生同形之物，乃以其形質氣類相生也。

和而生不同形之物的現象（化生），是不相同的，而物之生同形之物，依成玄英言，乃以其形質氣類相生也。〔註111〕檢視〈寓言〉所謂「萬物皆種也」與「萬物各以不同形相禪」，皆是說明物生同形之物的生成關係。至於，物又何以化生與己形不同之物，〈逍遙遊〉之肩吾向連叔透露接輿所言，傳說中遙遠的藐姑射山之神人能夠如何如何，是不近人情的，不過，連叔認爲肩吾是想爲其知有盲點，此因莊子常借得道聞道之人來闡述眞人神人之特異能力，顯見莊子並不以一物化生出另一物，是不可能的，只不過，物化生與己形不同之物的生成方式，有別於多數之物禪生物（物生同形之物）的模式。

然則，何以有此「化生」與「禪生」之不同，莊學的解讀是，「化生」之所以可能，乃因「氣」具有精純能化之特質所致。由於，「氣」概念具有精純能化之特質，豐富生物之涵義，若欲全面掌握「氣」與物之關係，必須關涉「化生」的意義問題。所謂「化」，可分爲由一物至另一物的外化，〔註112〕與關聯至「心」之問題的內化（屬於內化之修養工夫論的課題，請參閱第三章第三節）。

外化，即是形身之化，又可分爲形身全化與形身部分化兩類；而形身全化又可細分爲「形感於氣而全形化爲他物，且本形不存者」與「形感於氣而化生出異形之物，且本形尚存者」。此外，風化亦涉及「氣」與物形之問題，故而，關於形身之化即就「形感於氣而全形化爲他物，且本形不存者」與「形感於氣而化生出異形之物，且本形尚存者」（形身全化）、形身部分化、以及「感於氣而風化出同形之物，且本形尚存」之風化等四方面，分別加以解析。

其一，關於形身全化之「形感於氣而全形化爲他物，且本形不存」者；譬如〈逍遙遊〉之「魚化而爲鳥」、〈至樂〉之「胡蝶胥也化而爲蟲」與「鴝掇千日化而爲鳥」。此因純陰或純陽之氣籠罩某物（如魚），並取代式地轉換該物爲另一物（如鳥）。

其二，關於形身全化之「形感於氣而化生出異形之物，且本形尚存」者；譬如〈至樂〉之「青寧生程」、「程生馬」、「馬生人」。此乃陰氣或陽氣偏勝，呈顯爲純陰或純陽之氣，而具有精純細微之性質，偶然出現所造成之滲透。其實，物於受到純陰或純陽之氣所滲透而後，物體內部份之「氣」即與之交

〔註111〕參閱成玄英：《南華眞經注疏》，頁 888：「有形之物，則以形質氣類而相生也」。依此可推，「質」，神也；「類」，性也。

〔註112〕關於「外化」之內容，參閱毛忠民撰〈莊子氣論思想研究〉，李振英指導，輔仁大學哲學博士本書，1996

通，也就是說，物感已散而成始（散成氣），即是所謂「入於機」，在新一次交通成和，即有一留，留則觸動生機，即是所謂「出於機」。而「氣」於入機與出機之間，已成就為另一個形，故待原物將之生出時，即與原物之形不同（如馬所生之人），且此新物形，將成為所禪代者之「種」。依此例證與其實際背景（魚乃處於純陽的時空──六月的南方）亦可推論，何以莊學總是認為，「種」都是在幾微變化中而來的（「種有幾」）。

其三，關於形身部分化，〔註113〕〈大宗師〉子輿生病時自言：「浸假而化予之左臂以為雞，予因以求時夜；浸假而化予之右臂以為彈，予因以求鴞炙；浸假而化予之尻以為輪，以神為馬，予因以乘之，豈更駕哉」，〔註114〕此雖假設之言，然若不視之為子輿自我調侃之詞，或應可說是莊子欲藉子輿此言以凸顯「安時而處順，哀樂不能入」（〈養生主〉）之義。〔註115〕

其四，關於「感於氣而風化出同形之物，且本形尚存」之風化〔註116〕者；譬如〈天運〉云：「白鶂之相視，眸子不運而風化；蟲，雄鳴於上風，雌應於下風而風化。類自為雌雄，故風化」，孔子自以為治詩書等六經已久，頗能「論先王之道，而明周召之跡」，然國君卻未重用他，就在孔子感嘆不已時，老子提醒孔子曰：「六經，先王之跡也」，但還不是所以跡（跡，末也；所以跡，本也）。緊接著老子更舉「白鶂」等風化現象為例，說明：「性不可易，命不可變，時不可止，道不可壅。苟得於道，無自而不可；失焉者，無自而可」，而言老子有以「白鶂」等「風化」現象為所以跡，並以此訾孔子未曾留意此根本，而去鑽研六經之末，於此再度彰顯老子所強調之性、命、時、道，應為「白鶂」等「風化」現象之根源。易言之，若能自「風化」現象追索所以「風化」之本，應更容易接近先王之道，否則，只是拘泥六經，末而又末之跡，即不免處處碰壁。孔子聆聽且自修不到三月，再見老子時謂：「丘得之矣。烏鵲孺，魚傅沫，細要者化，有弟而兄啼。久矣夫丘不與化為人！不與化為人，安能化人」，〔註117〕說明孔子接受老子建議，用心體察造物者之種種跡，

〔註113〕關於形身部分化，另一例見於〈至樂〉滑介叔的左肘「俄而生柳」段。
〔註114〕王叔岷：《莊子校詮》，頁245：「浸，侵也，漸進也」。而成玄英：《南華真經注疏》，頁312曰：「假令陰陽二氣漸而化及我左右兩臂為雞為彈」；成玄英雖以此為假設之詞，仍謂化臂為雞…等是為陰陽之氣所造成的。
〔註115〕「安時而處順，哀樂不能入」乃子輿對生死的看法；其上文言：「夫得者時也，失者順也」，成玄英：《南華真經注疏》曰：「得者，生也；失者，死也」。
〔註116〕焦竑：《莊子翼》，頁439引司馬云：「風化，相傳風氣而化生也」。
〔註117〕陳壽昌：《莊子正義》，頁247：「孺，交尾而孕，此卵生者。魚不交，但傅沫而

一如：烏鵲是孵卵而生，魚是以口中的唾沫相傳而生小魚，蜂（細腰者）則是
將桑蟲祝爲己子；有了弟弟會分去父母的愛，哥哥就會哭。孔子認爲已自種種
現象，發現皆是造物者所賦予個物之性與命，因而，自責地說，已經許久沒有
與造物者爲偶了（即未嘗掌握的道理），當然也就不可能「化」各國之君了。所
謂「安能化人」之「化」，實即〈則陽〉：「故聖人……或不言而飮人以和，與人
並而使人化」之意。總之，透過〈天運〉所謂「白鶂」等「風化」現象，即可
自道之跡，來接近所以跡之道；另則據於孔子觀察「白鶂」等「風化」現象，
是如何「不運睇子」地「鳴於上風」，即得以化及對方；而通過這些觀察再來掌
握化人（如國君）的要訣。依此，任何狀態之「風化」，皆只是道之用（只要道
用不塞，任何角度最後仍是通於一、通於道），而萬物間之「化」，無論爲感化
或化生，其理不但相同，抑且可以相互啓發。是以，「風化」乃是道之用，而道
用就是「氣」所展現的種種現象，一如「風化」之意。依〈天運〉藉風傳遞可
使對方感應之物，以使對方受感而化，而風亦即陰陽之氣（因陰陽離合劇烈而
使氣的流動迅速，故形成氣流──風），白鶂等透過風的流動，使對方因風中之
陽氣或陰氣之觸動而化，故謂「風化」，然事實上，仍是「氣」在化。此外，就
蟲與類之例，「風化」現象明白是出自雌、雄兩性身上，也就是說「風化」是動
物之媾精方式，因而，「化」亦有「化生」之意。〔註118〕

5.「化生」

中國古代思想慣用「生」字表達宇宙本根與萬物之間的關係，此「生」
字僅作類比動詞來看待，用以說明萬物「化生」的緣由，而與母生子之「生」
的涵義不同。然而，因著對於萬物本根之屬性作爲的認定有所不同，故而，「生」
的內涵亦呈現多元之詮釋。〔註119〕道家以「道」爲萬物本根，通過「氣」的

生子，此濕生者。蜂取桑蟲，祝爲己子，此化生也。有弟則兄失乳，故啼，此
胎生者」。其中，化生的細要者，〈庚桑楚〉記載曰：「辭盡矣。曰，奔蜂不能化
藿蠋（細腰土蜂能化桑蟲爲己子，而藿蠋不能化也），越雞不能伏鵠卵，魯雞固
能矣」；顯而易得，今人所不易理解之化生現象，在古人看來，卻是自然常見的。

〔註118〕「風化」雙方既是以己形之氣（此氣自含有該形之性與理），藉風傳遞與對方，
所以，不致產生入機與出機之狀況，也就沒有化生異於己形之物的問題。

〔註119〕〈大雅蒸民〉：「天生蒸民，有物有則，民之秉彝，好是懿德」，與〈大雅蕩〉：
「天生蒸民，其命匪諶」；《詩經》中兩次出現「天生蒸民」，其「生」皆具有
創造之意義。〈易傳〉之「生生之謂易」（上傳五章）、「易有太極，是生兩儀，
兩儀生四象，四象生八卦」（上傳十一章）、與「天地之大德曰生」（下傳一章），
皆透過歸納之方法，自變化不息之萬象中，建構不易之生生原理，以說明太

流行與「陰陽」的作用以彰顯「道」，終至生萬物、育人類、成宇宙。是以，道家論「道」生萬物之「生」，意謂自生，亦關聯氣化流行之涵義。〈天地〉云：「泰初有無，無有無名。一之所起，有一而未形。物得以生，謂之德；未形者有分，且然無閒，謂之命；留動而生物，物成生理，謂之形」，此與老子論萬物生成順序「道生一，一生二，二生三，三生萬物」（〈四十二章〉）之說相當類似，只是，老子以一、二、三表示道「生」物的過程，顯得非常抽象，以致後世各家解說分歧。莊學則具體而明白地展示，泰初之「道」無形無名，但卻是真實無妄的存有，故以「無有」名之，且其運動變化乃是藉著渾然未分之「一氣」。「一氣」雖亦無形無跡，但確有「化生」萬物之德能，因「一氣」之中內含陰陽兩種不同的作用，當陰陽動靜隨「氣」之流行作用於天地之間，各種有形之物於是產生。因此，就「氣」言「生」，意謂流行的作用。

而莊學明言宇宙生成之基本原則，乃〈知北遊〉云：「夫昭昭生於冥冥，有倫生於無形，精神生於道，形本生於精，而萬物以形相生」，因著「昭昭生於冥冥，有倫生於無形」，意謂顯明的東西是從冥暗中產生。此有形的東西是自無形中生出的思考，類似老子「天下萬物生於有，有生於無」（〈四十章〉）之化生程序。有形之物的性分已定，是此即不再是彼，不再具備「化生」萬物的無限可能性，故不得為宇宙萬物的終極本根。〔註120〕萬物的本根是為無形無狀，但卻是「化生」萬物根源的「無有」，「無有」之所以能夠運動變化，乃在於本身雖為一渾然未分之氣，但卻是真實充滿神妙能動、變化莫測之本質；莊學謂之「精神」，「精神」之氣雖是萬物「化生」的關鍵，然仍以「道」為終極之根本，故曰「精神生於道」。至於，無論是日月星辰、山川動植，或是具有生命智慧之人類等一切有形之物，皆是自神妙莫測之氣化流行中產生，是以，莊學之「生」含有化生之意。

此外，必須釐清的是，雖然〈大宗師〉曰：「陰陽於人，不翅父母」，此說只是類比式的用法，並非真正意謂由陰陽之氣直接「化生」萬物，就如同由母產生子一般，同時，這樣的說法也並非是指謂有意志的創造萬物之意。比較貼近莊學原意的理解應是：以大化流行或體用角度來詮釋「生」之涵義。因而，可以說「生」，乃「道」之彰顯，「道」無「生」則恆寂，「生」亦為「一氣」之流行及其內含陽動陰靜之作用，若無「一氣」之流行與陰陽之作用，

極為萬物本根，藉陰陽之氣化生宇宙萬物之理。
〔註120〕此與〈庚桑楚〉云：「有不能以有為，有必出乎無有」，是為同義。

大化即無由產生，萬物亦無從生成。依此可知，「生」是氣化流變的重要特性，亦是肯定「道」「氣」與萬物關係之關鍵。

總而言之，「道」生天地，故天地（陰陽之氣）能具生的能力，此不但是說陰陽二氣和合而生成物，即使精純之陰氣或陽氣，亦有化生的能力。是故，應自「創生」──陰陽和合而生物、「禪生」──物各以形質氣類爲種而生、「化生」──物因陰氣或陽氣偏勝而生成另一物、「風化」──物藉流動風中的陰陽之氣相感而使同種之物受化而生物等四大面向來看，方能獲得「氣」之生物的確切含義與整全面貌。

此外，值得關注的「氣化」意涵，「氣」是萬物的形構材質，「氣」不但能聚而成人的形軀，更能化而成人的精神，形軀提供的是生命的外在形構，精神則是掌握生命的內在樞紐，人有了形軀與精神，生命活動才得開展。是以，若謂人既是由形軀與精神相合而成之存在，形軀來自「氣化」，精神亦不例外。依此可謂，莊學所言之「氣」，是形而上的存在之理，亦是超越物質精神之形構原理，即使形軀與精神有著本質上之差異，但卻無礙以「氣」作爲其共同的歸趨。

（二）「氣」與「道」的關係

「道」爲宇宙萬物的究極根本，「氣」乃宇宙萬物的形構之理；「氣」由「道」生，「道」爲「氣」本。自「自本自根，未有天地，自古以固存」（〈大宗師〉）之「道」，至「雜乎芒芴之間，變而有氣，氣變而有形，形變而有生」（〈至樂〉）之「氣」，詮釋了由無形之「道」到有形萬物的生成變化，且由無形變而有形又入於無形之歷程，皆是以「氣」而爲關鍵。雖然，《莊子》書中並未言明「氣」與「道」之關係，但仍可透過文本相關之處，找尋兩者之關連。〈大宗師〉曰：「以襲氣母」，據成玄英疏：「氣母者，元氣之母，應道也」，〔註121〕所謂「氣母」即元氣之母，也就是「道」；此是說明在「氣」之上，尚有更爲根本的「氣母」，亦即「道」的存在。〔註122〕〈則陽〉亦云：「天地者，形之大者也；陰陽者，氣之大者也；道者爲之公」，此言天地是形體中最大

〔註121〕引自郭慶藩：《莊子集釋》，頁248。
〔註122〕「道」爲「氣」之本，劉笑敢：《莊子哲學及其演變》，頁136～137亦曰：「總的看來，氣和氣化的觀念與道無爲無形的性質是協調的，但氣遠不如道重要。道『自本字根』、『自古以固存』，氣卻是『雜乎芒芴之間，變而有氣』，這說明莊子還沒有把氣當做最根本的存在。……氣母的概念也說明莊子認爲氣之上還有更爲根本的存在。莊子自身的邏輯應該是氣由道生，道爲氣本」。

的，陰陽是「氣」當中最大的，「道」則總括一切，所以，「道」超越於天地陰陽之上，且爲天地陰陽之究極根本，而「道」雖爲宇宙萬物之形上本體、實現原理，然無爲無形之「道」，仍須憑藉「氣」以爲存在實體、形構原理，方能生成有形可見之宇宙萬物。是以，「道」爲萬物根本，自氣化層面言，「道」是形上本體，「氣」爲道體之流行；「道」與「氣」雖具邏輯上之先後，然「道」動則「氣」生，「道」化則「氣」行，「道」與「氣」有別卻不相離，正因爲有「一氣」之流行而展現「道」的大化之功，萬物才能生成，並且生生不息地發展。以下即分別解析「氣」「道」之屬性，釐清「氣」「道」之關係，並從而建構莊學「氣」概念之形上思維。

就「氣」與「道」之屬性而言，「道」在道家思想中是最重要的核心概念，《易經》〈繫辭上傳十二章〉曰：「形而上者謂之道，形而下者謂之器」，此形而上之道的思想類似西方之「存有」〔註123〕概念，是人在形而下的器世界中，所體認到的超越根源與變化理則；故而，形上之道雖然具有卓越的地位，但其概念來自於形器世界，且是在形器世界中所彰顯而出的。〔註124〕老子所謂極具形上思想之「道」，既是宇宙化生的根本，落實至形下世界，亦爲天地萬物之變化理則與人類生命之終極歸向。

莊學承繼老子思想，以無形之「道」而爲萬物之根本，取「氣」無形無象、精微飄渺之特質，提出「一氣」之形而上思想作爲萬物之根基——「通天下一氣」（〈知北遊〉）。同時，基於「自其同者視之，萬物皆一也」（〈德充符〉），定言宇宙萬物之所以爲宇宙萬物，在於同有此「氣」，如此「道」「氣」並舉，使芒芴之「道」與渾然之「氣」緊密結合，展現「氣」與「道」之密切關係，凸顯「一氣」概念的形上性格，而爲萬物生成變化之存在原理。

就「氣」與「道」之關係而言，「道」爲宇宙萬物的生成原理，「氣」乃宇宙萬物的形構原理；「氣」由「道」生，「道」爲「氣」本。以下即就原理意涵與體用關聯兩個面向來探討「氣」與「道」之關係。

1. 「氣」與「道」之原理意涵

循亞里斯多德在《形上學》第五卷所下之定義：「一切原理的共同點，是

〔註123〕參閱註247。
〔註124〕參閱沈清松：《物理之後——形上學的發展》，頁36說道：「中國人對於道的價值之尊崇，只是爲了在道器的互動中，更提昇形器世界和人文世界進於此優越的道而已」。

原理皆為起點，他物由之而成，而被認知」，〔註125〕可知「原理」具有鮮明的根源或根由之形上意義。

　　莊學承繼老子思想，以「道」為宇宙萬物的形上本體、生成原理，〈天地〉曰：「泰初有無，無有無名。一之所起，有一而未形。物得以生，謂之德」、〈庚桑楚〉云：「有乎生，有乎死；有乎出，有乎入。入出而無見其形，是謂天門。天門者，無有也。萬物出乎無有。有不能以有為有，必出乎無有，而無有一無有。聖人藏乎是」；「泰初」是謂萬物的本然狀態，因其無以名狀且無可限定，恍惚不定又絕然無待，故以「無」稱之。依莊學，「無」非虛無，乃是最真實的存有，稱之為「無有」（以「無有」意指宇宙的根本存有乃莊子所創發）。「天門」即老子所說的「眾妙之門」（〈一章〉），是宇宙萬物的根本始源，故以「天門」代稱「無有」，具有「道」「氣」雙重性格。「一」意謂渾然未分之氣，「道」動即是「一氣」之化，萬物由此而生。莊學所謂「有」，是關涉宇宙萬物的具體存在，並非泛指「存有」概念或「存有自身」。尤有進者，莊學於形上之氣的探索之上，指出「而無有一無有」，在「無有」的「氣」之上仍有恍惚窈冥、絕然無對的終極「無有」之「道」，且更言「道」為「一之所起」，「氣」由「道」生之義；故而，由「氣」入「道」的層層上達，乃「聖人藏乎是」之最高修養境界。「有生於無」意謂「氣」雖為宇宙萬物之原始材質，一如老子所云「天下萬物生於有」之「有」，但仍以道為起源。易言之，「道」乃「氣」之上位概念，無「道」則「氣」不存，「道」乃宇宙萬物的生成原理，是為「氣」之根本。而萬物由於渾然未分、無形無象、不受限定之「一氣」之化，方成其為具體的宇宙萬物，是以，「氣」為宇宙萬物之形構原理。

　　莊學「氣」由「道」生的見解，亦明確地表示於萬物化生順序的論述，〈至樂〉云：「察其始而本無生，非徒無生也，而本無形；非徒無形也，而本無氣。雜乎芒芴之間，變而有氣，氣變而有形，形變而有生」；「芒芴」是指「道」恍惚窈冥的狀態，當「道」動化時才「變而有氣」，而有宇宙萬物。於此，莊學肯定「氣」由「道」所生，「道」乃萬物的形上本體；而萬物之所以有形、有生，乃是由於「一氣」之化，因而，「氣」「道」雖然有別，卻也相合不離，無「道」則「氣」不生，無「氣」則「道」不化，「道」「氣」之先後，並非時間上之順序，而是一種形上關係。〔註126〕同理，「氣」與「形」乃萬物由成至毀的變化

〔註125〕引自李震：《中外形上學比較研究》，頁 81。
〔註126〕因時空為有形世界具體存在物的限制，「氣」「道」非是具體有形之物，而是

現象，在宇宙生成之歷程，先有形上之「道」與渾然未分之「一氣」，而後有「氣」之運動變化，氣化後有「形」，「形」生而物成，成物後持續變化，最後走向終結或毀滅，此生來死往的循環現象，如同四時交替般地生生不息。「氣」與「形」之關係不在先後，而在相待與不離，是以，「形」即宇宙萬物之形構之理，於氣化過程中，「形」不離「氣」，「氣」不離「形」，「理」在「氣」中，「氣」中有「理」。既言由「道」而「氣」，由「氣」而「形」，由「形」而「生」，是宇宙萬物的生成歷程，然「道」之化生萬物卻無形跡，生化作用卻神妙無比，此如〈知北遊〉：「惛然若亡而存，油然不形而神，萬物畜而不知，此之謂本根」，與〈則陽〉：「萬物有乎生，而莫見其根；有乎出，而莫見其門」所言。

其次，依「道」與萬物之關係，亦可得見宇宙生成之義旨。莊學以「道」為宇宙萬物之形上本體，萬物由「道」而生，因「道」而存，所以，「道」是萬事萬物賴以生成和實現的形上原理或總原理，〔註127〕「道」藉「氣」之流行，成就宇宙萬物，爾後，宇宙萬物仍於「道」之覆育下，依循「道」之理則而運動變化，終至歸根復命，回歸「道」的本然狀態。〈天地〉云：「物由道得其德而生」，在萬物運化生滅之中，「道」是超越萬物的「形上原理」、「生成原理」，當萬物自「道」而成後，擁有自己的形與質，於此亦有其限定的內容和實現的意義，此一限定或實現，使物能被認知，故而，「道」亦是內在於萬物的「限定原理」、「實現原理」。其次，〈知北遊〉云：「物物者與物無際，而物有際者，所謂物際者也。不際之際，際之不際者也。謂盈虛衰殺，彼為盈虛非盈虛，彼為衰殺非衰殺，彼為本末非本末，彼為積散非積散也」；此言「道」是物物與成物的形上原理，「道」與萬物的關係，是「道」不離物，「不際之際」的，是以，「道」在萬事萬物中呈顯，乃是內在一切又超越一切的「際之不際者也」。正因「道」是盈虛衰殺、本末積散之生成之理，是故，莊學希冀藉由形構之理的相互會通，而上達宇宙萬物的形上之理，以「道通為一」之理想而為人生追尋的目標。

〈齊物論〉曰：「故為是舉莛與楹，厲與西施，恢恑憰怪，道通為一。其分也，成也；其成也，毀也。凡物無成與毀，復通為一」，警惕心知勿執著於

一切萬物之始源，本身是超越的、普遍的、永恆的存在於物之先，故不受時空規範；「氣」雖由「道」生，「道」「氣」之先後，並非時間上之先後，而是形上的或邏輯的先後，而這亦無損「氣」為化生之始的地位。

〔註127〕 參閱馮友蘭：《中國哲學史》，頁218謂：「以為天地萬物之生，必有其所以生之總原理，此總原理名之曰道」。

成毀、聚散、美醜、高下等為「道」化生過程中的相對表象，而應經由融會貫通，上達於形上之「道」。因著，不能單單作為人類理性認知對象之「道」，是既超越又內在於宇宙萬物之最普遍且最高之形上原理，而莊學所謂「通」，亦是無法透過感官認知或理性思辨所能達成，乃是須經修養工夫，方能有所證悟與體現之歷程，依此，掌握「道」之博大精深，繼而融會貫通於萬事萬物，此之謂微妙玄通，亦為「道通為一」的最高實現。而「復通為一」之「一」意指「氣」，此因萬物無論成與毀皆是「一氣」之運化；就宇宙生成論而言，「氣」乃萬物之原始材質，萬物雖千差萬別，但「自其同者視之，萬物皆一也」（〈德充符〉），此萬物所同者，即指「氣」。故而，於「道通為一」（〈齊物論〉）思想後，繼而提出其「通天下一氣」之主張。

〈知北遊〉云：「人之生，氣之聚也。聚則為生，散則為死。若死生為徒，吾又何患！故萬物一也。是其所美者為神奇，其所惡者為臭腐。臭腐復化為神奇，神奇復化為臭腐。故曰：『通天下一氣耳』」，此謂人之生死純為「一氣」之聚散，同理，萬物之成毀，亦是「一氣」之生滅，依此可知，渾然未分之「一氣」，實為萬物之存在之理，因著生機蓬勃、周行不殆之「一氣」流行於萬物並使之變化，「臭腐復化為神奇，神奇復化為臭腐」。此外，依〈人間世〉曰：「氣也者，虛而待物者也」，「氣」為無形無象之存在，故具有形上之性格，亦可定調「氣」為現象世界生成毀滅之形構原理、變化原理，而宇宙萬物之形上原理、生成原理則是「道」。

2.「氣」與「道」之體用關連

體用之義創發於易經，承繼於老莊，但體用一詞連用卻是魏晉之後的事情。所謂「體」，指的是宇宙最究極之本原，永恆常存的本體；所謂「用」，是謂功用、功能，引伸而為流行、作用之意。

就體用關聯以定位「氣」「道」關係，則「道」為宇宙萬物之本體，「氣」則為「道」之彰顯或作用。「道」化生萬物正是「一氣」之流行，而「一氣」之流行亦是「道」的彰顯或作用，因而，氣化的歷程亦為「即體顯用」的經過；而萬物化成之後，若能會通萬物之個別之理，繼而體悟宇宙生成之實現原理，即是由用以顯體之最佳寫照。是以，體用雖有差異，但是，道體氣用當是相合而不離，體是用之體，用是體之用，體不離用，用不離體。

雖則，「道」為體，「氣」為用，無「氣」則「道」不立，無「道」則「氣」不存。「道」「氣」雖如此不離，但卻不即。〈知北遊〉篇東郭子問道，莊學答

以「道」乃無所不在，可見氣化成物之後，無論是螻蟻、稊稗或屎溺，「道」皆在其中。因著「道」具有生生不已之特性，「氣」乃是永恆變化地流行，此亦說明道體遍在於萬事萬物，且「道」「氣」未曾須臾分離之事實。然則，即使「道」在螻蟻、稊稗、屎溺，但螻蟻、稊稗或屎溺都無法限制住「道」，「道」仍是超越的；由此可知，體用雖不相離，但體用仍然有別，亦即「道」體「氣」用是不即不離。

就宇宙之生成面相而言，道化即氣化，道之化生乃「一氣」之流行，「道」之生生或「一氣」之化的作用，生成萬物之形、性、質，其後，「氣」之作用並未停止，其終極目標是返樸歸根，重回「道」的根源處。依此，宇宙生成之歷程，「道」藉「氣」之作用而遍在萬物，是以，氣化即是道化，「一氣」之流行正是「道」之作用的彰顯。

就萬物之存在本質而言，「道」生物之性，「氣」成物之形，「氣」從「道」之理而聚，而有萬物之成形以生，「氣」依「道」之理而散，遂有萬物之形滅而亡，形滅則復歸渾然未分之「一氣」，回返究極根本之「道」；此即〈達生〉：「合則成體，散則爲始」，與〈知北遊〉：「人之生，氣之聚也。聚則爲生，散則爲死」之意。

然而，依循莊學思路，現象世界之宇宙萬物皆在「道」「氣」合一的狀態下，此以「道」爲體、「氣」爲用之分別，與「道」爲上位概念、「氣」爲下位概念之探討，應屬形上世界之純理說明。

總之，莊學言「氣」是生命的材質，宇宙萬物皆由「氣」所構成，而「道」在「氣」之上而爲之本，是故，「道」乃宇宙萬物的形上原理、實現原理，「氣」與「一氣」則爲宇宙萬物的形構之理、存在之理。

二、莊學氣化宇宙論思想

莊學乃以宇宙萬物是「自然」的「一氣」所變化的結果，亦即，「一氣」的「自然」變化形成所謂宇宙萬物，因而，不論是「自然」的「一氣」變化，或者是「一氣」的「自然」變化，都只是氣化之過程。是以，透過對於「萬物」之認知、「道」與「萬物」之關係、「氣」與「萬物」之關係，進一步架構莊學氣化宇宙論之思想。

首先，理解莊學所定義的「萬物」，是泛指宇宙間的一切存在，〈達生〉云：「凡有貌象聲色者，皆物也，物與物何以相遠？夫奚足以至乎先？是色而

已」，貌象聲色是有形存在物的特徵，亦是感官認知的對象，物與物間的差別即在於外貌、形象、聲音、顏色的不同。不但如此，若僅自貌象之量與聲色之質的差異，尚無法完全認知佔有空間、據有方位之萬物，眞正能夠把握萬物之所以爲萬物之本質的，就是物之理，此如〈天地〉所言：「萬物雖多，其治一也」，執一御萬，以不變應萬變，亦且才能理解萬物之本質，此即〈寓言〉所謂：「物固有所然，物固有所可，無物不然，無物不可」，萬物之能夠有所然、有所可，乃在於萬物具有存在之理而爲萬物之實質意義。

基於宇宙的生成乃由於「氣化」，萬物的變動則爲「氣」之流行，〈秋水〉以宇宙萬物間的生成變化爲：「物之生也，若驟若馳。無動而不變，無時而不移」。「氣」是宇宙萬物的共同材質，亦是生成萬物之形構之理，因著恆常不息的氣化作用，萬物於生成之後乃能持續地發展變化。是以，〈田子方〉亦云：「萬物亦然，有待也而死，有待也而生」，若無「一氣」之運動變化，萬物無由而生，若非恆久之氣化流行，萬物亦不死滅，如無循環周行，萬物也就不會生生不息，此由生至死，由死復生之反覆歷程，就是一氣之化的流行變化。

是以，自消極意義看「萬物」，「萬物」在「死生」流轉之中，且「萬物」使人「傷性」；〈秋水〉：「道無始終，物有死生，不恃其成；一虛一滿，不位乎其形」、〈駢拇〉：「故嘗試論之：自三代以下者，天下莫不以物易其性矣！小人則以身殉利；士則以身殉名；大夫則以身殉家；聖人則以身殉天下。故此數子者，事業不同，名聲異號，其於傷性以身爲殉，一也」；兩則引言說明，「萬物」是變幻不定的，甚且，「萬物」足能變易人的本性，終使人的身體受到傷害。依莊學，小人、士、大夫、聖人，雖然「事業不同，名聲異號」，但都是「易其性」、「傷性以身爲殉」之違反本性的行爲者。在此意義下之「萬物」，常落於外在人事物之利害關係中，而本性不顯。不過，莊學定位「萬物」亦有其積極意義；〈秋水〉云：「兼懷萬物，其孰承翼？是謂無方。萬物一齊，孰短孰長」，在「道無始終，物有死生」的前提之下，「萬物」的自身意義就是共同參與「生死」的問題，此即「年不可舉，時不可止；消息盈虛，終則有始」（〈秋水〉）的「自化」狀態。易言之，「兼懷萬物」與「萬物一齊」就是「萬物」互相參與的積極意義。因此，積極意義的「萬物」，乃是本然之物，而非「彼此是非」之物，〈齊物論〉曰：「物無非彼，物無非是。自彼則不見，自知則知之。故曰彼出於是，是亦因彼。彼是方生之說也。雖然，方生方死，方死方生；方可方不可，方不可方可；因是因非，因非因是。是以聖人不由，

而照之於天，亦因是也」，所謂「彼是」、「是非」、「生死」、「可不可」，這些是來自眼目感官的相對觀念，至於，萬物本身則是沒有「彼是」、「是非」、「生死」、「可不可」等分別的，所以，應自「天」的觀點來映照物，就不致產生「因是因非，因非因是」。莊子稱「彼是莫得其偶」爲「道樞」（〈齊物論〉），是以「彼是」皆相對而立，相因而成，相互依待，故存在的眞理須得在樞紐圓轉中以應周遭的變化。此外，在「萬物」的積極意義上，亦發凸顯物之決非僅止於使人「傷性」之物，反倒是最自然純樸的事物自身，而此自然純樸之萬物，是可以平齊，可齊之物才是眞正之物。是以，通過「萬物」是「一氣」的立場看，「萬物」乃能「兼懷」與「一齊」；此即〈齊物論〉所謂：「天地一指也，萬物一馬也」。若依「萬物」的消極意義上看，「天地」與「萬物」就不可能是「一指」與「一馬」，然自「萬物」的積極意義而言，「天地」與「萬物」因爲立足在「一氣」的根源上，所以都是一樣的，「一指」與「一馬」是一致的。依此可知，自「氣」的立場出發，方能證成「萬物一齊」之觀點。

至於，對應「萬物」之正確心態，〈天道〉謂：「萬物化作，萌區有狀，盛衰之殺，變化之流也」，萬物皆在變化流行中，人爲萬物之一，自是無法排除在外。人與萬物同以「道」爲根本，皆由「氣」所構成（始源），既是同根同源，故可互通爲一。是以，宇宙大化之「一氣」流行，成爲人或成爲物，都只是「一氣」之流轉，亦僅是短暫偶然的現象；若自生成變化之「道」的立場而言，宇宙萬物皆是齊等，並無任何價值區別，且生命有限，物量無窮，加以氣化本身是超越時空限制之永恆流動，萬物之變化亦非人的一生所能看盡，因此，消融主客間的對立，培養「天地與我並生，而萬物與我爲一」（〈齊物論〉）的曠達胸襟，才是莊子終極關懷生命之所在。且〈人間世〉曰：「無門無毒。一宅而寓於不得已，則幾矣」，不被成心主導，亦不將認知客體之物作爲欲求之目標，以物來無心順應，物去自然而化之不得已態度來認知外物，虛靈包容、無爲順化，人性與物性自然交融，如此即能接近於「道」。

莊子哲學乃生命之學問，關於「萬物」之深刻理解，於「道」與「萬物」的關係及「氣」與「萬物」的關係中，亦清晰可見莊學對於生命的反省與見解。

（一）「道」與「萬物」的關係

由於宇宙萬物的生成乃在於「道」，因而，「道」與「萬物」間的關係相當密切。「道」是萬物根本，自「道」之向度而言，萬物由「道」化生，萬物變化乃氣化過程，萬物差別乃氣化結果，故依道化氣行之面向，萬物是平齊

的；但自萬物的角度來看，此間殊異千差萬別。〈漁父〉言：「道者，萬物之所由也，庶物失之者死，得之者生」，〈天地〉云：「夫道，覆載萬物者也，洋洋乎大哉」及「行於萬物者，道也」；皆謂宇宙萬物乃由無爲無形卻又眞實存在之「道」所生成，「道」之生天生地的歷程，〈天地〉云：

> 泰初有無，無有無名。一之所起，有一而未形。物得以生，謂之德；未形者有分，且然無閒，謂之命；留動而生物，物成生理，謂之形；形體保神，各有儀則，謂之性；性脩反德，德至同於初。同乃虛，虛乃大。合喙鳴。喙鳴合，與天地爲合。其合緡緡，若愚若昏，是謂玄德，同乎大順。

此言創生歷程是由「泰初」之「無」開始，進而「一」、「德」、「命」、「形」至「性」；而「性」修反「德」，「德」至同於「初」、「虛」、「大」，以至於「大順」，則是回歸之歷程。〔註128〕「泰初」即太初，言氣之萌動前的狀態，〔註129〕「泰初有無」之「無」，指萬物的根本即「道」。〔註130〕所謂萬物生成的形上原理即是「道」；萬物得於「道」而生成即是「德」；萬物之所以如此而不如彼且無可改變即是「命」。〔註131〕所謂「留動而生物」意指宇宙之氣化流行本無停滯，稍一停滯，物便生之。物既生成則各具生命條理即「形」；形體中保有精神的作用，而精神作用中之儀則即曰「性」。依此可知，「道」、「德」、「性」三者實具有一貫性，「性」實即「德」，「德」是「道」的內在化，是以莊學之「性」，即「德」，亦即是「道」。〈天地〉所述由「泰初」之「無」開始，到「一」、「德」、「命」、「形」、「性」，至終又返回虛無之歷程，類同於〈至

〔註128〕 參閱高瑋謙：〈莊子外雜篇之人論〉，《鵝湖月刊》（台北市，第193期，1991年11月），頁56。

〔註129〕 參閱郭慶藩：《莊子集釋》，頁425，成玄英疏：「泰，太；初，始也。元氣始萌，謂之太初，言其氣廣大，能爲萬物之始本，故名太初。太初之時，惟有此無，未有於有。有既未有，名將安寄！故無有無名」。與陳鼓應：《莊子今註今釋》，頁341，林希逸云：「『泰初』，造化之始也，所有者只是『無』而已」。

〔註130〕 「泰初有無」之「無」與《老子》〈四十章〉：「天下萬物生於有，有生於無」之「無」同義，指的就是「道」。由無生有，由有生宇宙萬物，無乃宇宙萬物生成之根據，也就是「道」本身。王弼：《老子註》，頁85曰：「天下之物，皆以有爲生。有之所始，以無爲本。將欲全有，必反於無也」；而陳鼓應：《老莊新論》，頁85亦形容「道」生萬物之歷程爲：「道產生天地萬物時由無形質落向有形質的活動過程」。

〔註131〕 參閱徐復觀：《中國人性論史》〈先秦篇〉，頁387曰：「未形之『一』，分散於各物（德）；每一物分得如此，就是如此（且然），毫無出入（無閒）；這即是命」。

樂〉所云：「雜乎芒芴之間，變而有氣，氣變而有形，形變而有生。今又變而之死。是相與爲春秋冬夏四時行也」。所謂形軀生命的變化，是由無生無形，變而有氣、有形、有生，最後變而之死，如此循環往復的流轉，乃植基於「氣」的變化。此外，對於「道」生成萬物歷程之描述，尚有〈知北遊〉云：

> 夫昭昭生於冥冥，有倫生於無形，精神生於道，形本生於精，而萬
> 物以形相生。故九竅者胎生，八竅者卵生。其來無迹，其往無崖，
> 無門無房，四達之皇皇也。

「昭昭」〔註132〕、「有倫」〔註133〕乃具體有形的萬物，「冥冥」、「無形」則是對「道」的描述；所謂「昭昭生於冥冥，有倫生於無形」意指有形的萬物是從無形的「道」而生。「精神生於道」的「精神」是指心靈，〔註134〕「形本生於精」的「精」當指精氣〔註135〕（「氣」之精純者）；所謂「精神生於道，形本生於精」意謂精神從「道」而生，形質則由精氣中出。依此可知，「道」生天地之歷程爲：精神從「道」產生，有形之物自精氣而來，而萬物則以形相生，換言之，無形之「道」，能生有形之物，有形之物，則以形質氣類而相生。亦由於「道」生萬物的過程是無迹無崖，無有門逕，亦無有固定居所，故曰「無門無房」。

　　值得注意的是，《莊子》〈內篇〉之「德」，實際上即是「性」，〔註136〕「德」與「性」實由「道」而來。《老子》〈二十五章〉：「道法自然」，「道」自然無

〔註132〕參閱郭慶藩：《莊子集釋》，頁742，成玄英疏：「昭昭顯著之物，生於窅冥之中」。

〔註133〕參閱陳鼓應：《莊子今註今釋》，頁623，林希逸云：「見而可得分別者，謂之『有倫』。『有倫』，萬物也」。

〔註134〕參閱郭慶藩：《莊子集釋》，頁742，成玄英疏：「精神」指心靈，即「精智神識之心」。徐復觀：《中國人性論史》〈先秦篇〉，頁387亦言：「心不只是一團血肉，而是『精』：由心之精所發出的活動，則是神：合而言之即是『精神』」。

〔註135〕參閱錢穆：《莊老通辨》，頁210～211曰：「凡言形精，皆分指氣之精粗，與分言形神，乃只形體與心神者不同。知北遊有云：形本生於精。天下篇亦云：以本爲精，以物爲粗。凡以上所引諸精字，皆本原於老子書，故皆指精氣言，皆非莊子內篇所有。而所謂精者，乃指一種太始混元之氣，爲萬化之本，亦可據文而自顯矣」。

〔註136〕《莊子》內篇無一「性」字，大多數學者都認爲《莊子》內篇的「德」字，實際上就是外雜篇中的「性」字；徐復觀：《中國人性論史》〈先秦篇〉，頁373～374曰：「莊子一書的用詞，以採取廣泛的用法時爲多。因之，不僅在根本上，德與性是一個東西；並且在文字上，也常用在同一層次，而成爲可以互用的。性好像是道派在人身形體中的代表。因之，性即是道。道是無，是無爲，是無分別相的一；所以性也是無，也是無爲，也是無分別相的一。更切就人身上說，即是虛，即是靜。換言之，即是在形體之中，保持道地精神狀態」。

爲，由「道」下貫之「德」與「性」亦自然無爲，於是，宇宙萬物就在自然無爲中生成。因此，「道」是萬物之所由，是宇宙萬物得以生成的形上原理，「道與萬物的關係就在負責萬物的存在」。〔註137〕道家之「道」，不是實理，而是虛用，「道」生成萬物，並非是有意志地去創生萬物，而是自然無爲之爲，亦即，生成原理是自「道」的虛無妙用說的，所以，「道」生成萬物之生，是在主體心靈觀照朗現下而有的不生之生，故亦可謂「道」是萬物的實現原理。因著，「道」生萬物，同時遍在於萬物，萬物既由「道」生，則其生成變化自會依恃「道」的法則，在自然中生成與發展。

（二）「氣」與「萬物」的關係

莊子「氣」與「萬物」之關係，表現在「通天下一氣」與「陰陽之氣」二方面之思想。

1. 「通天下一氣」

莊學以「氣」概念詮釋宇宙萬物的生成變化，「氣」是構成宇宙萬物的生命材質，是由陰陽二氣的交通成和而來。因著宇宙中充滿了「氣」，氣聚而構成一切有形之物的存在，氣散則導致物之死亡，宇宙萬物之生成存亡，皆因「一氣」之聚散循環，一切皆由「氣」所構成，一切又都返歸於「氣」；故而，〈知北遊〉云：

> 人之生，氣之聚也。聚則爲生，散則爲死。若死生爲徒，吾又何患！
> 故萬物一也。是其所美者爲神奇，其所惡者爲臭腐。臭腐復化爲神奇，神奇復化爲臭腐。故曰：「通天下一氣耳。」

成玄英疏：「是知天下萬物，同一和氣耳」。〔註138〕「氣」充塞於天地之間，宇宙萬物都是一氣，萬物之生滅即「氣」之聚散，也就是說，宇宙萬物的生成變化，不過是「一氣」的流轉變化。正是因爲宇宙萬物皆由「一氣」而來，在「一氣」轉變之下，臭腐與神奇並非一成不變之「氣」，「臭腐復化爲神奇，神奇復化爲臭腐」，亦可謂根本無所謂神奇，亦無所謂臭腐，「氣」聚生成爲神奇，「氣」散死毀爲臭腐，此即爲「通天下一氣」之理據。

所謂「通天下一氣」，乃言宇宙萬物皆自「氣」中演變而來，因著萬物內含著「氣」，「氣」之流行使得萬物可自行變化，也使得物與物間可「以不同

〔註137〕語出牟宗三：《中國哲學十九講》，頁104。
〔註138〕引自郭慶藩：《莊子集釋》，頁734。

形相禪」(〈寓言〉)，相互地流轉變化。為更具體地說明宇宙萬物的生成變化，於「通天下一氣」的觀點上，莊學引入了「化」的概念，甚至，〈外雜篇〉中將「氣」、「陰陽」與「化」的概念相互結合，而發展出「氣化宇宙觀」。對於「氣化」，唐君毅先生有著相當精闢的解析：

> 一物之能自己超化其形象，以成其他形象之可能，即可名之為氣。此氣可連之於初具某形象之物，而稱之為某物之氣。然某物在不斷變化其形象之歷程中，其形象既無不可變化，則所謂具某一形象之物之本身，即可說只是一氣之化，或氣化之歷程。〔註139〕

其實，莊學言「化」是個很深刻的概念。「化」包含自然現象的不停變化，與萬物之間的相互轉化二方面的涵義：

> 所謂自然現象的不停變化；〈至樂〉云：「天無為以之清，地無為以之寧。故兩無為相合，萬物皆化生」，其中「天無為以之清，地無為以之寧」，意同《老子》〈三十九章〉：「天得一以清，地得一以寧」。成玄英疏：「天無心為清而自然清虛，地無心為寧而自然寧靜」，〔註140〕天地無為而相合，所以，萬物都得以生長變化。而此生長變化的樣態與根據，是依〈秋水〉云：物之生也，若驟若馳。無動而不變，無時而不移。何為乎，何不為乎？夫固將自化。所謂「自化」乃言隨順自然而變化，回歸自身的生命自然，沒有任何的人為造作。萬物本在變化中，而變化是純任自然，所謂「無動而不變，無時而不移」，意指萬物變化是自然而然，非人為意志所能控制，且無時無刻不在變化，更不受任何外在因素影響，全然是由於「自化」。萬物之所以能夠「自化」的原因，乃是因為「道」遍在萬物，故宇宙萬物的一切變化，皆有賴於「道」，而不須人為的干涉；〔註141〕此〈田子方〉：「天之自高，地之自厚，日月之自明」之「自」，與〈天道〉：「天地固有常矣，日月固有明矣，星辰固有列矣，禽獸固有群矣，樹木固有立矣。夫子亦放德而行，遁道而趨，已至矣」之「固」，同樣論述這個自然（自己如此）的道理。萬物依其自性而發展變化，人為萬物之一（〈秋水〉：「號物之數謂之萬，人處一焉」），亦應自然而行，隨順自然而變化；一如〈大宗師〉曰：「若人之形者，萬化而

〔註139〕語出唐君毅：《哲學概論》，頁61～62。
〔註140〕引自郭慶藩：《莊子集釋》，頁613。
〔註141〕參閱陳鼓應：《老莊新論》頁220～221：「各物依據其自身特有的條件（因素、特質）而形成、而彰顯、而發展，這就是『道』；亦即是，各物依其自性而呈現，而運行，這就是『道』」。

未始有極也，其爲樂可勝計邪？故聖人將遊於物之所不得遯而皆存」，萬物同爲「一氣」所化，且「一氣」之無窮盡變化所依待的，即是人無法亦無須干預的自然之道。

　　所謂萬物之間的相互轉化；〈寓言〉云：「萬物皆種也，以不同形相禪，始卒若環，莫得其倫，是謂天均。天均者，天倪也」，所謂「天均」，〈齊物論〉作「天鈞」，是指自然均平之理。〔註142〕所謂「天倪」，即「天均」，是指自然之分別。〔註143〕「天均」或「天倪」意謂萬物是一大循環不已的變化，亦即，種類、形狀殊異的宇宙萬物，能以如同玉環般不同類形，無先後終始地往復循環、流轉變化（嬗遞禪承）；〔註144〕而物與物間循環不已的運動變化，即是自然均平的道理。值得注意的是，「萬物皆種也，以不同形相禪」，郭象注曰：「雖變化相代，原其氣則一」，〔註145〕成玄英疏：「夫物云云，稟之造化，受氣一種而形質不同，運運遷流而更相代謝」；〔註146〕顯見，萬物之所以能夠以不同形狀循環不已地轉動變化，眞正的關鍵在於萬物的生命皆由「氣」所構成，因著「一氣」之循環變化，故可「各以不同形者，自相禪代」。〔註147〕對於萬物「以不同形相禪」，其生成變化的循環歷程，〈至樂〉云：

> 種有幾，得水則爲繼靤，得水土之際則爲鼃蠙之衣，生於陵屯則爲陵舄，陵舄得鬱棲則爲烏足，烏足之根爲蠐螬，其葉爲胡蝶。胡蝶胥也化而爲蟲，生於竈下，其狀若脫，其名爲鴝掇。鴝掇千日爲鳥，其名爲乾餘骨。乾餘骨之沫爲斯彌，斯彌爲食醯。頤輅生乎食醯，黃軦生乎九猷，瞀芮生乎腐蠸，羊奚比乎不筍，久竹生青寧，青寧生程，程生馬，馬生人，人又反入於機。萬物皆出於機，皆入於機。

此藉低等生物至高等人類的演進歷程，〔註148〕說明萬物所依循「皆出於機，

〔註142〕引自郭慶藩：《莊子集釋》，頁74，成玄英疏。

〔註143〕參閱郭慶藩：《莊子集釋》，頁109，成玄英疏：「天，自然也；倪，分也」。

〔註144〕參閱宣穎：《南華經解》，頁478：「皆有種類，各以其類，禪於無窮」。

〔註145〕引自郭慶藩：《莊子集釋》，頁951。

〔註146〕引自郭慶藩：《莊子集釋》，頁951。

〔註147〕語出陳壽昌：《南華眞經正義》，頁50。

〔註148〕胡適自近代物種原始之說，參照比附達爾文生物進化論，而謂莊子有生物進化論之思想；參閱胡適：《中國古代哲學史》，頁115～116。而謂莊子有生物進化論之思想者，亦見於嚴靈峰：《老子莊子》，頁50。其實，莊子之關懷並不在於生物進化論上，胡適之說雖有其首出之發，但亦不必然貼近莊子之義旨。

皆入於機」之變化法則。所謂「機」，原意為機括（弓弩發放之樞機），引申為一切變化的始出之處，與〈庚桑楚〉之「天門」意同。莊學以「機」代表一切變化之始源。郭象注曰：「此言一氣而萬形，有變化而無死生也」，〔註149〕成玄英疏：「機者發動，所謂造化也。造化者，無物也。人既從無生有，又反入歸無也。豈唯在人，萬物皆爾」；〔註150〕皆言萬物是由「道」之根源所化生，皆由「氣」之本質所構成，由於，根源與本質皆相同，故而物與物間可相互轉化，只是形狀不同，亦因萬物乃是處於循環不已地生成變化之中，所以說「萬物皆出於機，皆入於機」。所謂「青寧生程，程生馬，馬生人」，說明萬物循環不已的生成變化，並無必然的因果關聯，亦無一定的道理可謂，只可說一切變化都是「一氣」流行所成，萬物自「氣」而出，復歸返於「氣」，乃「通天下一氣耳」。依此，莊學所欲指出的是萬物無時無刻不在變化之中，而此並非僅限於觀察自然現象之所得，亦且無法以現代科學知識予以解說。

　　莊學定調「通天下一氣耳」，萬物可以相互流轉變化，如此，則尊卑貴賤高低自非一成不變。茲引三段文本論述如下：

> 匠石歸，櫟社見夢曰：「女將惡乎比予哉？若將比予於文木邪。……且也若與予也皆物也，奈何哉，其相物也。」（〈人間世〉）

> 以道觀之，物無貴賤；以物觀之，自貴而相賤；以俗觀之，貴賤不在己。以差觀之，因其所大而大之，則萬物莫不大；因其所小而小之，則萬物莫不小。（〈秋水〉）

> 舉莛與楹，厲與西施，恢恑憰怪，道通為一。（〈齊物論〉）

此言宇宙萬物雖各是不同之客觀存在，但皆為「道」所生成，生命亦皆受「氣」於陰陽，所以，萬物本身並未有大小貴賤之分別，人與萬物是可以互通為一的。更何況，萬物於相互流轉變化之中，成其為人，只是偶然的境遇，即如「若與予也皆物也」，人實不必自貴於物。並且，「氣」依自然理則化生萬物，無為無造、無偏無私，自「道」的立場來看，人與萬物是平等的，無有價值上的分別差異；自「理」的角度而言，萬物雖各有其理，有著不同的本質，但「道」通貫萬物之理，在「道通為一」的理念下，莊子所欲體現的是「天地與我並生，萬物與我為一」（〈齊物論〉）之萬物平齊的最高境界。

〔註149〕引自郭慶藩：《莊子集釋》，頁629。
〔註150〕引自郭慶藩：《莊子集釋》，頁629。

　　基於上述可知，「氣」概念之於宇宙生成思想的分位與重要。就莊學而言，「道」是萬物生成的形上本體，也是萬物存在的實現原理；而「氣」則爲構成萬物的原始材質；由無形的「道」到有形的物，其間須以「氣」爲中介。人與萬物同根源於「道」，生命又同爲「氣」所構成，既然，存在本源相同，生命本質又爲一致，那麼，人與萬物即屬同質同層的存在，於此前提下，人自然可與萬物互通爲一。易言之，萬物雖森羅萬象，卻「以形相生」（〈知北遊〉）、「以不同形相禪」（〈寓言〉），始終通而爲一。其次，基於「通天下一氣耳」（〈知北遊〉），成爲人或物，皆只是「一氣」聚散循環過程中之短暫偶然的現象，若能不執著此表象，自生成變化之根源（「道」）來看，萬物自是齊等，無等級之分，亦無價值之別；明乎此，自能消融一切人我分別、主客對立，而臻至與天地相感通、與萬物相齊一之理境。

　　故而，植基於無形無質之「氣」，可據以解釋由無形之「道」產生有形之物的歷程；促使生命循環變化之「氣」，於「一氣」流行下，可使物與物間相互轉變；人與萬物皆根源於「道」，且同爲「氣」所構成，未有本質與價值之區隔分別，人與萬物是同質同層的存在，等等三方面之思考，足以顯明莊子所謂「萬物皆一也」（〈德充符〉）之理論旨趣。

2. 「陰陽之氣」

　　所謂陰陽交感而物生、陰陽和合而物成，「陰陽之氣」是「氣」與「萬物」另一關係層面的重要課題。因無確切文獻可以考據「陰陽」概念究竟起於何時，如以金文中已將「陰陽」二字連用來看，大約形成於殷商時代。《說文》解釋：「陰，暗也；水之南，山之北也」，以「陰陽」來象徵日光之向背，以山之南爲南方，以山之北爲北方，以水之南爲陰，以水之北爲陽。依此，將「陰陽」二字連用，是古代人對自然現象的一種概括，在一般人的理解中，陰陽、南北、正背、表裏都是互相依待的自然現象。

　　中國以農立國，對於地理形勢與氣候變化總是保持著高度關懷，所以，早期之哲學思想，「陰陽」概念即隨「氣」概念之初起而形成，回顧「陰陽」二氣之概念，主要是自季風與寒暖之氣（即「四時殊氣」）發展而來。「陰陽」本指地理位置的向背（向陽與背陽），《詩經》〈大雅・公劉〉：「既景迺岡，相其陰陽」，即以「陰陽」來選擇地理位置，促進農業生產，而陰指山的北面，陽指山的南面，北面背陽，南面向陽。由於背陽則寒，向陽則暖，因而，《詩經》〈豳風、七月〉：「春日載陽」，「陰陽」又表示氣候的寒暖。春秋時期，陰、

陽、風、雨、誨、明謂之「六氣」，其中，陰、陽是指寒暖之氣〔註151〕的運動。
依此中國地理位置決定了寒暖之氣與季風有密切關聯，所以，「陰陽」不僅表
示寒暖，且表示寒暖之氣的運動，而此寒暖二氣的運動，亦即季風的運動，
中國哲學謂之「陰陽消息」。中國古代既以「陰陽」象徵四方之氣，又以「陰
陽」表示天地之氣，如此將四方之天地與六合之宇宙，視為一個由「陰陽」
二氣相互作用且普遍聯繫的整全之體。

　　值得注意的是，「陰陽」說的應用範圍可謂極其廣泛。以陰陽二氣有序或
失序的觀點來說明自然界事物的變化現象，不但是智慧性的（反天命）思想，
更是中國古代最早之「氣」論學說。首先，古人自仰觀俯察之天地氣象中，
將陰陽與五形相結合，《左傳》〈昭公三十二年〉史墨曰：「物生有兩，……有
陪貳；故天有三辰，地有五行，體有左右，各有妃耦」，即以天地、陰陽對立
的觀念來考察五行，進而概括出物生有兩個普遍作用，這亦是將「陰陽」說
運用至自然界的發展。〔註152〕其次，范蠡自「陰陽」說總結出天道運行的規
律，《國語》〈越語〉：「陽至而陰，陰至而陽。日困而還，月盈而匡」。再者，
《尚書》〈周官〉：「惟茲三公，論道經邦，燮理陰陽」，亦是以「陰陽」說運
用至政治與社會。此外，「陰陽」說亦用以解釋隕石等天文現象，《左傳》〈僖
公十六年〉記曰：「隕石於宋五，隕星也」，古人通常以為日蝕星墜的現象，
大多是一種國家吉凶禍福的徵兆，然而，周內史叔興則認為：「是陰陽之事，
非吉凶所生也吉凶由人」，日蝕星墜的現象僅僅只是陰陽二氣之運動所致，與
人事之吉凶無關。依此可知，人們於春秋時期已認知到，陰陽二氣是有一定
秩序與互相對待的，陰陽象徵著兩股巨大的自然力，陽氣升騰，陰氣沉滯，
陰陽二者相反相成、相互流轉，「陽至而陰，陰至而陽」(《國語》〈越語〉)；

〔註151〕在古希臘早期，哲學家同樣對氣候的寒冷表示極大的關心，並賦予其哲學的
　　　　涵義。此如阿納克西曼德謂：「對立物蘊藏在基質之內，基質是一個無限體，
　　　　從這個無限體中分離出對立物。……『對立物』就是熱和冷，濕和乾等等」
　　　　（語出《古希臘羅馬哲學》，頁 8）。其次，埃歐尼亞學派亦將熱和冷視為宇
　　　　宙運動變化的原因，阿納克西米尼斯謂：「使物質集合和凝聚的是冷，使他稀
　　　　薄和鬆弛的則是熱」（語出《古希臘羅馬哲學》，頁 13）；陰聚陽散，此與中
　　　　國氣論思想正相符合，而中國古代所謂春生、夏長、秋收、冬藏，就是表示
　　　　對自然界陰聚陽散規律的深刻認識。
〔註152〕李志林先生於《氣論與傳統思維方式》，頁 21 說道：「早期陰陽說的發展，表
　　　　明其理性成分在增長，迷信成分在減少。它試圖客觀地闡明自然界的變動，
　　　　這是對有意志的人格神——天的動搖」。

在正常狀況下，「氣不沉滯，而亦不散越」、「氣無滯陰，亦無散陽」（《國語》
〈周語下〉），但於異常狀態下，就會滯陰散陽，陽散而不能升，陰滯而不能
降。此陰陽二氣說所揭示的是自然界事物的發展變化（之動因），而春秋時期
之陰陽二氣說表明了人類認識的一大進步。〔註153〕爾後，《易經》或〈繫辭〉
中大量運用乾坤爲主要概念，相形之下「陰陽」概念出現的很少。〔註154〕雖
然如此，哲學意義的「陰陽」說，卻可追溯至成於殷至西周初年的《易經》，
所謂「易以道陰陽」（《莊子》〈天下〉），「易著天地陰陽四時五行，故長於變」
（《史記》〈太史公自序〉），皆道盡「陰陽」爲《易經》一書的核心。

　　至於春秋初期之「陰陽」概念，其運用已相當普遍，並進一步與「氣」
概念緊密結合。老子云：「萬物負陰而抱陽，沖氣以爲和」（〈四十二章〉），可
知歸納自然界虛無飄渺、變化無常、難以捉摸、無從定象之「陰陽」之氣，
作爲宇宙萬物的形構原理，應是符合其原始意義的用法。不過，漢代的部分

〔註153〕陰陽二氣說所揭示的是自然界事物的發展變化，但負責闡釋宇宙萬物構成之學
　　　　的則是六氣與五行。《尚書》〈洪範〉曰：「五行：一曰水，二曰火，三曰木，
　　　　四曰金，五曰土。水曰潤下，火曰炎上，木曰曲直，金曰從革，土爰稼穡。潤
　　　　下作鹹，炎上作苦，曲直作酸，稼穡做甘」，以經驗爲依據，將五種屬性相應
　　　　配列於五種元素，做系統的整理。只是，五行的特質適於說明地面上的物質構
　　　　成，若爲解釋整個物質世界的構成、變化與本原，就必須有待六氣五行之說。
　　　　《左傳》〈召公二十五年〉子叔曰：「天之明，地之性，生其六氣，用其五行，
　　　　降爲五味，發爲五色，章爲五聲。……民有好、惡、喜、怒、哀、樂，生於六
　　　　氣」、《左傳》〈召公元年〉醫和曰：「天有六氣，降生五味，發爲五色，徵爲五
　　　　聲，淫生六疾。六氣曰：陰、陽、風、雨、晦、明也」、《國語》〈周語下〉單
　　　　襄公曰：「天六地五，數之常也，經之以天，緯之以地，經緯不爽，文之象也」、
　　　　《國語》〈周語下〉伶州鳩曰：「夫六，中之色也，故名之曰黃鍾，所以宣養六
　　　　氣，九德也」；依上四則引例，所謂「天六」即指「六氣」，陰、陽、風、雨、
　　　　晦、明之屬，所謂「地五」即指「五行」，金、木、水、火、土之屬，此六氣
　　　　五行說顯然是陰陽二氣說的延伸發展。六氣與五行的結合，將人的認識由地面
　　　　拓展到天上，也把隔地天通、民神不雜的兩個世界，結合爲一個世界，這亦凸
　　　　顯了物質力量終凌駕於廣闊而神聖的宇宙空間，而提供了一個整體的宇宙觀。
　　　　依此可知，陰陽二氣說在於揭示自然界的運動變化，而六氣五行說則是說明了
　　　　自然界的構成，尤其，六氣說的地位上升，象徵著古人對於物質世界認識的深
　　　　化，亦意謂著以「一氣」作爲存在原理之思想的產生。
〔註154〕「陰陽」概念雖少出現，卻與乾坤有著密切關係：〈繫辭下〉第六章：「乾坤，
　　　　其易之門邪？乾，陽物也；坤，陰物也，陰陽合德而剛柔有體，以體天地之
　　　　撰，以通神明之德」（《易經集註》，卷三，頁110），以陽代表乾，象徵剛的
　　　　德能，以陰代表坤，展現柔之德能；陰陽相合，剛柔二得交互作用，方得體
　　　　察萬物之生滅變化及其神妙之處。

學者，將「氣」視爲物質實體，而宋明不少理學家亦視陰陽爲形下成素，明顯表現出與先秦「氣」概念或陰陽思想於本質上的差距與不同。〔註155〕

　　莊學以宇宙萬物之生成變化，皆由動靜、剛柔、上下、正反等不同規律在交互作用下而生，充分運用「陰陽」的作用與特性，以「陰陽」作爲「氣」之功用，理解天地間之現象，解釋宇宙萬物之變化。並且，莊學非常重視「陰陽」在交互作用中所呈顯之和諧關係，唯有「沖氣以爲和」、「兩者交通成和而物生焉」（〈田子方〉），宇宙萬物才有可能處於理想的狀態。由於，人之具體存在與生命情態，無論是生理的、心理的或人事的，透過「陰陽」作用，皆能獲得合理之說明，所以，莊子明確地說：「陰陽於人，不翅於父母」（〈大宗師〉），相形之下，對於現象界之物質或結構之解析，則非莊學的主要關懷。既言「陰陽」概念之於莊學，特別是宇宙生成論，顯得特別重要，以下即以「陰陽」爲「氣」的顯現特性、「陰陽」爲「萬物」的存在依據、「陰陽」爲「宇宙」的生存原理等三方面，分別解析「陰陽」與「氣」之關連。

　　「陰陽」爲「氣」的顯現特性，見於〈則陽〉云：

　　　　今計物之數，不止於萬，而期曰萬物者，以數之多者號而讀之也，
　　　　是故天地者，形之大者也！陰陽者，氣之大者也！道者爲之公。因
　　　　其大而號以讀之，則可也，已有之矣，乃將得比哉？則若以斯辯，
　　　　譬猶狗馬，其不及遠矣！

此以「氣」、「形」對舉；稱「天地」是以「形」來作爲事物當中最大、最具代表性的的現象世界；「陰陽」是以「氣」來說明現象世界之中最大、最具象徵性的生存結構；「道」則總稱一切，包含「天地」與「陰陽」。依此，莊學所言之「氣」，是指無形的材質，而「陰陽」是「氣」之所以有種種變化作用的最大原因，正如「天地」是「形」之所以有種種類型樣態的最大原因。是以，莊學認爲，「氣」從屬於「道」，「氣」是「道」所產生之細微的原始材質，「氣」構成宇宙萬物，包括天地人物的形體；且「氣」之所以能聚散而形成

〔註155〕宋明理氣二元論有其創發與特色，但由形上觀點而言，卻存在著無法解決的矛盾之處；此因「陰陽」若是兩種物質實體，則各有其本質，應是兩個各別獨立物，而陰陽所共同形成之物，亦必是兩個實體之結合，而非單一實體，名爲一物，實則爲二，此是矛盾不合理的。故而，欲合理解釋「陰陽相合萬物化生」之命題，爲有確認「陰陽」並非兩個獨立實體，而是兩個相依相成之德能或原理，亦即獨立存在的是「陰陽」合和之後所成之物，而不是「陰陽」。參閱李震：《中外形上學比較研究》，頁 144～168。

宇宙萬物，就是因爲陰陽二氣交感變化的作用，而「道」則是天地陰陽何以能如此的共同原因。

「陰陽」爲「萬物」的存在依據，見於〈秋水〉云：

> 天下之水，莫大於海，萬川歸之，不知何時止而不盈；尾閭泄之，不知何時已而不虛；春秋不變，水旱不知。此其過江河之流，不可爲量數。而吾未嘗以此自多者，自以比形於天地而受氣於陰陽，吾在天地之間，猶小石小木之在大山也，方存乎見少，又奚以自多！

此言北海若視己爲大山中的小石小木，寄形於天地並受氣於陰陽（自己的存在依據就是「天地」與「陰陽」），而北海若所看重的，不是大小多少等分別比較，而是要肯定自己爲自己的所以然，此所以然即宇宙萬物莫不「比形於天地而受氣於陰陽」。依此可知，成其爲宇宙萬物構成要素的「形」與「氣」，乃各植基於「天地」與「陰陽」，而「天地」與「陰陽」是爲「萬物」的存在依據。

莊子借北海若之口說出此言，認爲大海「受氣於陰陽」，實際上是說宇宙萬物「受氣於陰陽」，亦即，萬物與人均包含有此稟受於自然的「陰陽之氣」。「陰陽之氣」調和，體內之氣平和，人類與萬物即正常生長發展，反之，「陰陽之氣」失去平衡，萬物與人類都會發生變異，乃至於毀滅。

其次，〈則陽〉云：「陰陽者，氣之大者也」，莊學以陰陽之氣攸關自然界之四時秩序與人身之健康狀況。〈繕性〉亦云：「古之人，在混芒之中，與一世而得澹漠焉。當是時也，陰陽和靜，鬼神不擾，四時得節，萬物不傷，群生不夭」，說明陰陽二氣若能順氣性之自然地升降，其和靜所及，亦能使鬼神不攪擾而萬物群生。此無異是言，人的恬淡淳樸，與天地間的自然之氣，是會相互影響，而此人與天地之氣間的互動現象，實即〈秋水〉所謂「自以比形於天地而受氣於陰陽」之概念的開展，換言之，「陰陽之氣」乃四時能否依序運行，萬物能否自然生長的絕對條件。

此外，〈大宗師〉曰：「陰陽之氣有沴」，陰陽之氣沴亂致使人生病，同時，〈在宥〉亦言：「人大喜邪，毗於陽，大怒邪，毗於陰。陰陽並毗，四時不至，寒暑之和不成，其反傷人之形乎」，人之喜怒迭生，會使陰陽之氣並廢，而造成傷人之形的結果。

若果，陰陽之氣的沴亂與偏廢皆會令人受到傷害，則應如同〈刻意〉所言：「聖人休休焉則平易矣。平易則恬淡矣。平易恬淡，則憂患不能入，邪氣不能襲，故其德全而神不虧……聖人之生也天行，其死也物化。……感而

後應，迫而後動，不得已而後起」，學習聖人對於生死動靜皆是被動地符應的態度，「平易恬淡」地隨順形軀與天地間的陰陽之氣，達到既養形又保神的境界。

「陰陽」為「宇宙」的生存原理，見於〈天運〉云：

> 吾乃今於是乎見龍！合而成體，散而成章，乘雲氣而養乎陰陽。予又何規老聃哉！

此視老子為最理想人格的代表，以「龍」來加以形容；老子就如同龍一樣，乘駕「雲氣」翱翔，保養於「陰陽」。〔註156〕此以「乘雲氣」與「養乎陰陽」並舉，說明老子能夠調攝陰陽之氣，所謂龍之「乘雲氣」即是乘乎陰陽之氣，而「陰陽」意義在「氣」概念的關聯之下，成為宇宙萬物能夠自我呈顯的生存原理。〔註157〕

依上所述，可知「氣」概念與「陰陽」說關係密切。此外，〈知北遊〉言：「人之生，氣之聚也」，〈至樂〉云：「氣變而有形，形變而有生」，「氣」雖無形無狀，然一切有形之物卻都是自「氣」演變而出。關此「氣」是如何成物，萬物又如何自「氣」演變而出之詮釋，〈田子方〉云：

> 至陰肅肅，至陽赫赫。肅肅出乎天，赫赫發乎地。兩者交通成和而物生焉！

此是老聃回答孔丘「遊心於物之初」疑問時所言，萬物是在「陰陽」二氣交感之相互作用中產生。成玄英疏：「肅肅，陰氣寒也；赫赫，陽氣熱也；近陰中之陽，陽中之陰，言其交泰也。陽氣下降，陰氣上昇，二氣交通，遂成和合，因此和氣而物生焉」，〔註158〕陰冷陽熱是兩種對立之「氣」，莊學之言「肅肅出乎天，赫赫發乎地」，乃是取其「陽至而陰，陰至而陽」（《國語·越語》），「陰陽互為其根」〔註159〕之理。此因陰陽交通至相互融合、互不偏勝之時，即有物生，故所謂「交通成和而物生焉」，即是說明萬物是由「陰陽」二氣之交通成和而來，而此亦顯出宇宙萬物生成變化的重要關鍵，就是「陰陽」這兩種相互對待之「氣」。所謂「陰消陽息，夏滿多虛，夜晦晝明，日遷月徙，

〔註156〕參閱曹礎基：《莊子淺注》，頁222：「吸取天地陰陽二氣來保養自己」。

〔註157〕參閱鄭世根：《莊子氣化論》，頁92；「陰陽」為「宇宙」提供給「萬物」發揮條件。「萬物」在「陰陽」中能夠實現自我，因而，「陰陽」成為「萬物」的發揮條件。

〔註158〕引自郭慶藩：《莊子集釋》，頁713。

〔註159〕引自郭慶藩：《莊子集釋》，頁373成玄英疏。

新新不住，故曰有所爲也」，〔註160〕萬物才能無窮無盡地生成變化，倘若「陰陽錯行」（〈外物〉），萬物就無法生成。此「陰陽」二氣交通成和而物生的觀點，亦見於〈知北遊〉云：

> 是天地之委形也；生非汝有，是天地之委和也；性命非汝有，是天
> 地之委順也；孫子非汝有，是天地之委蛻也。故行不知所往，處不
> 知所持，食不知所味。天地之強陽氣也，又胡可得而有邪！

此是丞回答舜所問「吾身非吾有也，孰有之哉」時之內容。宣穎云：「委字妙，造化流而不息，偶爾委寄，便成一物。末機，又復歸，還如委任者，暫以相付，終非我有也」，〔註161〕意指人之身、生、性命、子孫皆來自「天地之委」，象徵人稟受於自然，是宇宙生命的一部分；而人之身、生、性命、子孫之所以能夠爲天地所委付，乃基於「陰陽」之氣的聚散運動。所謂人之生是天地暫時委付的和，性命是天地暫時委付的順，此間之和與順，皆以「氣」言。〔註162〕由於，「陰陽」二氣交通成和而物生焉，物既生後，物體之內即含有「陰陽」二氣之和，是故，直以和與順說明人的生命與性命是由天地委付的自然和氣所形成。

易言之，「陰陽」二氣在「交通」的過程中，能夠達到「和」的境界，而此「和」的狀態，提供了生育萬物的可能。故而，萬物在未生之前，通過「陰陽」二氣之和合而生；既生之後，內在於萬物的「陰陽」二氣，亦必須在「和」的狀態下，才能使萬物得以正常地生存下去；亦因宇宙萬物是由「陰陽」二氣交通成和而來，所以，「陰陽」二氣必須和諧運行，才能使得萬物不受傷害，可有生成發展可言，進而，也才能夠「陰陽和靜，鬼神不擾，四時得節，萬物不傷」（〈繕性〉），無有鬼神的攪擾，使得四時寒暑各依其序。反之，則「陰陽不和，寒暑不時，以傷庶物」（〈漁父〉）、「陰陽並毗，四時不至，寒暑之和不成，其反傷人之形乎」（〈在宥〉）；「陰陽」作用不諧和，宇宙就會失去秩序，不但季節更替失常，寒暑變化錯亂，亦將因此天災人禍頻仍而殃及天下蒼生。

據此，宇宙萬物產生於「陰陽」二氣之交通成和，所以，萬物自身實已包含此和合之「陰陽」之氣，故萬物體內之「陰陽」之氣亦必須調和，否則，「陰陽」二氣沴亂不和，即易導致形軀生理與心理情緒之轉變。延伸之義即爲莊子藉孔子指出，死生窮達、飢渴寒暑等是「事之變，命之行」（〈德充符〉）

〔註160〕引自郭慶藩：《莊子集釋》，頁713成玄英疏。
〔註161〕語出宣穎：《南華經解》，頁389。
〔註162〕參閱陳壽昌：《南華真經正義》，頁56。

也，對此外於生命本身之問題，縱使有智之士亦是無法規度的。〈德充符〉曰：「故不足以滑和，不可入於靈府。使之和豫通而不失於兌，使日夜無隙而與物爲春，是接而生時於心者也」，是說不值得讓「事之變，命之行」等問題，滑亂內在之和，亦不可使之侵入宅處精神的心，是以，若能使得和氣日月無隙逸豫地流通於靈府之內，不從耳口鼻等兌（穴）處散逸出去，即能與物同受春氣滋潤，並且接續地生此春和之氣於心，唯有如此，才能達到保全本性（才全）的目的。但若是未能保全本性，致使邪雜之氣入襲靈府，便會像齊桓公自以爲見鬼後就生病了。〈達生〉所言皇子告敖分析桓公是被自己的幻覺嚇到了（亦即有憂患入於心），所以生病，皇子告敖說：「夫忿滀之氣，散而不反，則爲不足；上而不下，則使人善怒；下而不上，則使人善忘；不上不下，中身當心，則爲病」，本應充滿結聚之氣，如因有所憂懼而散，或只上不下，或只下不上，或不上不下地爭而攻心，就會使人受影響，以至於生病。所以，依莊學詮釋，人生病痛基本上是來自「陰陽之氣」的錯亂。因而，如何而能常保健康與維持長壽，必然就是要永保和氣。以廣成子能夠擁有千二百歲的長壽，甚至，形體未衰爲例（〈在宥〉），可見得「和」之於生命的存續，確實具有相當重要的影響力，而和合狀態之「陰陽」二氣，不僅能夠生萬物，而且能夠成萬物，因爲，「和」是中性具有無限的可能，而萬物即是此無限可能之具體呈現。換句話說，由於「和」是「陰陽」二氣的平衡狀態，故表現出中性性格，因而提供了生成萬物的存在原理，也成爲延續萬物生存的依據。

　　至於，「陰陽」二氣該當如何調和，方能使得萬物正常地生成變化，四時寒暑亦能維持原有的運行秩序，〈天運〉云：「一清一濁，陰陽調和」，唯有陰與陽互不偏勝，既取法乎陰又取法乎陽；且如〈秋水〉所言：「蓋師是而無非，師治而無亂乎？是未明天地之理，萬物之情者也。是猶師天而無地，師陰而無陽，其不可行明矣」，依乎天理、秉持自然之和氣，「陰陽」之氣的運行才不會失調錯亂，人的生命亦不致病殘傷生，而能夠延年益壽。〔註163〕此外，「道」乃生命根本，「氣」爲生命構成；生命構成依於生命的變化，而生命的變化則

〔註163〕即如〈在宥〉所言：「我爲女遂於大明之上矣，至彼至陽之原也；爲女入於窈冥之門矣，至彼至陰之原也。天地有官，陰陽有藏。慎守女身，物將自壯。我守其一以處其和。故我修身千二百歲矣，吾形未常衰」。意指人若能治身，處於陰陽二氣之和，即「雖有壽考之年，終無衰老之日」（引自郭慶藩：《莊子集釋》，頁 383 成玄英疏）。

依「陰陽」二氣之交通成和而來，故而，「陰陽」二氣交通成和而物生焉的歷程，即如「消息滿虛，一晦一明，日改月化，日有所為，而莫見其功」（〈田子方〉），是在自然而然之中進行著的。依此，「比形於天地，而受氣於陰陽」（〈秋水〉）之人，若能「純氣之守」、「養其氣」（〈達生〉），使生命中「陰陽」之氣和諧運行而不淆亂失調，就能夠「通乎物之所造」（〈達生〉），而至於「通天下一氣」（〈知北遊〉）之理境。

（三）氣化宇宙論之內涵

依循「氣」與「萬物」之關係，可知莊學所蘊含之宇宙生成意涵，具有氣化宇宙內涵之實質，故透過「通天下一氣」與「陰陽之氣」之解析，展開關於氣化宇宙論之歷程、依據與特性，進一步建構氣化宇宙論之義理思維。

1. 氣化宇宙論之歷程

莊子之「道」是宇宙萬物的形上原理，依〈大宗師〉所言：「狶韋氏得之，以挈天地；伏戲氏得之，以襲氣母」，「道」乃生成萬物之「氣母」，「母」代表著生與育，宇宙萬物即於「一氣」之運動變化中誕生與成長，故自宇宙生成面向而言，「氣」是生成萬物的原始材質，「道」則是「氣化」過程中所依循的形上原理，莊學藉由無形無象之「氣」將形上與形下連接起來，於此亦可得知「氣」於「萬物」「天地」「宇宙」化生過程中所扮演的角色。以下即就「萬物」、「天地」與「宇宙」三方面之內涵，探討氣化宇宙論之歷程。

（1）「萬物」

中國「氣」概念，出於經驗之直觀而以「萬物」為對象，透過感官知覺試圖把握現象之氣，抽象而為宇宙萬物的形構之理，運動變化的存在依據。是以，「氣」概念乃始於萬物，「氣」意涵亦成於萬物，無論是形上或形下的內涵與外延，「氣」皆與「萬物」有著必然的關連，離開「萬物」對「氣」作純理之思辯，絕非中國哲學之主要特色，亦非莊子思想之終極關懷。

關於「萬物」，〈則陽〉云：「今計物之數，不止於萬，而期曰萬物者，以數之多者號而讀之也。是故天地者，形之大者也；陰陽者，氣之大者也；道者為之公」，宇宙萬物數量之多，何止萬數，統稱為「萬物」；「萬物」是由「一氣」的陰陽作用而成，天地是「萬物」中形體最大的代表，而「道」則總括一切，為宇宙萬物最根本與究極之原理。至於，人應如何自處，〈秋水〉云：「吾未嘗以此自多者，自以比形於天地，而受氣於陰陽，吾在天地之間，猶

小石小木之在大山也。方存乎見小，又奚以自多」，莊學藉北海若說出，一般人稱大海為大，是就萬物彼此間之比較而言，若自陰陽氣化的角度看，宇宙萬物甚至是天地自然，亦皆承受陰陽氣化之動靜剛柔而生，在「萬物」所呈現之氣化型態中，個別物與「萬物」相比，猶如「小石小木之在大山」，實在是渺小至極。不過，人為「萬物」之靈，唯有人能實踐大道之理，明瞭「萬物」之生成實乃「一氣」之化，體認「萬物」之變化乃陰陽之功績，此如〈則陽〉云：「陰陽相照相蓋相治，四時相代相生相殺。欲惡去就，於是橋起。雌雄片合，於是庸有。安危相易，禍福相生，緩急相摩，聚散以成。此名實之可紀，精微之可志也。隨序之相理，橋運之相使，窮則反，終則始，此物之所有。言之所盡，知之所至，極物而已」，得自現象界的觀察，「萬物」自相互消長、交合感應之陰陽之氣中生成，且「萬物」生成後，物極必反，終則有始，仍繼續不斷地運動變化。人為「萬物」之一，自化生之初即比「萬物」多了欲、惡、去、就之情，且在一切變化之中，人類更是在乎自身之安危、禍福、壽夭、生死，然而，卻只有明道之人理解萬象乃是「氣化」循環之呈顯，亦是陰陽之氣交互作用的結果，亦唯有達道之人，方能超越相對之表象，進入與道合一的永恆境地。

（2）「天地」

「一氣」分為陰陽，陽氣清揚而為天，陰氣重濁而為地。莊學詮釋「氣化」過程中的「天地」樣貌，見於〈則陽〉云：「天地者，形之大者也」。依「天地」是「形之大者也」，與氣化而有形（〈至樂〉）之觀點，可知「天地」在生成的邏輯順序上應是先於萬物而生。並據〈德充符〉：「夫天無不覆，地無不載」，與〈大宗師〉：「天無私覆，地無私載。天地豈私貧我哉」，亦可見莊學是以「天地」而為覆載萬物與人類安身立命之所。

其次，「天地」代表大道公而無私之德，亦足為萬物之典範與人類之表率，「天地」在「氣化」過程中提供萬物生成、發展與變化之場所，「氣」對萬物所有的造化之功、運變之實，都是在「天地」之間進行的，是以，〈大宗師〉曰：「以天地為大鑪」，「天地」乃是有形世界之代稱、萬物之總名。

再者，因為「天地」介於「道」與萬物之間，較萬物更接近於「道」，故於宇宙生成之序位上，常將「道」與「天地」對比，藉以顯現「道」的優越性（自本自根、先在永在、永恆無限），此如〈大宗師〉曰：「夫道，有情有信，無為無形，……自本自根，未有天地，自古以固存；神鬼神帝，生天生

地，……先天地生而不爲久，長於上古而不爲老」。「天地」由「氣」而化後，仍然存在於「一氣」之中，並未獨立於「氣化」之外；「天地」本身的任何變化，都是陰陽之氣動靜剛柔交互作用的結果，由此呈顯出「天地」的本質是「氣」，而陰陽則是「天地」循環變化的相對作用。是以，若就「氣化」觀點而言，〈逍遙遊〉之「若夫乘天地之正，而御六氣之辯，以遊無窮者，彼且惡乎待哉」，所謂「乘天地之正」之「乘」是順任，「正」則是指陰陽交互作用時所依循之自然型態。依莊學，唯有順「氣化」之自然而順任之，才能達到逍遙無待的人生境界，此是莊學生命關懷的終極目標，亦是人生修養工夫的極致理想。然此工夫修養與生命關懷，都必須通過「遊乎天地之一氣」（〈大宗師〉）來談，在「一氣」的基礎下談「天地」，才能貼近莊子「氣」概念思想之要義，亦且才能通透莊學所謂「通天下一氣」（〈知北遊〉）之意含。

（3）「宇宙」

無限延長之空間謂「宇」，指無限連續之時間謂「宙」。就狹義而言，「宇宙」是指現象世界；就廣義而言，乃爲整體有秩序且可解釋之存有體系，包含所有萬物。一般人論及「宇宙」，多就狹義之現象世界而言，是以，與時間空間有著密切關係；萬物必存在於時空之中，變化亦必在時空之內完成。〔註164〕

莊學對於「宇宙」的定義，出於〈庚桑楚〉所云：「出無本，入無竅，有實而無乎處，有長而無乎本剽，有所出而無竅者有實。有實而無乎處者，宇也；有長而無本剽者，宙也。有乎生，有乎死；有乎出，有乎入。入出而無見其形，是謂天門。天門者，無有也。萬物出乎無有」。所謂「天門」與「無有」，是萬物根本之「道」的代稱，即萬物生成變化的原理；「宇」（指「道」無所不在，超越空間之限制）與「宙」（指「道」無始無終，不受時間之羈絆）意謂「道」是無形卻無所不在，永恆而無終始之眞實，因著「道」能超越時空之限制，方能成爲宇宙萬物的形上本體。

就氣化層面而言，無限「宇宙」即「氣化」流行的全體，有限宇宙是狹義的現象世界，此即「氣化」流行之型態。若「氣」不流行，則「道」恆寂，無限時空亦無意義；若無「氣化」，有形「宇宙」亦無法成就，現象世界之時空亦

〔註164〕雖言時空是有形世界之限制，但時空卻不能脫離有形世界而獨自存在，是以，不能說是宇宙依附於時空中，而是時空依附於「宇宙」之內。並且，宇宙萬物若是有限的，依附於其上之時空必然有限，絕對無限之時空在有限世界中的說法是無法被證成的。

無從依附，據此可知，莊學建構氣化宇宙思想之爲萬物生成理據之努力與用心。

依上包含在「天地」當中的「宇宙」「萬物」，構成氣化宇宙論之歷程，「萬物」、「天地」與「宇宙」乃由「氣」而成，物成而後，「氣」仍運動變化，呈顯蓬勃之氣息與活潑之生機，形成「萬物」「天地」及「宇宙」之變化與發展。雖言物成生理謂之形，但形不離氣，氣亦流行於形中，於「通天下一氣」（〈知北遊〉）之前提下，宇宙萬物因「氣」連結成密切的關係。而人乃萬物中最靈明者，自應懷抱「天地與我並生，萬物與我爲一」（〈齊物論〉）之胸襟，通過工夫修養，實踐「道通爲一」（〈齊物論〉）之生命境界。

2. 氣化宇宙論之依據

「氣化」宇宙之生成論，即是循環變動的宇宙思想，無論是「道」之大化或「一氣」之聚散，其生成萬物皆是依循「聚散」、「自然」與「自化」之理則，於此氣化理則之覆育下，宇宙萬物無時不在循環變化之中。

（1）「聚散」

依〈知北遊〉：「人之生，氣之聚也，聚則爲生，散則爲死」，莊學視「氣」爲構成宇宙萬物共同普遍的原始材質，並以「氣」之聚散〔註165〕說明宇宙萬物之生成變化。

萬物皆是「一氣」之聚散循環，所有四時交替、寒暑變化、草木生滅與人世興廢之「氣化」作用，亦是循環不已、周而復始。是以，〈天運〉云：「四時迭起，萬物循生。一盛一衰，文武倫經。一清一濁，陰陽調和」，萬物成於「一氣」之流行，物成之後，基於天清地濁、陰降陽升之變化原則，宇宙萬物因而呈現出和諧之秩序，有如四時依次循環起止，萬物亦順時興衰生滅，處處彰顯出「氣化」的生成與變化。至於，人之生死，亦如四時交替般

〔註165〕曾有學者就〈天下〉：「無厚不可積，其大千里」、〈知北遊〉：「人之生，氣之聚也，聚則爲生，散則爲死」與〈達生〉：「合則成體，散則爲死」之說：提出不能限定之「一氣」，就不是具體之物而未能產生聚散現象的說法，指出莊子「氣」概念有其前後不一之理論罅隙（因「氣」既是「無厚」且「細無內」，就不可能有密度上的變化，以此推論「氣」亦不應有聚散之現象，而莊學卻以「氣」之聚散論證萬物生死存毀）。其實這個誤解是導因於未嘗眞正明瞭，莊學所謂「無厚之氣」之所以能「其大千里」，並非在於其聚集與累進所致。至於，中國後世學者以流衍論、體用論來處理這個問題，完全避開聚散累積的角度，而視宇宙萬物不過是「一氣」之流衍，或道體之作用的彰顯，刻意著墨於變化層面或作用層面，以此另闢蹊徑，嘗試釐清誤解所在。參閱劉長林：〈說「氣」〉，引自楊儒賓主編：《中國古代思想中的氣論及身體觀》，頁122～126。

地循環不已，是由無而有，由有歸無，彷彿薪火相傳般地生生不息。是以，〈至樂〉云：「察其始而本無生，非徒無生也，而本無形；非徒無形也，而本無氣。雜乎芒芴之間，變而有氣，氣變而有形，形變而有生。今又變而之死。是相與為春秋多夏四時行也」，將生命歷程解析為：由恍惚之道至陰陽之氣，有形而生至於死，再回歸恍惚之道。而恍惚之道就是「芒芴」之「一氣」，也就是渾沌之氣，亦即「變而有氣，氣變而有形」之「氣」。此謂宇宙生成之歷程乃「一氣」之運動變化，產生陰陽作用，於是有形、有生，而後有死，人之死亡就是回歸「氣化」歷程的起點（道）。因著人的生命繫於「氣化」活動，依據的是「氣」之聚散循環之理則，所以，生不足喜，死亦不足憂，生命最終之意義，乃與「氣化」同流，生命最高之境界，則在與「道」合而為一。

值得注意的是，「氣化」是依據自然之理則而運動變化的，所謂「聚散循環」，亦是有如四時交替般地反復不已，而此反復是同時落在時間的流逝與空間的變動，是以，〈秋水〉云：「年不可舉，時不可止。消息盈虛，終則有始。是所以語大義之方，論萬物之理也」。因「氣化」而有之萬物，必受時空之範限（佔據時空），歲月是無法倒退，時間是不能靜止，陰陽之氣消息盈虛永遠地作用著，宇宙萬物興衰生滅也就始終循環不已（「終則有始」一如〈寓言〉：「始卒若環」，言運動變化不已）。於此可知，就萬物來說，雖為受限於時空之有限存在，但回歸整個「氣化」流行乃為道體之呈顯的意義而言，「道」是超越時空、永恆無限之形上本體，據以生成萬物之「氣化」作用亦是永遠不間地聚散循環著的。

（2）「自然」

「自然」之用作哲學語詞，始於《老子》〈二十五章〉：「道法自然」，與〈十七章〉：「功成事遂，百姓皆謂我自然」。其實，「自然」非指受時空侷限之有條件存在的現象世界，此一般人所說的大自然，反而是相互依待之他然。老子「道法自然」之原意，河上公謂之：「道性自然」，〔註166〕王弼解為：「道不違自然，乃得其性，法自然者，在方而法方，在圓而法圓，於自然無所違也。自然者，無稱之言，窮極之詞也」。〔註167〕「道」乃自己如此、順其本性之自然，是以，「自然」為「道」之本質，亦為「道」化生萬物之依據與理則。

〔註166〕語出河上公：《老子道德經》，頁13。
〔註167〕語出王弼：《老子註》，頁56。

　　莊學承繼老子「自然」之思想，以渾然未分之「一氣」乃至整個宇宙之美好和諧，皆以「道」之「自然」為其依據與理則。因著「氣」是自然地運動變化，是以稟氣而生之人，亦應順任自然之變化，只是，世人並未深解「自然」之性，反藉修為之名，扭曲本性，有為造作，使人頓失天真與純樸。此〈田子方〉云：「夫水之於汋也，無為而才自然矣；至人之於德也，不修而物不能離焉。若天之自高，地之自厚，日月之自明，夫何脩焉」，「道」於宇宙生成中呈顯其「自然」之性，因而有了和諧的天地萬物，任何悖反自然之性的造作有為，皆違背依據「自然」之理則，而離「道」甚遠。是以，人是整體宇宙的部分，自應依順人性之「自然」，努力使身心和諧而與天地合一，此為工夫修養的最高境界。其次，莊學亦以音樂為喻說明，依循「自然」之理則，方能呈顯秩序之存在，〈至樂〉云：「夫至樂者，先應之以人事，順之以天理，行之以五德，應之以自然」，音樂若能表現道性，宇宙即如和諧的樂章，故而，音樂演奏亦須順應天理自然，才能發揮音樂之陶冶性情與移風易俗之作用。再者，莊學亦以「天」代表「自然」，依據「自然」理則的運動變化即是天道的表現。此〈大宗師〉曰：「知天之所為者，天而生也」，依「道」之所為，可知於「氣化」過程中，萬物及其變化皆受「自然」之主導；且〈天地〉亦云：「無為為之之謂天」，因著「一氣」之流行與變化，乃皆依據於「自然」，是以，人須依循此「自然」之理則，消解心知與情識之負累，順性之自然，無心而為。

　　（3）「自化」

　　「自化」即順自然而化，意謂「道」之化生萬物乃非有意志之創造，而萬物之生成變化亦不過是「一氣」之流行。至於，「氣」生萬物之依據，莊學以「自化」為之詮釋，〈至樂〉云：「天無為以之清，地無為以之寧。故兩無為相合，萬物皆化生。芒乎芴乎，而無從出乎！芴乎芒乎，而無有象乎！萬物職職，皆從無為殖。故曰，天地無為也而無不為也」。天清地寧是天地所呈現之最完美的狀態，所謂無為並非無所作為，而是順性之自然而為，故雖無為，卻能無不為；天地之順性自然，可令萬物順利化成，這就是天地的無為，亦即是天地的「自化」，〔註168〕是以，郭象亦以無為注解「自化」之意。

〔註168〕值得注意的是，莊子萬物「自化」之說，引起後世學者「有待」與「無待」之爭。肯定「無待」者，認為無論萬物的生成或變化，都是沒有最後原因或使之然的推動者，萬物都是「自化」，自己本來如此。主張「有待」的學者，

　　此外，因著天地是萬物的生存之所，故莊學有時亦以天地代表「道」，而爲萬物的起源。天地本質純爲「一氣」，是以，論及萬物之化生，仍可歸結至「一氣」的流行。至於，化生萬物之說，亦多出現「自化」之言。依〈秋水〉云：「物之生也，若驟若馳。無動而不變，無時而不移。何爲乎，何不爲乎？夫固將自化」，萬物的生成變化雖是變動不居，但所依循的就只是自身自然而然之變化，[註169]此無須人爲造作，純是「一氣」依順自然之流行，此之謂「自化」。

　　引證老莊思想，指出「道」即是宇宙萬物的始源（最後原因），所謂「自然」是指道性之自然，而「自化」則是萬物順「自然」而化，是道性的彰顯與發揚。莊子對於「自化」理論的態度，〈齊物論〉曰：「罔兩問景曰：『曩子行，今子止；曩子坐，今子起，何其無特操與？』景曰：『吾有待而然者邪？吾所待又有待而然者邪？吾待蛇蚹蜩翼邪？惡識所以然！惡識所以不然』」；罔兩（半陰影）的行動被景（影子）所主控，影子又爲有形之物所主控，有形之物是否又得依賴他物而行動呢？如此層層追溯，究竟是否有最後的原因或動因，對於萬物的「有待」或「無待」，似無明確斷語。不過，郭象卻立場堅定地認爲：「造物者無主，而物各自造，物各自造，而無所待焉。此天地之正也，故彼我相因，形景俱生，雖復玄合，而非待也」（郭慶藩：《莊子集釋》，頁112）；萬物的存在是出於自造，因而是「無待」的。郭象此言實有悖理之處；「造」不是應由無而有的創造，自己在不存在之前就已經存在，同時存在又不存在，「自造」是自相矛盾的；而且，「彼我相因，形景俱生」此亦違反莊子原義，如萬物彼此爲因，則相對有限之物不可能成爲另一有限之物的最後原因，最後原因必是絕對的、無限的。是以，莊子明確指出：「天門者，無有也，萬物出乎無有」、「有不能以有爲有，必出乎無有，而無有一無有」（〈庚桑楚〉）。老莊皆以「道」爲萬物本根，由於「道」視之不見、聽之不聞、搏之不得，所以老子以「無」名之；莊子強調「無」不離「有」，但又超越「有」，所以提出「無有」概念，作爲宇宙萬物之所待。若欲釐清莊子究竟主張萬物「有待」或是「無待」，〈田子方〉有言：「日出東方而入於西極，萬物莫不比方，有目有趾者，待是而後成功。是出則存，是入則亡。萬物亦然，有待也而死，有待也而生。吾一受其成形，而不化以待盡。效物而動，日夜無隙，而不知其所終」；此言萬物的生滅變化皆有所待，但萬物「有待」之實，並不妨礙其「自化」之理。「自化」是在道體化生、一氣流形之層面而立論，意謂萬物依此內在動力或條件而行生滅變化之實；而「有待」則是自萬物根本及最後原因而言，是指萬物是氣化的結果，「道」才是最後的原因。因此，須先肯定萬物之「有待」，「自化」所依循的律則才有根據，是以，「自化」與「有待」二者層面不同，立論卻能一以貫之（相反地，若主張萬物是自有自存的「無待」，否定宇宙萬物之本根，則「自化」的基礎、宇宙的秩序就會動搖）。

[註169] 參閱羅光：《中國哲學思想史》〈先秦篇〉，頁517言：「莊子以萬物的化生爲自化，自化並不是說萬物有自化的能力，爲自己化生的自由，而是說萬物的化生是自然而化」。

依上所言氣化宇宙論之依據可知，在繁複多變的生成歷程中，萬物顯然是依照一定的理則在運行，而非肆意之盲動；因著「氣」具有能動之特性，展現而爲生機蓬勃之「氣化」流行，是以，「氣」於自然而然的運動變化之中，依據的是陰陽原理之「聚散」升降，絪縕摩盪，「自然」成就宇宙萬物，而萬物亦是依循「一氣」之流行而自然地運動變化（「自化」）。

3. 氣化宇宙論之特質

莊學認爲，「氣」從屬於「道」，「氣」是「道」所產生之細微的原始材質，「氣」構成宇宙萬物，包括天地人物的形體；且「氣」之所以能聚散而形成宇宙萬物，就是因爲陰陽二氣交感變化而成和的作用，而「道」則是天地陰陽何以能如此的共同原因。是以，氣化宇宙論之特質亦關乎「氣」所從屬之「道」的特性，而「出入於機」（即出入於道）與「反復歸根」，亦爲氣化宇宙之論「氣」與「萬物」之關係意義所在。

（1）「陰陽之和」

宇宙萬物不外「一氣」之化，關於「氣」是如何運動變化而產生宇宙萬物的說明，老子嘗云：「萬物負陰而抱陽，沖氣以爲和」（〈四十二章〉）。「沖氣」即是虛氣；〔註170〕宇宙萬物存在之實，乃背負陰又懷抱陽，而陰陽皆是「氣」，此「氣」要能虛，才能保有生命的和諧。當「氣」分陰陽，動靜剛柔、虛實闔闢，兩種不同作用相互激盪，形成和諧狀態，萬物即由此生成與變化。

莊學承繼老子思想並加發揮，明白指出「氣」分陰陽，且陰陽之氣的交互關係，關係整個宇宙萬物的生成發展。〈田子方〉云：「至陰肅肅，至陽赫赫。肅肅出乎天，赫赫發乎地。兩者交通成和而物生焉，或爲之紀而莫見其形。消息滿虛，一晦一明，日改月化，日有所爲，而莫見其功」，天代表陽，肅肅的至陰出乎天，表示獨陰不生必出於陽；地代表陰，赫赫的至陽發乎地，意謂獨陽不成必依於陰；陰陽是兩個相反又相成的作用，因而無法見其形，且陰陽不能分離，永遠不住地運動、交互激盪，形成氣化流行。〈則陽〉亦進一步對陰陽相互感應與彼此交互激盪所形成之現象，有著極爲詳盡之描述：「陰陽相照相蓋相治，四時相代相生相殺。欲惡去就，於是橋起。雌雄片合，於是庸有。安危相易，禍福相生，緩急相摩，聚散以成。此名實之可紀，精

〔註170〕有別於「沖」之爲「虛」，亦有將「沖」釋爲「激盪」之意。所謂「激盪」，乃不停地運動、不住地作用，而此正是「氣化」的特性，意謂渾然未分的「一氣」狀態。

微之可志也。隨序之相理，橋運之相使，窮則反，終則始，此物之所有。言之所盡，知之所至，極物而已」，陰陽作用之影響，可謂無所不至，舉凡宇宙萬物之存毀、四時循環之交替，人生安危之生死，甚而好惡心理之去就，皆可藉由陰陽之氣的交互作用以為說明。然而，若於生成變化的過程中，陰陽作用無法調和，就人而言，即有可能導致求福而得禍、求安而致危的結果（此因孤陰或孤陽是無法成物的異常狀態），是以，於生生不息的氣化歷程中，莊學特別強調陰陽之「和」的重要，陰陽調和則物生事成。

（2）「出入於機」

莊學以「萬物皆出於機，皆入於機」，論述現象世界之源起發展與循環演化，〈至樂〉云：「種有幾，得水則為䘈䗁，得水土之際則為䵷蠙之衣，生於陵屯則為陵舃，陵舃得鬱棲則為烏足，烏足之根為蠐螬，其葉為胡蝶。胡蝶胥也化而為蟲，生於竈下，其狀若脫，其名為鴝掇。鴝掇千日為鳥，其名為乾餘骨。乾餘骨之沫為斯彌，斯彌為食醯。頤輅生乎食醯，黃軦生乎九猷，瞀芮生乎腐蠸，羊奚比乎不筍，久竹生青寧，青寧生程，程生馬，馬生人，人又反入於機。萬物皆出於機，皆入於機」。關於此說，郭象並未註解，成玄英亦僅疏「未詳所據」。〔註171〕的確，此由低等生物演進到高等生物，由植物進化到動物的生物演化歷程，這樣的見地很難令人理解與揣摩，而莊學卻清楚地聚焦在「萬物皆出於機，皆入於機」之生命意義的關鍵上。

所謂「機」，原意為「機栝」，主弩箭之發射，引伸而為變化始出之處，並非唯物論學者所認定是萬物最小的物質元素，其與「天門」或「一氣」義同，意謂「道」之運動變化的特質。〔註172〕「萬物皆出於機，皆入於機」意指萬物皆出於「道」，源於「一氣」之化，亦必返本於「道」，回歸「氣」之渾然未分之樣貌，此是宇宙萬物必經之歷程，自然之理則，亦為「氣化」宇宙所展現之循環變動的特質。

（3）「反復歸根」

「氣」之運動變化有其「反復」以為特質。「反」是原來狀態之否定，「復」即回到最初之狀態，也就是說，萬物生成而後發展至極，就會轉而往反面進展，反行至極則又回復原點，如此循環且變動不已。老子嘗於〈二十五章〉

〔註171〕引自郭慶藩輯：《莊子集釋》，頁628。
〔註172〕「機」之類似用法，亦見於〈齊物論〉：「其發若機栝」、〈天運〉：「其有機緘而不得已」與〈秋水〉：「夫天機之所動，何可易邪」。

指出，「道」是「周行不殆」的，亦即「道」動則有所變化，變化到極點，則又自然回復到原初的狀態；整個運動變化如同「大曰逝，逝曰遠，遠曰反」之歷程。「大」指「道」，「逝」謂「行」，此乃運動變化的開始，「遠」意謂運動變化到了極點，而運動變化持續不止，即有發展回復的趨向，這就是「反」。依此可知，由「遠」至「反」是一切運動變化的根本特質與必然趨向，是以，「道」之動若不復返，一切變化都將一去不返，離根愈遠，所有生成亦會變得無窮無盡，而這是很難令人想像的。

對於形成萬物變化之「反」，莊學以之為「氣化」之必然。〈則陽〉云：「陰陽相照相蓋相治，四時相代相生相殺。欲惡去就，於是橋起。雌雄片合，於是庸有。安危相易，禍福相生，緩急相摩，聚散以成。此名實之可紀，精微之可志也。隨序之相理，橋運之相使，窮則反，終則始，此物之所有」，宇宙萬物於相互感應之陰陽之氣，與交互作用之四時之氣中，所形成之安危、禍福、緩急、聚散等性質相悖之殊異現象，因著「氣化」流行，物極必反，終則復始之特性，而為現象世界之萬事萬物所必經之歷程。

至於「復」，〈在宥〉云：「萬物芸芸，各復其根，各復其根而不知」，就「氣化」歷程而言，千差萬別之宇宙萬物，只要隨順自然之理則運行而不悖，至終皆須「各復其根」，而此根源處即「一氣」之渾然寂靜之狀態，雖是渾然未分，但萬物之生機盡都蘊藏於其中，當靜極復動，陰陽作用開始彰顯，萬物即又展開化生。

依上論述，「氣」之實質乃具有運動變化之特質，而「氣化」流行之依據則在於陰陽之氣之調和（「陰陽之和」），且萬物皆出於「道」，源於「一氣」之化，亦必返本於「道」（「出入於機」），回歸「氣」之渾然未分之樣貌，此是宇宙萬物必經之「反復歸根」的歷程。而「反復歸根」可說是莊子氣化宇宙論之最終歸趨，雖然不脫老子原意，卻也印證出宇宙萬物之運動反復乃是通過虛靜觀照且真實不妄之理趣。

總之，就宇宙生成的面向而言，「道」必永恆存在，「一氣」亦必永久運動變化，設若「道」之不存，宇宙即失究終根本，若果「一氣」不化，宇宙萬物也就不會存在，亦不會再有發展與變化，而「道」對萬物而言，也就失落其存在的意義與價值。此外，自「氣化」層面而言，因著「氣」的運動變化而有萬物，所以「氣」是宇宙萬物的成因，亦因「氣」之聚散循環而有生成變化，因此「氣」也是宇宙萬物的內在動因；唯有依循「氣化」之理則，

順性自然，無為無造，方能與萬物自然之性相通，進而與道性相通，而為得道真人，並臻「天地與我並生，萬物與我為一」（〈齊物論〉）之最高境界。

故而，歸納莊學之氣化宇宙論，其歷程乃呈顯於「萬物」、「天地」與「宇宙」之內涵中；其依據即根源於「聚散」、「自然」與「自化」之型態，而特性則展現於「陰陽之和」、「出入於機」與「反復歸根」的意義上。透過氣化宇宙之理論架構，可彰顯莊學關於宇宙生成之義理型態。因著，氣化宇宙論之歷程是關乎生成之生命內涵，氣化宇宙論之依據是在於動態之「氣」與「萬物」間的生命型態，氣化宇宙論之特質則是凸出生生不息之生命意義與價值歸趨；是以，若就運動變化之究極根本而言，「萬物皆一也」（〈德充符〉）、「凡物無成與毀，復通為一」（〈齊物論〉），因此不須「以生為神奇而美之，以死為臭腐而惡之」；〔註173〕抑且，以物觀之，是「其形化」（〈齊物論〉），以氣觀之，「氣」充塞天地宇宙間，通天下都是氣，萬物之生成變化，都在渾然「一氣」之中，故只是「氣」之聚散循環作用不同，並無所謂生死。依此可謂，氣化宇宙論所定調之意涵，並不僅是強調千變萬化的宇宙萬物，更為凸顯其背後之究極，乃皆為「一氣」之聚散循環；其根本之義旨乃是指向：基於「通天下一氣」之定位，所衍生出「萬物一也」、「死生為徒」之生死一如的哲學思維。故而，於此亦可得出一結論，莊學氣化宇宙論之思想意義，在於使得「道」「氣」與萬物間，因此而建立了生動活潑的密切關係。

三、莊學之生死觀

生死問題是個永恆的課題，亦是人存在處境中的核心議題，先秦論述生死問題最為詳盡的思想是莊書，其以人之生死是「氣」之聚散的結果，而且，有生必有死（死為生之必然），生死乃自然而然（死生一體，不必悅生惡死），故而，主張超脫對於生死的憂慮與恐懼。不過，因著對死後世界的茫昧無知，加上死亡即意謂著與現實有所斷絕，是以，雖仍無可避免或抗拒死亡，死亡對於人們而言，仍是個奧秘難解之謎。即使，孔子嘗云：「未知生，焉知死」（〈先進〉）、「死生有命，富貴在天」（〈顏淵〉），然則，該當如何面對與因應，王邦雄老師言曰：「死生問題是人生的第二個關卡，而且是最嚴重的關卡，這個地方只有靠宗教來解決，哲學很難化解。是非問題在哲學上還可以獲得理

〔註173〕語出宣穎：《南華經解》，〈知北遊〉解，頁385。

解，有所指引，它用個標準來告訴你，什麼是對，什麼是錯，它建立一個客觀標準，來檢驗什麼是對，什麼是錯，但遇到死生問題，哲學無法讓人得到解脫，唯有宗教才能夠解決永生的問題」。〔註174〕所謂讓生命問題回歸宗教，的確是面對死生關卡的最佳途徑。孔孟老莊都在人間世中面對死生問題，不同的是，儒家從「三代傳承」來詮釋生死問題，〔註175〕道家則就去心知之執來解套死生負累。道家義之生死觀，見於〈五十章〉云：

> 出生入死。生之徒，十有三；死之徒，十有三；人之生，動之死地，
> 亦十有三。夫何故？以其生生之厚。蓋聞善攝生者，陸行不遇兕虎，
> 入軍不被甲兵；兕無所投其角，虎無所措其爪，兵無所容其刃。夫
> 何故？以其無死地。

老子認為人之生死往來，是變動循環中的自然現象，萬物之死亡，猶如落葉歸根，是回歸自然的歷程。而回歸自然的歷程可透過主體心靈的修養工夫，去掉有心有為，放下有知有欲，「由吾心之致虛守靜，以開出生命的微妙玄通；由吾生的專氣致柔，以回歸生命的素樸本眞」，〔註176〕以自然無為的態度坦然面對死亡，消解死亡所帶來的恐慌困頓，超越命限，使生命獲至安適順遂。

然而，莊子身處「僅免刑焉」（〈人間世〉）、「盡物力的物量精神」〔註177〕之戰國時代，於論及生死課題，常引「氣」概念以為解消生命的有限與存在的困頓。是以，欲就莊學對於生死問題之解析──「氣」概念在生死中的涵義（「通天下一氣」），面對生死的解決之道（以物化破生死），及對應生死的理想態度（死生一如、安時處順、安之若命），進一步掘發其「氣」概念之生死意涵。

（一）「氣」概念在生死中的涵義

莊子指出，人之生，「一受其成形」（〈齊物論〉），便落在形軀生命的有限性中，而形軀會走向生老病死，致使人的生命有時而盡，亦使人無可避免地感受到死亡的壓力，這就是心落入形，而與形俱滅，且阻隔物我生命感通之

〔註174〕語出王邦雄師：《莊子道》，頁65。
〔註175〕參閱王邦雄師：《生死道》，頁39曰：「在儒家的觀點，要問生之前、死之後，他也可以回答的：生之前是祖宗，死之後是子孫，這是儒家的答案」。
〔註176〕參閱王邦雄師：《老子的哲學》，頁146～147。
〔註177〕參閱牟宗三：《歷史哲學》，頁106～107。

「其形化，其心與之然，可不謂大哀乎」（〈齊物論〉）之喟嘆。且依唐君毅先生言：「人之生也，自其現實之生命存在、各種活動、與其所有者而觀之，實無非有限」，〔註178〕可知人的形軀生命本就是有限的存在，然而，心知卻執著於形軀的存在，致使主體生命受到形軀的拘限，故悅生惡死，心桎梏於死生，而為有限的生命困頓不已。是以，〈至樂〉云：「人之生也，與憂俱生，壽者惛惛，久憂不死，何苦也」，說明人常因形軀生命之有限而落入貪生怕死的情識糾結之中，而思以己力去解除死生的壓迫，只是，〈大宗師〉亦曰：「死生，命也；其有夜旦之常，天也」，有生有死是命，這是人為力量所無法相抗衡的。是以，莊學基於氣化生成之觀點，對於生死問題的主張，乃是人的生命由「氣」所構成，「氣」聚為生，「氣」散則死，「氣」之聚散是為決定人之生死的重要關鍵。〈知北遊〉云：

> 生也死之徒，死也生之始，孰知其紀！人之生，氣之聚也。聚則為生，散則為死。若死生為徒，吾又何患！故萬物一也。是其所美者為神奇，其所惡者為臭腐。臭腐復化為神奇，神奇復化為臭腐。故曰：「通天下一氣耳。」聖人故貴一。

此以「氣」之聚散詮釋人之生死，而言當「氣」聚結於體內時，即成就人之生，當「氣」自體內消散而去時，就會導致死亡。所謂人之生為「氣」之聚，人之死為「氣」之散，聚則必散，散則必復聚，「氣」之聚散無常，人之生死循環變化亦無端緒，故成玄英疏：「氣聚而生，猶是死之徒類；氣散而死，猶是生之本始。生死終死，誰知紀綱乎！聚散往來，變化無定」。〔註179〕生死現象即「氣」之聚散，「氣」之或聚或散變化無定，「氣」亦無終始可言而可為徒（同類）；而生死之所以能為徒，不斷地循環變化之關鍵，就在於「通天下一氣耳」。自「通天下一氣」視之，生死為同類一體，無有分別，只不過是一氣之聚散變化的循環作用；此「生之來不能卻，其去不能止」（〈達生〉），是自然且必然的結果，乃非人為所能抗拒與掌控的。如此說法，亦見之於〈知北遊〉云：

> 人生天地之間，若白駒之過郤，忽然而已。注然勃然，莫不出焉；油然寥然，莫不入焉。已而化生，又化而死。生物哀之，人類悲之。解其天弢，墮其天。紛乎宛乎，魂魄將往，乃身從之。乃大歸乎！

〔註178〕語出唐君毅：《人生之體驗續篇》，頁162。
〔註179〕引自郭慶藩：《莊子集釋》，頁733。

> 不形之形，形之不形，是人之所同知也，非將至之所務也，此眾人
> 之所同論也。

此言人生在世，如白駒之過隙，是短暫的存在，「已而化生，又化而死」。生為「氣」之聚，死為「氣」之散，生生死死，皆為「一氣」之聚散循環，「氣聚而有其形，氣散而歸於無形」，〔註180〕由無形至有形，再由有形返歸於無形，正是說明了死亡是歸真、回歸自然，也是「氣」之聚散變化的正常現象。得道之人能夠自「氣」的觀點看待生死變化，認知人的生死實即「氣」之聚散，死亡不過是形復散為「氣」之過程，因此，歸根復命，視死亡為「大歸」，而不為死生所困惑。因此，唯有隨順「氣」之自然運作，讓生命追隨自然而循環變化，方能不再滯陷於好生惡死之心知執著與情識負累中。而由莊子妻死的寓言故事中，對於如何自生死迷思中而得自我解悟，應能有其順應自然變化的深刻體認。〈至樂〉云：

> 莊子妻死，惠子弔之，莊子則方箕踞鼓盆而歌。惠子曰：「與人居，
> 長子老身，死不哭亦足矣，又鼓盆而歌，不亦甚乎！」莊子曰：「不
> 然。是其始死也，我獨何能無概然！察其始而本無生，非徒無生也，
> 而本無形；非徒無形也，而本無氣。雜乎芒芴之間，變而有氣，氣變
> 而有形，形變而有生。今又變而之死。是相與為春秋冬夏四時行也。
> 人且偃然寢於巨室，而我嗷嗷然隨而哭之，自以為不通乎命，故止也。」

莊子說得明白，在妻子剛死時，仍不免有所感慨，只是，他並不執著於死亡之情緒反應，而對生命進行深度的思考與反省。在生來死往的變化過程中，由無生無形，變而有「氣」，接著變而有形，然後變而有生，最後變而之死；其間之變化是自然而然、循環反復的，而所以能夠如此自然而然、循環反復的重要關鍵，乃在於「氣」。人本來沒有生命，因著「氣」的出現，由「氣」聚而有形體，由形體才有所謂生命，故而，人的生命本於自然之「氣」，死亡只是意謂「氣」之消散而回歸於自然。有生必有死，生死往來的變化，如同春夏秋冬四時之順序一般，是自然的現象。生死為「氣」之聚散，「氣」之聚散變化循環無端，生死變化亦無窮無盡地循環變化著，莊子通達生命之真理，因而不再「嗷嗷然隨而哭之」，而以「箕踞鼓盆而歌」的達觀態度來面對妻子之死，即連自己遭逢此時，亦能以放曠的態度來面對自身即將死亡的事實。〈列禦寇〉云：

〔註180〕語出郭慶藩：《莊子集釋》，頁748。

> 莊子將死，弟子欲厚葬之。莊子曰：「吾以天地爲棺槨，以日月爲連
> 璧，星辰爲珠璣，萬物爲齎送。吾葬具豈不備邪？何以加此！」弟
> 子曰：「吾恐烏鳶之食夫子也。」莊子曰：「在上爲烏鳶食，在下爲
> 螻蟻食，奪彼與此，何其偏也。」

此言人之生命由於自然，死則回歸於自然，故而，「在上爲烏鳶食」是氣化於
自然，「在下爲螻蟻食」亦是氣化於自然。正因由生至死是回歸自然的歷程，
所以，莊學基於回歸自然的立場看待生死的變化，是故，不因生而喜，不因
死而悲，且以灑脱的心境面對生死問題，主張生命形軀應隨自然而變化，而
反對厚葬。因此，莊學所謂生死觀，背後有一宇宙生成之理論根據，那就是
人的生命是由「氣」所構成，「氣」聚則生，「氣」散則死，「氣」之聚散變化
乃決定人之生死的重要關鍵。關於「氣」與生死關係，〈大宗師〉曾譬喻道：

> 彼方且與造物者爲人，而遊乎天地之一氣。彼以生爲附贅縣疣，以
> 死爲決疣潰癰。夫若然者，又惡知死生先後之所在！假於異物，託
> 於同體；忘其肝膽，遺其耳目，反覆終始，不知端倪；芒然彷徨乎
> 塵垢之外，逍遙乎無爲之業。彼又惡能憒憒然爲世俗之禮，以觀眾
> 人之耳目哉！

此言子琴等人體悟人之生死爲自然變化的必然結果，故能將對於生之執著當
作附贅縣疣，對於死的恐懼視爲決疣潰癰，因之能夠通達生死，不受形軀生
命的拘限，讓主體生命無有牽繫地「遊乎天地之一氣」。由於，「假於異物，
託於同體」之形軀，「爲一物理性存在，爲一對象。此類對象皆是永在流轉變
易之中，故形軀與萬物間互相流轉，乃當然之事」，〔註181〕且形軀隨順時間產
生變化爲自然之事，致使形軀變化會導致人在歲月中老邁與死亡，所以，死
生變化亦爲自然之事。但是，人雖有死生變化，然「自其同者而視之」（〈德
充符〉），生與死在本質上乃無所區分，生生死死僅是「一氣循環」，〔註182〕
既然如此，就應遺忘與滑落耳目肝膽的形軀拘限，不必再去分別死生先後的
問題，亦無須以好惡之主觀情緒對應之。

依上可知，莊學生死問題的觀點，乃由於「氣」概念之思考理路；莊學
以世界之本根是道，道生天生地，而宇宙萬物都是由「氣」構成的，〔註183〕

〔註181〕語出勞思光：《中國哲學史》，頁 258。
〔註182〕語出宣穎：《南華經解》，頁 163。
〔註183〕依據〈大宗師〉：「游乎天地之一氣」。

「氣」是精微而流動的材質,「氣」不僅構成天地自然,且構成人的形體,「氣」始終處在不停的聚散變化之中,人之生死其本質即是「氣」之聚散。因此,生死皆自然,莊學即是基於回歸自然的立場解消人對生命的執著與對死亡的恐懼。

　　誠然,人之生如氣之聚,人之死如氣之散,莊學是超脫生死的,並沒有靈魂不死或精神不滅的思想。〔註184〕只是,莊子亦曾有過不死之類的說法,〈大宗師〉曰:「已外生矣,而後能朝徹,朝徹而後能見獨,見獨而後能無古今,無古今而後入於不死不生」,外生即可大澈大悟,大澈大悟就可見絕對之道,在想像中與宇宙同其遙遠宏闊,同其永恆無限,成為無生無死之永存,此處之「不死不生」是就主觀體驗而言的。此外,〈德充符〉曰:「而況官天地,府萬物,直寓六骸,象耳目,一知之所知,而心未嘗死者乎」,表述與天地萬物同為一體之經驗,而能忘身踐形,達到純任一己之直覺而不起生死之念,此處「心未嘗死」,亦非靈魂不死之意。

　　因著莊學的生死觀,主要是以生死氣化的理論為根據,從生命的實質闡發,所以饒富新義與深意。不特莊學對生死是因任自然的立場,儒家亦傾向對生死問題採取超脫的面對態度,《論語》〈先進〉記載子路問孔子死是怎麼一回事時,孔子答曰:「未知生,焉知死」,關心生而不須想到死,求知生而不必求知死。其次,儒家亦出現以死為息的說法,《論語》〈泰伯〉記載曾子有疾,召門弟子曰:「啟予足,啟予手!詩云:『戰戰兢兢,如臨深淵,如履薄冰。』而今而後,吾知免夫!小子」,戰戰兢兢地活著,勤勉謹慎,不能有一刻鬆懈,死後才終於得到安息。《荀子》〈大略〉亦記載子貢之言:「大哉死乎!君子息焉,小人休焉」,君子終生勤勉,非死不得休息,如此說來,死也不是可怕之事。依上論述,儒家與道家雖謂超脫生死,但也都反對貪生怕死,而此從容面對死亡的生死觀,是中國傳統文化的主流,不同的是,儒家以孟子「舍生取義」為例,多從社會責任與道德義務方面做論述,而道家以老子「民不畏死」而言,則是就生命面

〔註184〕關於〈養生主〉:「指窮於為薪,火傳也,不知其盡也」;關鋒:《莊子內篇解釋和批判》,頁161指出「有形骸的死亡,而無精神的死亡,形骸死亡了,精神就寄託到別處了,精神是不滅的」。以燭火比喻形神,是東漢哲學家桓譚的著名譬喻,若由此反推莊子的薪火之喻亦是言形神問題,那就落於根據不足了。郭象與成玄英都認為這一段是論述養生問題,而郭嵩燾之注解「薪盡而火傳,有不盡者存也。太虛往來之氣,人得之以生,猶薪之傳火也,其來也無與拒,其去也無與留,極乎薪而止矣」;以往來之氣解釋薪火問題可提供了解莊子原義。參閱郭慶藩:《莊子集釋》。

來加以闡釋。誠如傅偉勳先生所言：「只有莊子，不但並談生死，更能直接凝視死亡，體驗死亡，把自己整個生命投入生死問題的實存主義性探索，藉以發現一條不依傍任何外力外物的大徹大悟，精神解脫之路」。〔註185〕

此外，莊學關於人生氣化的理論，似乎與傳統中國醫學也有一定的關連。〈大宗師〉將子輿「曲僂發背，上有五管，頤隱於齊，肩高於頂」，解釋為「陰陽之氣有沴」，即以陰陽之氣解讀人體的生理變化。〈人間世〉曰：「今吾朝受命而夕飲冰，我其內熱與！吾未至乎事之情，而既有陰陽之患矣」，莊子認為因憂慮而生內熱，即陰陽之氣失調的結果，所以，陰陽之患就是人體生理上的疾變。〈達生〉云：「夫忿滀之氣，散而不反，則為不足；上而不下，則使人善怒；下而不上，則使人善忘；不上不下，中身當心，則為病」，此亦以氣之升降聚散來詮釋不同的疾病。中國傳統之中醫理論，源遠流長，《左傳》召公元年：「六氣曰陰、陽、風、雨、晦、明也。分為四時，序為五節。過則為災，陰淫寒疾，陽淫熱疾，風淫末疾，雨淫腹疾，晦淫惑疾，明淫心疾」。莊書以「氣」來解釋人體之疾病與生理變化，與中醫理論有其相通之處，並且，莊學言天地一氣，亦與中醫理論有著異曲同工之妙。不但如此，莊學亦常將「死生」與「喜怒」當做「陰陽」，故而，莊學的人生論亦可視為一種「陰陽」說。「陰陽」說不但指涉「天地」，而且表示「死生」與「喜怒」，甚至於，身體的疾病也來自於「陰陽」的不調和。

（二）面對生死的解決之道

莊學指出生死皆因「一氣」之聚散循環，生死乃自然現象，而為進一步說明死生一如（死生可齊一）之理，並表現了悟生死之智慧，莊子以夢覺譬喻生死，於〈齊物論〉曰：

> 夢飲酒者，旦而哭泣；夢哭泣者，旦而田獵。方其夢也，不知其夢也。夢之中又占其夢焉，覺而後知其夢也。且有大覺而後知此其大夢也，而愚者自以為覺，竊竊然知之。君乎！牧乎！固哉！

此言人生如夢，當人在作夢時，不知自己在夢中，有時夢中又有夢，醒來後才知是夢，一定得等大覺之時，而後乃知此為大夢。所謂「大夢」是就心知情識而言，所謂「大覺」則是人心修行過後的大覺醒。夢時飲酒作樂，醒後卻悲而哭泣；夢時哭泣悲傷，醒後卻田獵而樂；同理可推，生未必可喜，死

〔註185〕語出傅偉勳：《死亡的尊嚴與生命的尊嚴》，頁166。

亦未必可悲，若果能夠如同子來「成然寐，蘧然覺」（〈大宗師〉），熟睡無夢，覺後無憂，不以死生爲念，即能超脫悅生惡死之情。不過，由於一般人常以一曲之見論生死，〔註186〕故而，以生爲喜，以死爲悲，殊不知，人生若夢，執著生死更是大夢，亦即「死爲大覺，則生是大夢」。〔註187〕莊子此以作夢爲喻，認爲生爲迷夢，死爲覺醒，正與世俗之見反其道而行，意在破除執著，扭轉以死生爲憂喜之迷思。〔註188〕其實，死生夢覺，夢與覺只是象徵兩種不同的境況，死生猶如夢覺，夢覺一如，則死生一體，如此，生何可喜，死何可悲；定調於此，可知莊子的根本用心，是在於生死可齊、死生雙遣，人應隨順自然而循環變化。爲了破除生死分別，莊子藉由「莊周夢蝶」故事之寓理，欲使人視死生爲一體。〈齊物論〉曰：

> 昔者莊周夢爲胡蝶，栩栩然胡蝶也，自喻適志與，不知周也。俄然覺，則蘧蘧然周也。不知周之夢爲胡蝶與？胡蝶之夢爲周與？周與胡蝶，則必有分矣。此之謂物化。

此言莊周夢爲蝴蝶時，擺脫了形軀的負累，栩栩然爲蝴蝶，樂活地隨蝴蝶之性翩翩起舞，當下忘了自己原來是莊周；待其自夢中醒來，覺而爲莊周時，才又回到原來做爲人之莊周；莊周能隨物之變化而變化，適意自得，所以，能由在夢適夢、在覺適覺中，眞實地體悟到「物化」的眞諦，使主體心靈達到「物化」的境界。所謂「物化」，是憨山大師說的「萬物化而爲一」，〔註189〕也是陳鼓應先生解說的「物我界線消解，萬物融化爲一」，〔註190〕亦爲徐復觀先生所說是「物我一體的藝術境界」。〔註191〕換句話說，物是形軀，化是超化

〔註186〕人事的變遷或環境的變化，即會導致人對生死的看法隨之改變；郭慶藩：《莊子集釋》，頁105，郭象注云：「事苟變，情亦異，則死生之願不得同矣。故生時樂生，則死時樂死矣，死生雖異，其餘各得所願一也，則何係哉」，如遇富歲，可能以生爲喜，以死爲悲，如遇窮年，則可能以死爲樂，而以生爲苦，死生雖殊，然人所願者，皆爲喜樂，以喜樂爲前提，生時樂生，死時樂死，無論是生是死，都能獲得眞正的自由。
〔註187〕語出王先謙：《莊子集解》，頁25。
〔註188〕然而，此亦可能落入另一好死惡生之偏向；實則，〈養生主〉曰：「丘也，與女皆夢也；予謂女夢，亦夢也」，話說人家正在生死夢中的本身，也是夢，此名之曰「弔詭」，而「弔詭」之說實乃莊子自我解構的智慧，隨說隨掃，將自己所說的化掉。
〔註189〕語出憨山：《莊子內篇憨山註》，頁274。
〔註190〕語出陳鼓應：《莊子今註今釋》，頁102。
〔註191〕語出徐復觀：《中國藝術精神》，頁111。

（而非變化）；〔註192〕「物化」並非強調此物至彼物的實質轉化，而是意謂心靈的覺悟與超越，是生命主體在精神上跨越對立、超越限制、情景交融、物我兩忘，亦即隨物而化之意。是以，「物化」既是工夫也是境界，須化掉心知執著與擺脫形軀拘限，才能物化。事實上，「萬物」之所以能齊，是因莊子與蝴蝶之間，沒有固定之自我；自氣變而化的立場來看，莊周是「一氣」，蝴蝶也是「一氣」，因而，即言莊周蝴蝶皆一也、天地一莊周也、萬物一蝴蝶也、莊周一蝴蝶也、蝴蝶一莊周也。所有「萬物」因「一氣」之化，可自此物到彼物、從彼物到此物，因此，「一氣」而化是「萬物」的存在依據，而「物化」則是此物與彼物間的轉化。

「夢」代表精神生命的自由自在，莊周可夢爲蝴蝶，蝴蝶亦可夢爲莊周，經夢之渾化，莊周與蝴蝶同在「一氣」之大化流行中，孰知「周之夢爲胡蝶與，胡蝶之夢爲周與」。依此可知，物我之間可彼此相忘，主客對立亦可消解融合，當言莊周與蝴蝶在夢中，其實，問題不在於「莊周夢爲胡蝶」的事實，而在「不知周之夢爲胡蝶」或「胡蝶之夢爲周」的疑慮。因而，無論是莊周變爲胡蝶，或胡蝶變爲莊周，皆是在夢中行之，落在夢中之義，已明白排除「物化」是純生死論的課題。「物化」並非莊子個人爲消解對死亡之厭惡所發明之概念，〔註193〕而是意謂生命主體於形體解構之後所形成與另一主體之生死互易，也就是主體心靈與物溝通之最高境界。只是，在消弭物我分際執著之「物化」過程中，莊周蝴蝶雖可互通爲一（人與物雖是同源），然卻「必有分矣」（人的心靈能顯爲「靈台」，擴爲「天府」，人仍是萬物中最靈明者），莊周與胡蝶仍然有分，莊周與胡蝶各是不同的主體，此是現象世界之眞實；但當人順物而化之時，「物化」之主體亦即是人之虛靈本心，此是不會改變的。〔註194〕故而，在周適周、在蝶

〔註192〕劉笑敢即以「物化」之化爲變化，《莊子哲學及其演變》，頁 173 言：「物化即萬物之變化。……一切事物都處在變化之中，變化的後果是無法認識的；夢醒也是物化，所以夢醒之分也是不可分的」。

〔註193〕參閱祝次平：〈從禮的觀點論先秦儒道身體觀和主體觀念的差異〉，收錄於楊儒賓主編：《中國古代思想中的氣論及身體觀》，頁 320～322。

〔註194〕即所謂「外化而內不化」，〈知北遊〉云：「古之人，外化而內不化；今之人，內化而外不化。與物化者，一不化者也」。對於「一不化者」之「一」，有多重說法：「一」乃萬物最高原理且是永恆不變之「道」（若無道就無萬物）；「一」是「氣化」所依循之不變理則（因自然之理則不變，氣化才能永遠流行）；「一」指「氣化」流行之不變性；「一」謂莊子對虛靈本心在物欲橫流之人間世的永不變質期盼。至於，《莊子》書中論及「內不化」處，見於〈在宥〉：「有大物者，不可以物。物而不物，故能物物。明乎物物者之非物也，豈獨治天下百

適蝶，莊周蝴蝶各守其分，內心虛明，不受物欲束縛，自「道」或「一氣」之層面來解讀世界，各自歸回自己生命的本眞，即不致產生封限與對立。憨山大師就指出，能明「物化」之精義者，當是通過修養工夫，使心靈向上提昇，與「道」合一，順「道」而化，平齊萬物之得道眞人或聖人。〔註195〕

因此，自「物化」角度解讀生死，即知死生乃是的「物化」現象，人應無心自然，在生適生、在死適死，而以「善吾生者，所以善吾死」（〈大宗師〉）之態度對應死生問題。主張莊子以「物化」觀點詮釋生死的學者有；

> 憨山大師云：言夢覺之不同，但一周耳。不知蝴蝶爲周，周爲蝴蝶，此處定有分曉，要人看破，則視死生如夢覺，萬物一觀，自無是非之辨矣！〔註196〕

> 徐復觀先生謂：莊子以人的樂生而惡死，實係精神的桎梏。他爲了解除其桎梏，他似乎採取三種態度。一是把它當作時命的問題，安而受之，無所容心於其間。二是進而以『物化』的觀念，不爲當下的形軀所拘繫，隨造化之化而俱化。三則似乎莊子已有精神不死的觀點。……對於死生的變化，一爲安時而處順，『善吾生，所以善吾死』的安命的態度，這與儒家並無大分別。但他卻更進而有隨其變化而變化的態度，這在齊物論中稱爲『物化』。〔註197〕

透過憨山大師對於「物化」的解讀，可進一步了解，「物化」乃爲「齊物」的必要條件。〈莊子內篇註〉：「物化者，萬物化而爲一也。所謂大而化之謂聖，言齊物之極，必是大而化之之聖人。萬物混化而爲一，則了無人我是非之辯，則物論不齊而自齊也。齊物以一夢結，則破盡舉世古今之大夢也」，〔註198〕此言「物

姓而已哉」（「物物者」指「道」，道之理寄託於萬物之中，萬物雖變化不息，但所依循之道理是不變的，因能「物而不物」）、〈知北遊〉：「物物者與物無際，而物有際者，所謂物際者也。不際之際，際之不際者也」（「物物者」亦指「氣」，「氣」是萬物運動變化之共同成素，於宇宙萬物之生成變化之中，使變動成爲可能且具連續性之「氣」，是永恆不變的，因是「際之不際者也」）。

〔註195〕參閱憨山：《莊子內篇憨山註》，頁86云：「物化者，萬物化而爲一也。所謂大而化之謂聖，言齊物之極，必是大而化之之聖人。萬物混化而爲一，則了無人我是非之辯，則物論不齊而自齊也。齊物以一夢結，則破盡舉世古今之大夢也」。

〔註196〕語出憨山：《莊子內篇憨山註》，頁274。

〔註197〕語出徐復觀：《中國人性論史》〈先秦篇〉，頁405、407。

〔註198〕參閱憨山：《老子道德經憨山解·莊子內篇憨山註》，二卷，頁86。

化」是宇宙萬物化而爲一的前提，「物化」而後沒有「人我是非之辯」，故而，物論於表面上雖是不齊（「周與胡蝶，則必有分矣」），然實際上已是自齊了（以「一氣」之化的「氣」概念，而爲「物化」之主體）。也就是說，人不但可與天地之氣互相交通，亦可與天地間其他氣聚而生之物相互涉入，就彷彿是作夢一般地自然。以「莊周夢蝶」之思想背景來解讀莊子通物我之主張，可知萬物平齊並非只是莊子內心之嚮往，或僅爲追求精神解放之憑空架構。

　　是以，莊學之「物化」，實具有兩方面之涵義：其一是有關「人」本身的「物化」，且將人的死亡視爲「物化」；其二是有關「萬物」的「物化」，是人化爲「萬物」的境況。〈天道〉言：「知天樂者，其生也天行其死也物化。靜而與陰同德，動而與陽同波」，與〈刻意〉云：「聖人之生也天行其死也物化。靜而與陰同德，動而與陽同波」；乃言「物化」不外乎「一氣」之化的內涵，所謂「以死生爲一條」（〈德充符〉）、「死生爲晝夜」（〈至樂〉）、「死生同狀」（〈天地〉）的體會，是須通過「萬物一齊」（〈秋水〉）或「通天下一氣」（〈知北遊〉）之認知方可達到的，而「知天樂者」與「聖人」即是已經體認「一氣」之化的理想人格。莊學謂「通天下一氣」（〈知北遊〉），其實就是「萬物一也」（〈知北遊〉），「生」與「死」、「天行」與「物化」，即此「一」概念下所開展出氣變之化的兩面。

　　回歸莊學提出「物化」思想之深義，一方面是欲打破死生的分別，消解大限的困頓；另一方面則在體現真我，〔註199〕彰顯生命的意義與價值。人若能自心上做「無己」、「喪我」的修養工夫，擺脫形軀負累，回歸真實自我，即能齊物我、泯是非、均得失、一生死，使精神得著閒適，心靈獲得自由。換句話說，「物化」思想的最終目的，是爲達到「天地與我並生，萬物與我爲一」〔註200〕（〈齊物論〉）的境地。

　　此外，於莊學體系中，「物化」與主體的觀點，亦是必須檢別清楚的，此

〔註199〕所謂真我，即真實的自我，也就是生命的本真。陳壽昌：《南華真經正義》，頁 22 曰：「但言物化，真我自在」；吳怡：《逍遙的莊子》，頁 118 亦謂：「陳氏這段註極爲精采，因爲莊子所追求的是真我，物化祇是他處世的一種權變而已」。

〔註200〕此即陳鼓應：《老莊新論》，頁 169 所言：「《齊物論》開始便開出『無喪我』的境界，以示破除我見我執，而以真實的自我（『吾』『真宰』『真君』），神遊於『無封』、『無境』的遼闊之境域中。及至《齊物論》的最後，以蝶化象徵主體與客體的會通交感，達到相互泯合的境界。……由『無喪我』至『物化』即破除我執至真我與萬物融化爲一，兩段文義，首尾相應」。

如，物與物物的關係必須有所釐清一樣。

> 物物者與物無際，而物有際者，所謂物際者也；不際之際，際之不
> 際者也。(〈知北遊〉)

> 有先天地生者勿邪？物物者非物。物出不得先物也，猶其有物也。
> (〈知北遊〉)

> 聖人處物不傷物。不傷物者，物亦不能傷也。(〈知北遊〉)

> 物物而非物於物，則胡可得而累邪！(〈山木〉)

> 有大物者，不可以物；物而不物，故能物物。明乎物物者之非物也，
> 豈獨天下百姓而已哉！(〈在宥〉)

以上引述，雖言「物物者」沒有「際」而「物」有「際」、「物」之前另有「物」、「聖人」與「物」互不相害、是「物物」而非「物」於「物」、因「物」不「物」而能「物物」(「物」自「物」)；究其實，論述的重點乃在於「物物而非物於物」，也就是說，主體是「物物者」，非「物化」即是非物。物與物物的關係是如此，莊學亦進一步清楚分說「化」的觀念。

> 古之人，外化而內不化，今之人內化而外不化。與物化者，一不化
> 者也。安化安不化，安與之相靡，必與之莫多。(〈知北遊〉)

> 冉相氏得其環中已隨成，與物無終無始，無幾無時。日與物化者，
> 一不化者也，闔嘗舍之。(〈則陽〉)

所謂「物化者」是使外在的萬物變化而非內在的主體變化(「外化而內不化」)，此因莊學的前提是「與物無終無始，無幾無時」之永恆之化，而非一次就結束的變化，故而，不化方能得其「環中」。[註201] 所謂「內不化」，是指人之虛靈本心，未經物染顯為「靈台」，跨越物我分際與萬物交融為一，而使「道」如如朗現。而「外化而內不化」，即摒棄物欲，持守本心，不隨物喜，不以物悲，唯有人之所以為人之本質不化(不隨己意轉化)，方可真切順應外物之變化，此是〈德充符〉曰：「命物之化，守其宗也」之旨，亦是〈大宗師〉之「有骸形而無損心」之義。

依此可知，「物化」之主體乃是「氣」，因有「氣」而萬物自化；若謂萬物自化之「物化」很重要(「物物」)，那麼，使萬物之為「物化」的「氣」之主體(「物物者」)，就更形重要了。莊學對「物化」之說明，大多是在「氣化」

〔註201〕參閱〈齊物論〉：「彼是莫得其偶，謂之道樞；樞始得其環中，已應無窮。」

的架構下進行，在「通天下一氣」之層面言「物化」，是「物化」思想之重點。事實上，《莊子》文本中之「物化」，有時被當作「氣化」之同義詞，若進一步加以區分，「氣化」是宇宙萬物生成變化的總說，而「物化」則是強調人與人、人與物、物與物，於現象世界因運動變化所產生之同一性，而莊學欲藉「物化」之說平齊人間世物我、是非、貴賤、高下等區別對立。

（三）對應生死的理想態度

莊學言生死乃「氣」之循環變化，死生一體且是「物化」的自然現象，因而，唯有安於時命而隨順死生的自然變化，知死生之命為人之存在的永恆處境，且安於此無可奈何的天生命限，是為回歸生死意義之本質，亦為解除生來死往之負累與桎梏的真諦。〈德充符〉曰：

> 胡不直使彼以死生為一條，以可不可為一貫者，解其桎梏，其可乎？

此言生死對莊子來說，並非相互對立，而是一體的。由於，一般人執著於心知，繫累於情識，故於面對生死問題時，容易引發哀樂等兩極化情緒，其實，生死本為一體，安於當下之生命實相，一切隨順自然的變化，即能不再以死生為哀樂，當此之時，生存不再是痛苦的負擔，反能點化出生命的意義來。

至於，人為何會悅生惡死，莊學認為有二點原因：其一是對於死後世界的未知與恐懼；〈大宗師〉曰：「不忘其所始，不求其所終」，不談生之本原，亦不論生命終歸何處，卻也因為洞悉明瞭人之無法釋然接受生死道理，而藉「麗之姬」的故事，以期破除人之生死之惑。〈齊物論〉曰：

> 予惡乎知說生之非惑邪？予惡乎知惡死之非弱喪而不知歸者邪？麗之姬，艾封人之子也。晉國之始得之也，涕泣沾襟；及其至於王所，與王同筐床，食芻豢，而後悔其泣也。予惡乎知夫死者不悔其始之蘄生乎？

雖然，人未有真正死亡的經驗，因而畏懼死亡，然而，哪裡知道愛好生命不也是一種迷惑，安於死亡才是大歸。人之恐懼死亡，就如同麗姬害怕嫁到晉國一樣；麗姬因未知出嫁後之生活是否一如往昔，故於晉國剛迎娶時，仍不免涕泣沾襟，一直等到進到晉宮，「與王同筐床，食芻豢」，這才悔不當初地不該哭泣。死後世界的未可預知，猶如麗姬無法預測進入晉宮後的生活一樣，在莊子看來，對於死後世界的害怕恐懼，實際上只是主觀的執著。殊不知「予惡乎知夫死者不悔其始之蘄生乎」，死亡未必真可悲哀，那又何必悅生惡死。此外，莊學曾經藉由髑髏夜半托夢所說的話，揭示死後世界的自由自在，而

使得人們不再因死亡而心生畏懼。〈至樂〉云：

> 莊子之楚，見空髑髏，髐然有形。撽以馬捶，因而問之，曰：「夫子貪生失理，而為此乎？將子有亡國之事，斧鉞之誅，而為此乎？將子有不善之行，愧遺父母妻子之醜，而為此乎？將子有凍餒之患，而為此乎？將子之春秋，故及此乎？」於是語卒，援髑髏，枕而臥。夜半，髑髏見夢曰：「子之談者似辯士，視子所言，皆生人之累也，死則無此矣。子欲聞死之說乎？」莊子曰：「然。」髑髏曰：「死，無君於上，無臣於下，亦無四時之事，從然以天地為春秋，雖南面王樂，不能過也。」莊子不信，曰：「吾使司命復生子形，為子骨肉肌膚，反子父母妻子閭里知識，子欲之乎？」髑髏深矉蹙頞曰：「吾安能棄南面王樂而復為人閒之勞乎！」

髑髏謂死後「無君於上，無臣於下，亦無四時之事」，此道出了生為繫累，死後而快的自在愉悅，故於莊學欲使司命復其生時，髑髏反而憂愁地說，「吾安能棄南面王樂而復為人閒之勞乎」。表面上看，此則寓言故事易使人誤以為，有以生為苦、以死為樂之想法，〔註202〕實際上，莊學實非惡生樂死，如此之說法亦只是以達觀放曠之想像態度，對於生死觀點提出嶄新的見解。因而，郭象基於〈齊物論〉的立場，認為這則寓言故事充分表現出莊子齊一生死的主張；其善解為：「舊說云莊子樂死惡生，斯說謬矣！若然，何謂齊乎？所謂齊者，生時安生，死時安死，生死之情既齊，則無為當生而憂死耳。此莊子之旨也」。〔註203〕

人之悅生惡死的另一原因，則是因生死分別所帶來的「刑」。莊子對於未視死生如一，仍對死亡而起悲痛之情者，謂之「遁天之刑」。〈養生主〉曰：

> 向吾入而弔焉，有老者哭之，如哭其子；少者哭之，如哭其母。彼其所以會之，必有不蘄言而言，不蘄哭而哭者，是遁天倍情，忘其所受，古者謂之遁天之刑。

此言形軀生命有時而盡，是「天刑之，安可解」（〈德充符〉），死生變化乃自然且無可避免，若違反天道自然，忘卻所稟賦之生命本真，人情困擾更形加倍，人為造作更易形成束縛與傷害，此之謂「遁天倍情，忘其所受，古者謂

〔註202〕劉光義即以「惡生樂死」為莊子之主張，參閱《莊學蠡測》，頁145曰：「由這段文字中，顯明的流露出來，於生無所戀，與死有所懷」。
〔註203〕引自郭慶藩：《莊子集釋》，頁619，郭象注。

之遁天之刑」。然則，如何而能跳脫「遁天倍情，忘其所受，古者謂之遁天之刑」，〈德充符〉言：「有人之形，無人之情」，不對天給的形貌加入人情的好惡，而以「安時處順」的態度來對應之。

> 適來，夫子時也；適去，夫子順也。安時而處順，哀樂不能入也，古者謂是帝之縣解。（〈養生主〉）

> 夫得者，時也；失者，順也。安時而處順，哀樂不能入也。此古之所謂縣解也。而不能自解者，物有結之。且失物不勝天久矣，吾又何惡焉！（〈大宗師〉）

此言「時」是偶然的機緣，有其客觀命限的意味。所謂「安時而處順」，意指安於時處於順，安於來之時，接受去的順；人之來到人間是適其時也，人之死去是適其順也。若果，能夠抱持生是得時、死是順化的生死態度，「安於生時，則不厭於生；處於死順，則不惡於死。千變萬化，未始非吾，所適斯適，故憂樂無錯其懷矣」，[註204] 哀樂之情自不致有所影響，此即謂之「縣解」。

依莊子省思，導致人生黑暗困苦的成因，是根源於執著在相對事物上的人為造作，這是個可悲的事實，彷彿將人倒懸起來。也就是說，真君於虛幻人世，執著於物，就像倒懸，解開倒懸，不執著生死，就是「縣解」。對於「縣解」之意，體貼最深的莫過於憨山大師，其云：

> 帝者，生之主也；性繫於形，如人之倒懸，今超然順化，則解性之懸矣！

> 言真人忘形是真，形神俱妙，不以得失干心，安時處順，無往而不自得，故哀樂不能入，如此，是古之所謂縣解者也。言生累如倒縣；超乎死生，則倒縣解矣，故云縣解。人人本皆如此無累，超然懸解，而人不能解之者，乃自我以結之也。[註205]

事實上，「縣解」之真正義旨是合生死而言的，即宣穎所謂：「人為生死所苦，猶如倒懸，忘生死，則縣解矣」，[註206] 不因死生而為悅惡之情所羈絆，將生死兩忘；亦如成玄英所言：「帝者，天也。為生死所係者為縣，則無死無生者縣解也，夫死生不能係，憂樂不能入者，而遠古聖人謂是天然之解脫也」，[註207]

〔註204〕引自郭慶藩：《莊子集釋》，頁129，成玄英疏。
〔註205〕語出唐君毅：《中國哲學原論》〈原道篇〉，前引頁290；後引頁408。
〔註206〕語出宣穎：《南華經解》，頁91。
〔註207〕引自郭慶藩：《莊子集釋》，頁619。

生死本一如，所重在安命而順化。只有安時處順，哀樂不能入，才能眞正解開倒懸，讓生命重歸自由自在。而《莊子集釋》引崔氏注：「以生爲懸，以死爲解」，〔註208〕視生爲倒懸之苦，死爲倒懸之苦的解除，如此說法，充滿以生爲苦、以死爲樂之意味，此於「倒懸」之義，並未有相應之理解。

是以，面對眞實人生，莊子除了正視生死問題之意義，尙進一步提出其解決之道；以「安時處順」面對死生，且以「安之若命」解讀死生。

首先，人的生命受之於天，死則復歸於天，天道自然，故生死爲自然之事。面對生死存亡的自然變化，莊子主張順應自然，安於我們來的時，接受我們總是要去的順，此「安時處順」的態度，亦即〈大宗師〉所言：「夫大塊載我以形，勞我以生，佚我以老，息我以死。故善吾生者，乃所以善吾死也」之義。所謂「我」意指眞君；「善吾生」、「善吾死」，意謂順應自然的生、自然的死。形軀會有生老病死，但眞君之我則「未嘗有死」（〈德充符〉），若能了然生死乃天地間自然變化的歷程，進而以死生爲一體，坦然面對之，不隨形軀之變化而變化，讓無限眞君超拔於有限形軀，生命自能自由而無限，而入於不死不生之境，此如「明乎坦途，故生而不說，死而不禍，知終始之不可故也」（〈秋水〉），即能消解執著死生的倒懸，而在生命流行的每一個當下，「以天地爲大爐，以造化爲大冶」（〈大宗師〉），而「不知其盡也」〔註209〕（〈養生主〉）。

即因生老病死皆爲生命循環變化的自然現象，亦爲形軀生命的必然歷程，大化流行中生死循環既然如此始終無盡，就當放下有限形軀是會形化而亡的事實，〔註210〕去掉對形軀生死的抗拒與執著，安於時命，視死生如一，聽任自然的安排，隨順自然現象的流行變化，才能與造化合而爲一，達到「寥天一」〔註211〕的境界。而達於不死不生，入於「寥天一」之境者，莊子謂之

〔註208〕引自郭慶藩：《莊子集釋》，頁619。

〔註209〕此即「薪盡火傳」之意：〈養生主〉曰：「指窮於爲薪，火傳也，不知其盡也」；此言有形可見之柴薪是有燃燒殆盡的時候，但在火傳的當下，我忘掉它會燒盡，同理，人之形體亦會生老死，但在生命流行的當下，我忘掉生命亦有窮盡的時候。因而，重點在於「不知其盡也」，而非不盡也。

〔註210〕參閱郭慶藩：《莊子集釋》，頁114成玄英疏：「生來死往，物理之變化也」。

〔註211〕〈大宗師〉言：「安排而去化，乃入於寥天一」；安於人間的安排與去掉形化的執著，是進入與天合一的前提。誠如宣穎：《南華經解》，頁165曰：「凡事皆非己所及排，彼冥冥中自有排之者。今但當安於所排，而忘去死化之悲，乃入於空虛之天之至一者耳」；能入於寥天一，而達於不死不生之境界者，莊

「眞人」。〈大宗師〉曰：「古之眞人，不知說生，不知惡死；其出不訢，其入不距；翛然而往，翛然而來而已矣。不忘其所始，不求其所終；受而喜之，忘而復之。是之謂不以心捐道，不以人助天，是之謂眞人」，眞人是以形軀爲生命的寄寓之所，視死生如出入，將死生當來去，任化而生，順化而死，不以成心損傷天道，亦不以有心有爲助長天道自然，聽任命之翛然而往，翛然而來。此由生命主體之修證工夫所達到的心靈狀態與生命實相，正是「安時處順」之義的最高展現。

　　其次，死生分別是心知執著的結果，然而，有生有死乃命定之限，此是必然而非人爲所能扭轉改變，是以，〈大宗師〉曰：「死生，命也，其有夜旦之常，天也。人之有所不得與，皆物之情也」，〈至樂〉亦云：「死生爲晝夜」。既然，死生爲自然且無可避免，正如白晝與黑夜的變化一樣，是屬於自然的律則，亦爲人力無法參與或干預，那麼，面對此眞實自然的存在處境，莊子的主張是「知其不可奈何而安之若命」（〈人間世〉）。所謂「安之若命」，「安」是不求安的安；「之」指人間的不公平；「命」謂生命的先天限制，而此生命的先天限制，非但是天生自然、無可避免，且是人力所無法預知與改變的，故而，只能順應自然。依此可知，莊學對於「命」的解讀是：

　　不知吾所以然而然，命也。（〈達生〉）

　　一之所起，有一而未形。物得以生，謂之德；未形者有分，且然無間，謂之命。（〈天地〉）

徐復觀先生詮釋，「命」是「人秉生之初，從『一』那裡所分得的限度」。[註212]死生存亡的問題，是「人之有所不得與」（〈大宗師〉），亦是無可奈何之事，此〈人間世〉曰：「天下有大戒二：其一，命也；其一，義也。子之愛親，命也，不可解於心。臣之事君，義也，無適而非君也，無所逃於天地之間。是之謂大戒。是以夫事其親者，不擇地而安之，孝之至也。夫事其君者，不擇事而安之，忠之盛也。自事其心者，哀樂不易施乎前，知其不可奈何而安之若命，德之至也」，有德者知死生乃天命之流行，是必然且無可逃於其間的自然變化，亦是無可奈何之事。而〈德充符〉亦曰：「知不可奈何而安之若命，唯有德者能之」，有德者能安於自然的變化流行，而不妄加人爲造作。莊子於焉指出，能夠洞悉大化自然之生命之理的有德者，是像子來一樣「以天地爲大爐，以造化爲大冶」

子謂之「眞人」。

〔註212〕語出徐復觀：《中國人性論史》〈先秦篇〉，頁375。

〔註213〕（〈大宗師〉），亦如子桑之「天無私覆，地無私載，天地豈私貧我哉？求其爲之者而不得也。然而至此極者，命也夫」〔註214〕（〈大宗師〉）。

其實，「安命」之思想，雖不免有無可奈何、淒涼悲愴之感，但是，莊子亦絕非是宿命論者。所謂宿命論，是強調人間一切事，皆依預先之命定而發生，且非人力所能改變，然而，莊子之「安命」，有其積極的一面，在死生自然的前提之下，順應變化，超拔其上，減損形軀對生命主體的束縛，亦是「人之無條件的承擔人所遇之一切無可奈何之境之精神也」〔註215〕之意。而此不但不同於純然安於命運安排，且消極地不做任何人事努力的宿命論者，更是凸顯死生之命不可逃且不必逃，進而使主體生命超拔於形軀變化之上的安命論調。

此外，「命」不單指生死問題，對於許多現實環境中無可逃遁的事物變化，莊子亦謂之「命」。〈德充符〉曰：「死生存亡，窮達貧富，賢與不肖毀譽，飢渴寒暑，是事之變，命之行也」，對於種種事物的變化，人只能聽任自然的安排。

總之，莊子所謂「生死」，其實就是「一氣」的聚散。死生是「命也，不可解於心」，更是「無所逃於天地之間」（〈人間世〉）的人生關卡與永恆困境，唯有透過內在的工夫修養，「知其不可奈何而安之若命」（〈人間世〉），安於無可奈何而又無可逃脫之天生本有的死生之命，自可超越生死大限，在生適生，在死適死。莊學以「人之生，氣之聚也。聚則爲生，散則爲死」（〈知北遊〉）

〔註213〕〈大宗師〉曰：「子來曰：『父母於子，東西南北，唯命之從。陰陽於人，不翅於父母。彼近吾死而我不聽，我則悍矣，彼何罪焉！夫大塊載我以形，勞我以生，佚我以老，息我以死。故善吾生者，乃所以善吾死也。今〔之〕大冶鑄金，金踊躍曰『我且必爲鏌鋣』，大冶必以爲不祥之金。今一犯人之形，而曰『人耳人耳』，夫造化者必以爲不祥之人。今一以天地爲大爐，以造化爲大冶，惡乎往而不可哉』」；所謂「大冶必以爲不祥之金」、「造化者必以爲不祥之人」的原因，是在於不自然，子來雖有病且將死，但仍能體悟生死皆自然，視死生爲一體，一任造化的安排，安於生死的自然變化，「以天地爲大爐，以造化爲大冶」，如此才能「惡乎往而不可哉」。

〔註214〕〈大宗師〉曰：「子輿與子桑友，而霖雨十日，子輿曰：『子桑殆病矣！』裹飯而往食之。至子桑之門，則若歌若哭，鼓琴曰：『父邪！母邪！天乎！人乎！』有不任其聲而趨舉其詩焉。子輿入，曰：『子之歌詩，何故若是？』曰：『吾思夫使我至此極者而弗得也。父母豈欲吾貧哉？天無私覆，地無私載，天地豈私貧我哉？求其爲之者而不得也。然而至此極者，命也夫』」；子桑餓並垂死，不怪罪父母，亦不怨天尤人，將一切變化歸之於命，不但知命，且能「安之若命」；只是，仍難免令人有股無可奈何、悲愴淒涼之感。

〔註215〕語出唐君毅：《中國哲學原論》〈導論篇〉，頁530。

爲生命形構的理論根據，就「氣」之聚散詮釋人之生死，其目的在於體悟生死爲一自然現象，且死生存亡本爲一體。因著生死乃一氣之聚散循環，生命本於自然，死亡亦回歸於自然，故而，「通天下一氣耳」（〈知北遊〉），不僅可以「不樂壽，不哀夭」（〈大宗師〉）之達觀灑脫面對生與死，化解死生大限之天刑，更可破生死、通物我（〈齊物論〉），視萬物爲齊一。

第五章　結　論

　　「氣」概念形成後，於人類認知與實踐之過程中，逐步擴展其意蘊，其主要特色，表現在三大面向：其一是引伸表示絪縕聚散、形成萬物之氣；「氣」在天地之間，除雲氣外，尚有烟氣、水氣、風氣等氣體，此如物經火燒而化為烟，水氣升空而成為雨，雨水滋潤養育萬物，這種循環變化使人意識到，「氣」乃構成宇宙萬物之共同材質，以及天地山川、日月星辰等自然氣象，於此基礎上，又進一步抽繹出陰氣、陽氣、精氣、元氣等形成宇宙萬物之概念理解。其二是引伸表示人的呼吸氣息；人在生命歷程之中，不斷地吸入與呼出空氣，此即意表呼吸出入的生命氣息。其三是引伸表示人的道德精神，如志氣、勇氣、和氣、骨氣等。「氣」概念經此豐富多元的擴展過程，已深及自然、社會及人生道德精神的全方位領域，不僅成為宇宙萬物息息相關的普遍存在，更是中國哲學最重要的概念範疇。

　　就中國傳統思想之發展脈絡而言，能夠自「氣」概念角度貫穿整個思想體系者，莊子應為第一人。莊子「氣」概念思想之架構與開展，是以形上到形下之縱貫關係為主軸，旁及於人與人、人與物之橫向關係之聯繫，確立人生意義之歸趨，定位生命價值之關懷，以「道」與「氣化」流行而為立論根基，詮釋現象世界之存在與發展，解讀人與自然之關係，找尋人類安身立命之所在。雖然，從哲學史的發展趨向來看，由於時代背景的不同，學者所關心的哲學命題也不一樣，所引起熱烈探討的哲學概念亦不盡相同，但是，「氣」概念於中國思想的遞嬗傳承之中，乃是一直居於主流的地位，從莊子以後的各代思想家，無論是秦漢、魏晉、隋唐或宋元明清，皆明顯地受到莊書氣論思想之影響。此影響不僅是作為宇宙生化之存在原理，更是社會的規範、政治的常則、善惡的根本、修養的境界，以及安身立命的基石。並且，透過對

於「氣」概念思維之探討與研究，可以清楚地得知，莊書氣論為先秦哲學開啓了新視野，亦為中國傳統思維創造了新曙光，在悠久文化的傳承與發展中，「氣」論思維不斷地為人類創發新的契機，賦予新的生命。

本書就莊子所處之時代背景，提出其「氣」概念的緣由，自「氣」義的演變及其發展，掌握「氣」概念之傳承與開創。莊子言「氣」，一方面傳承《左傳》、《國語》「六氣」、「天氣」、「地氣」等自然之氣，與「血氣」、「氣息」等生命之氣的論述；另一方面則承繼老子「萬物負陰而抱陽，沖氣以為和」（〈四十二章〉）之觀念，而以「氣」為形構萬物的原始材質，且謂人與萬物皆受此陰陽沖和之氣。〈人間世〉所言「聽之以氣」之「心齋」修養工夫，亦可自老子「專氣」（〈十章〉）、「心使氣曰強」（〈五十五章〉）的意義來理解。是以，莊子之精采表現於，「心齋」所帶出沖虛靈明的修養之氣，彰顯無心無執的道心境界；莊學之開創在於肯定「一氣」之化生，定調萬物本原一同之「通天下一氣」（〈知北遊〉）的義理格局，尚有史無前例地揭櫫有關「神氣」（〈天地〉）概念的獨到見解。

《莊子》言「氣」，凡三十七處。其中，〈內篇〉十一義，〈外雜篇〉二十六義；將〈內篇〉與〈外雜篇〉共有之內涵，區分而為生命形軀之氣、自然現象之氣、工夫修為之氣三大類型。

一、生命形軀之氣（生理、精神）

以「氣」表現人之生理呼吸之意者，包含〈人間世〉之「氣息茀然」，以及〈達生〉之「忿滀之氣」、〈盜跖〉之「出氣」、〈盜跖〉之「馮氣」、〈達生〉之「恃氣」、〈達生〉之「盛氣」。

〈內篇〉六個相關生命形軀之氣，除〈人間世〉之「氣息茀然」單純地屬乎生理呼吸之氣外，其餘皆與工夫修為之氣相關。至若，〈外雜篇〉關乎工夫修為之氣者，僅〈達生〉之「純氣之守」、「養其氣」與〈庚桑楚〉之「平氣」，其餘則為生理呼吸意義；而以「氣」表顯人之精神狀態與外在表現者，主要見於〈外雜篇〉。

二、自然現象之氣

〈內篇〉與〈外雜篇〉均有所論，其中，〈外雜篇〉「六氣」（〈在宥〉）、「天氣」（〈在宥〉）、「地氣」（〈在宥〉）、「雲氣」（〈在宥〉、〈天運〉）、「四時殊氣」

（〈則陽〉）等，皆是承繼〈內篇〉的用法比喻，雖然描述天地氣象的自然變化，實則隱喻無心應物而遊於渾然一氣，甚而以修養生命主體是爲帶出無爲理想政治的可能。而〈知北遊〉「通天下一氣」，亦發揮了〈大宗師〉「遊乎天地之一氣」，以「氣」詮釋宇宙萬物的生成變化，並言明人之生死實乃「氣」之聚散。

三、工夫修爲之氣

　　莊子始終關注的是生命主體的涵養，其工夫修爲之氣主要見之於〈內篇〉。莊子論工夫修爲之氣，皆是緊扣生命主體之「心」而言；以生命主體之「心」，合「氣」之虛，而論工夫之修養，並非「心」與「氣」分離爲二。莊子之眞精神，是欲人立身於質樸之「氣」，藉實踐工夫之涵養，挺立「心」爲主體，使生命入於無待逍遙之境。

　　歸納並分析《莊子》文本之「氣」概念，可得知並明瞭〈外雜篇〉所言之「氣」，雖有承自〈內篇〉之「氣」義且與〈內篇〉之「氣」相發明者，然而，於思想內涵上，〈外雜篇〉之「氣」與〈內篇〉之「氣」，有著顯著的差別。〈內篇〉與〈外雜篇〉論「氣」最根本的區別在於：〈內篇〉之「氣」，多屬生命性、精神性之「氣」，且以「氣」之沖虛靈明詮釋工夫修養後所呈顯之道心境界；而〈外雜篇〉所言之「氣」，則意義較廣，由「氣」之流行解讀宇宙萬物的生成變化，而有「通天下一氣」之說，並且，亦發展出以「氣」之聚散說明人之生死的理論。綜合本書所展示的「氣」概念論述，可進一步確認，莊子言「氣」的三大面向爲：

　　　　一則以「氣」詮釋人之修養工夫，而有〈內篇〉之工夫修爲理路
　　　　二則由「氣」解讀宇宙萬物的生成變化，而有〈外雜篇〉之宇宙生成論述
　　　　三則依「氣」說明人之生死現象，而有生死觀念之開展

　　莊子之修養工夫論，聚焦在〈人間世〉「聽之以氣」的觀點上，以「氣」本具之沖虛性質泯除成心之偏執，轉人爲有心爲無心自然，呈現而爲虛靈明覺的道心境界；此「心齋」工夫，要求虛靜待物，讓「心」順乎自然之「氣」的生命流行，達到一切人與萬物之「氣」皆能自然感通的終極理境。莊學之宇宙生成論，總言「道」爲宇宙萬物的形上原理，存在的超越根據，以「氣」爲形構宇宙萬物的基本材質，由無形的道生成有形的萬物；「氣」充塞於宇宙天地之間，萬物皆「受氣於陰陽」（〈秋水〉），「氣」的聚散循環，構成萬物的

生成變化。因爲萬物的變化，只是一氣之流行，故云「通天下一氣」（〈知北遊〉），且因通天下都是一氣，則萬物自身可以變化，萬物與萬物之間亦可相互轉化。〔註1〕莊書之生死哲學，係以「人之生，氣之聚也。聚則爲生，散則爲死」（〈知北遊〉）爲立論基點，而以「氣」爲形構生命的基本材質，「氣」之聚散直接關係人之生死，「氣」之聚積，人得以生，「氣」若消散，人即死亡。抑且，「氣」之聚散無常，由「氣」之聚散所成的生死自亦「始終相反乎無端，而莫知乎其所窮」（〈田子方〉），生生死死之所以成爲一大循環，起因就在於「通天下一氣」。自此觀點而言，氣聚與氣散，皆仍在天地之間，故而，生與死在本質上並無差別，都只不過是「氣」之聚散循環，且人之生命由「氣」構成，來自於自然，人死亦只是回歸於自然。並且，自「氣」論之，人之生死爲「一氣」之聚散，乃自然變化的必然現象，亦即是一種物化，故而，吾人理應「託夢覺於死生，寄自他於物化」，〔註2〕視死生存亡爲一體，以「安時而處順，哀樂不能入」（〈養生主〉）之態度面對生死問題，進而消解「遁天之刑」（〈養生主〉）的情識纏結。

第一節　由〈內篇〉到〈外雜篇〉「氣」概念之開展與比較

　　《莊子》書中「氣」概念之演變與發展，由於關涉〈內篇〉與〈外雜篇〉「氣」概念之義理內涵的比較研究，雖可略去詳加考辨《莊子》版本與〈內篇〉、〈外雜篇〉之成篇年代，但是，卻不能不先對〈內篇〉與〈外雜篇〉之作者與關係的外緣問題提出說明。因而，首先論述歷來學者比較〈內篇〉與〈外雜篇〉之研究成果以爲進路，作爲理解〈內篇〉與〈外雜篇〉之關係的思考佐證。

　　關於《莊子》版本；郭象曰：「夫學者當以成性易知爲德，不以能攻異端爲貴也。然莊子閎才命世，誠多英文偉詞，正言若反，故一曲之士，不能暢其弘旨，而妄竄奇說，若闊奕、意脩之首，尾言、游鳧、子胥之篇，凡諸巧雜諸此之類，十分有三，或牽之令近，或牽之令誕，或似山海經，或似占夢

〔註1〕　萬物與萬物之間的相互轉化，是「以不同形相禪」（〈寓言〉），意即彼此之間禪遞轉化的，只是形貌。

〔註2〕　語出郭慶藩：《莊子集釋》，頁112。

書，或出淮南，或辯形名，而參之高韻，龍蛇並御，且辭氣鄙背，竟無深澳，而徒難知，以困後蒙今沉滯失流，豈所求莊子之意哉，故皆略而不存，今唯裁取其長達致全乎大體者，爲三十三篇焉」。〔註3〕依此可知，無論是〈內篇〉或〈外雜篇〉，都是出於郭象之斟酌損益而予以肯定的，至於，〈內篇〉與〈外雜篇〉之作者爲誰，如何而有〈內篇〉、〈外雜篇〉之分野與判準，郭象並未言明。

　　關於〈內篇〉與〈外雜篇〉之作者：徐復觀先生自文字結構的比較上，考定〈天下〉與〈內七篇〉皆出自莊子本人之手，〈外雜篇〉有的係莊子所作，有的則出於其學徒對莊子思想的解說、發揮，及平生故事的紀錄。〔註4〕王夫之則自義理系統之一貫性上，評論〈內篇〉思想首尾一致、脈絡相因、意皆連屬，乃莊子所親撰，〈外篇〉之文（首推〈達生〉），或有與〈內篇〉相發明者，或有爲老子作訓詁者，雜出眾手，優劣互見；〈雜篇〉之文，時有精蘊微至之語，能發〈內篇〉所未發之旨，而爲〈內篇〉之歸趣。〔註5〕古來學者大抵皆以〈內篇〉爲莊子自作，思想較具系統，〈外雜篇〉之作者則爲莊子弟子、後學，以及與莊子相關的其他學派的學者，主要闡述〈內篇〉之義，亦間有後人所竄入之文字，〈雜篇〉尤多短章逸事之記載。

　　關於〈內篇〉與〈外雜篇〉之關係：〈內篇〉、〈外雜篇〉之文字風格與思想觀點，存在著相當程度的差異性。成玄英謂〈內篇〉與〈外雜篇〉在論述的著眼點不同：「內篇明於理本，外篇語其事跡，雜篇雜明於理事。內篇雖明理本，不無事跡；外篇雖明事跡，甚有妙理；但立教分篇，據多論耳」。〔註6〕唐君毅先生亦持相同之見解言：「今觀外雜篇與內篇大不同者，則就文章體裁而論，外篇多直接論述義埋，雜篇多雜記故事，以說義理，而不相連屬。內篇則既非直接論說義理，而是藉故事以說義理；然自有次序，以連屬成篇。自文章內容而論，則外篇之論理析義，設問答問，多不見逐步深入之層次，又恆偏向一義，逕情發揮，不見節度；而于其所偏向之義之說明，亦恆不足

〔註3〕　參閱黃錦鋐：《新譯莊子讀本》，頁 49 引文。
〔註4〕　參閱徐復觀：《中國人性論史》〈先秦篇〉，頁 359～361。此外，亦抱持內篇出自莊子手筆之觀點的，尚有焦竑：《莊子翼》，頁 2：「外雜篇間有疑其偽者，乃內篇斷斷乎非蒙莊不能作也」，與梁啓超：《古書眞僞及其年代》，頁 28：「莊子一書內篇是莊周所作，外篇乃後人注解莊周之書」。
〔註5〕　參閱王夫之：《莊子解》，頁 76、196。
〔註6〕　語出成玄英：《南華眞經注疏》，頁 7。

以答人之疑難。外篇住者益多意在求文之暢達，故多浮泛之語，不能深閎。王船山謂『外篇文義雖相屬，而多浮蔓、卑陋之說』是也。雜篇則時有精義，王船山所謂有『微至之語，較能發內篇未發之旨』是也，然多含意未伸，其理不暢。至於就所論之道以觀，則外雜篇之言，吾意蓋恆是就莊子內篇所言之道，更合之于老聃慎到等所言之道，而更將此道加以客觀化而恢張廣說，遂不如內篇所言者之切近於吾人之生命與心知」。〔註7〕一般而言，〈內篇〉之文采義理較〈外雜篇〉充實而圓融；且在思想內涵上，〈內七篇〉具一貫性與系統性，〈外雜篇〉則較爲駁雜不純；另在篇目命名上，〈內七篇〉皆具篇名，各有義理通貫文脈，〈外雜篇〉則取篇首二字或首段寓言人物之名，不具特別意義。

此外，相關〈內篇〉與〈外雜篇〉之分類，劉孝敢先生通過概念的使用、思想的源流、文章的體例、特殊詞彙的用法，以探究《莊子》各篇之主要思想與成篇年代，除了再次印證〈內篇〉爲莊子所作，亦分析出〈外雜篇〉可區別爲述莊派（與〈內篇〉關係最密切）、黃老派（融合儒道墨法之思想）與無君派（激烈抨擊現實之作品）等類別。〔註8〕雖然，劉先生透過文句之引用比對〈內篇〉與〈外雜篇〉之類別，用功之勤可資學習，但是，出於同處之文句引用，並未能進一步推論其思想連貫，尤其，〈外雜篇〉思想複雜，各類思想並列一篇的情況極爲普遍，故而，其分類大體可信，卻未必能盡信，並且，〈外雜篇〉之用詞、內涵未盡相同，僅以篇目區分三派，難免流於以偏概全之虞。不過，此一分類卻也明顯地指出一項事實，那就是〈內篇〉與〈外雜篇〉之間，的確存在著一定程度的差異。

綜觀以上論述可以確知，〈內篇〉與〈外雜篇〉之作者與思想，均不盡相同，而本書之旨趣乃定位於莊子之「氣」概念思想，故以一般考定標準與哲學家們之認知原則爲依據，視〈內篇〉出自莊子手筆，故論及〈內篇〉思想則以莊子稱之；〈外雜篇〉爲莊子後學闡揚其義理之作，故論及〈外雜篇〉思想則以莊學或莊書稱之。〈內七篇〉代表莊子本人的思想，爲研究莊子最主要的材料，〈外雜篇〉中，有與〈內篇〉思想相發明者，亦有與〈內篇〉思想相矛盾處，因而，無法將〈外雜篇〉一概視爲莊子原有思想，不過，若與〈內篇〉相一致處，仍有其學術研究之價值，亦可作爲對於《莊子》書之相應理

〔註7〕 語出唐君毅：《中國哲學原論》〈原道篇〉卷一，頁 404。
〔註8〕 參閱劉笑敢：《莊子哲學及其演變》，頁 61 與表六。

解的參證佐料。

　　釐清並定位《莊子》一書而後，則能進一步分析歸納「氣」概念之類型。依日本學者福永光司所言：「先秦時代道家的『氣』論，將其大致區分一下，可分爲用『氣』來說明世界之始，天地開闢和萬物生成的宇宙生成論和在天地宇宙間稟生的人怎樣保全自己之生，用『氣』來說明怎樣得到『一受其成形，不亡以殆盡』（〈齊物論〉）之睿智的養生（或養性）論兩部分」，〔註9〕《莊子》〈內篇〉所論之「氣」概念，乃以工夫修養爲要，而有「聽之以氣」之說；而〈外雜篇〉則自「氣」之流行觀點，詮釋萬物的聚散成毀與生死自然，故有「通天下一氣耳」與「人之生，氣之聚也；聚則爲生，散則爲死」（〈知北遊〉）之論。易言之，《莊子》〈內篇〉所論之「氣」，較爲偏向人之生命性、精神性之「氣」；而〈外雜篇〉所言之「氣」概念，則多以「氣」指謂客觀宇宙中流行之氣，而有強調宇宙生成理論發展的面向。

一、由〈內篇〉到〈外雜篇〉「氣」概念之開展

　　老子「氣」概念雖以自然之「沖氣」與生命形軀之「氣」爲主要內涵，然而，自「沖氣」之爲宇宙萬物之存在之理的觀點而言，中國哲學由「一氣」化生宇宙萬物的思想，乃發端於老子，是以，《老子》「一生二，二生三，三生萬物」與「萬物負陰而抱陽，沖氣以爲和」（〈四十二章〉）的思想，在中國哲學的歷史意義上是相當重要的。老子思想所蘊含之宇宙生成理論，不僅第一次提出了宇宙萬物由「氣」化生的思想，亦且徹底打破了殷周時期宗教神學在天地神人之間所設置的界限。〔註10〕依於老子有以宇宙萬物乃由一氣化生而成之理論線索，故而，中國哲學之天地一氣、天人一氣思想，即由此奠定。儘管，莊書論道是「自本自根」、「自古以固存」，而「氣」卻是「雜乎芒芴之間，變而有氣」（〈至樂〉），此雖說明道是最根本的存在，且未明確指出「氣」與道之關係；然此仍然無法抹殺「氣」概念正是莊子哲學最重要的思想之一。

　　莊書以「氣」是宇宙萬物存在變化的基礎，也是構成現象世界的原始材

〔註9〕　語出小野澤精一、福永光司、山井涌等編著，李慶譯：《氣的思想》，頁120。
〔註10〕　「庶徵」不再與「五行」分列，「六氣」也不再與「五行」對待，天上地下、天上人間被融爲一個「氣」的統一整體。參閱李存山：《中國氣論探源與發微》，頁79～89。

質，依〈大宗師〉曰：「方且與造物者爲人，而遊乎天地之一氣」，可知「氣」是現象世界的最初狀態，而人就是由「氣」的狀態演變而來。其次，據〈至樂〉云：「察其始而本無生，非徒無生也而本無形，非徒無形也而本無氣。雜乎芒芴之間，變而有氣，氣變而有形，形變而有生，今又變而之死，是相與爲春秋冬夏四時行也」，可見人之生死與萬物存亡，都是「氣」聚散變化的結果。故而，依〈大宗師〉所言：「陰陽之氣有沴」，氣化之失調會導致人體的殘疾，且循〈應帝王〉所謂：「遊心於淡，合氣於漠」，「氣」之失調也會關連到人的精神活動。依此，歸納〈內篇〉至〈外雜篇〉之「氣」概念脈絡，舉出「道通爲一」、「氣」義內涵（「一氣」及「陰陽之氣」）與如何全生保身等三項核心課題，論述「氣」概念之開展如下：

其一，基於「道通爲一」（〈齊物論〉）之觀點；現象世界因著陽動陰靜之作用不息，宇宙萬物皆在永不停歇地運動變化，萬物無論是聚散成毀、終始盈虛、安危禍福等相依相待之現象，皆由「道」而成，宇宙中雖各有其人、事、物理，但亦都能上通於「道」。自「道」觀之，萬物雖然互異卻不離於「道」，而萬物之靈之人類，亦得通過修養工夫，使心靈虛明，方能與萬物合而爲一。

其二，莊書論「氣」，是自「一氣」與「陰陽之氣」來規定「氣」概念的內涵，所以，「氣」是無形的、連續的。〈則陽〉以「氣」、「形」對舉云：「天地者，形之大者也；陰陽者，氣之大者也」，「氣」是「道」所產生之細微無形的原始材質，「氣」構成宇宙萬物，包括天地人物的形體。繼而，〈則陽〉亦云：「氣變而有形，形變而有生」，則是說明「氣」是「形」的基礎，無形之「氣」變化而產生有形之物。至於，〈知北遊〉言：「不形之形，形之不形，是人所同知也，……此眾人之所同論也」，所謂「不形之形，形之不形」，即由無形之「氣」產生出有形之物，再由有形之物復歸於無形之「氣」的歷程，而此無形之「氣」與有形之物的復歸歷程，所憑藉之最主要的動力就是聚與散。所謂聚與散，〈知北遊〉云：「人之生，氣之聚也；聚則爲生，散則爲死。若死生爲徒，吾又何患！故萬物一也，是其所美者爲神奇，是其所惡者爲臭腐；臭腐復化爲神奇，神奇復爲臭腐。故曰：『通天下一氣』。聖人故貴一」，「氣」是構成宇宙萬物共同普遍的原始材質，「氣」凝聚而人物成，「氣」消散而人物死，人之生死，物之成毀，都是「氣」聚散變化而成的結果。自「氣」的角度而言，人所讚美的神奇之物及所厭惡的臭腐之物，活著的人與死去的人，乃皆無異；這是因爲宇宙萬物雖然森然羅列，型態各異，但都不過是「一

氣」而已。故而，莊學以「氣」而爲宇宙萬物的共同材質，並以「氣」詮釋
生死、美惡等生命與物體的實質，似乎較老子的「氣」概念思想更進一步，
也更爲深刻。

　　由於，陰陽是「氣」最大的特徵，「氣」之所以能聚散而形成宇宙萬物，
就是因爲陰陽二氣交感變化的作用。依〈秋水〉云：「天下之水，莫大於海，
萬川歸之，不知何時止而不盈；尾閭泄之，不知何時已而不虛；春秋不變，
水旱不知。此其過江河之流，不可爲量數。而吾未嘗以此自多者，自以比形
於天地而受氣於陰陽，吾在天地之間，猶小石小木之在大山也，方存乎見少，
又奚以自多」，足證萬物與人類均包含有所稟受於自然的「陰陽之氣」，「陰陽
之氣」調和，人類與萬物即正常生長發展，反之，「陰陽之氣」失去平衡，萬
物與人類都會發生變異，乃至於毀滅；此如〈大宗師〉之言子輿：「曲僂發背，
上有五管，頤隱於齊，肩高於頂，句贅指天」，乃是因爲「陰陽之氣有沴」的
緣故。不啻人是如此，萬物亦然；〈在宥〉云：「天氣不和，地氣鬱結，六氣
不調，四時不節。今我願合六氣之精以育群生」，「天氣」、「地氣」，亦即「陰
陽之氣」，而「六氣」即陰、陽、風、雨、誨、明之氣，「陰陽之氣」或「六
氣」不調，萬物乃至四季變化都會紊亂，只有陰陽諧和，「六氣」調順，四季
才會正常變化，萬物亦才會正常生長。依此，可知人類與萬物的生長變化，
無不受「陰陽之氣」變化所支配。「陰陽」之於人與宇宙是如此地息息相關，
其與「道」「氣」間之關係，亦是解析莊子「氣」概念開展之關鍵思想。

　　依〈大宗師〉曰：「夫道，……自本自根，未有天地，自古以固存；神鬼
神帝，生天生地」，〈天地〉言：「夫道，覆載萬物者也，洋洋乎大哉」，與〈漁
父〉云：「道者，萬物之所由也。庶物失之者死，得之者生。爲事逆之則敗，
順之則成」；莊書以「道」作爲宇宙萬物所以生成發展的形上原理，但當論及
宇宙之生成、萬物之變化，就必須回歸到「氣」概念思維上以爲詮釋；此如
〈至樂〉云：「雜乎芒芴之間，變而有氣，氣變而有形，形變而有生」。「芒芴」
是「道」的原初狀態，一如老子所言之「恍惚」，是「氣」渾然未分之原貌，
老子名之曰「無」，莊學稱之爲「無有」。及至「變而有氣」，此「氣」已明確
爲「有」，因「有生於無」，故已不再是原初以「無」名之的「芒芴之氣」，而
是根源於「一氣」之運動變化的存在原理，亦是「道生一，一生二」之「二」，
所指謂的陰陽作用。換句話說，「道」動始於「一氣」之化，而「一氣」之化
生，在於相依相待之陰陽作用；因有陰陽作用，則形具而萬物成。此是莊學

宇宙生成論的演繹程序，須先確認終極根源之「道」，而後說明「陰陽」作用；若自歸納程序而言，通過「陰陽」作用以解釋宇宙萬物的生成變化，以彰顯「道」。依此可知，「陰陽」與「道」「氣」關係之密切。

此由分殊之「陰陽」上推而至「無一」〔註11〕之「道」，是為歸納法的認知進路，一如〈則陽〉云：「天地者，形之大者也；陰陽者，氣之大者也，道為之公」；明指「陰陽」為「氣」，且是「氣之大者」，是「一氣」所蘊含之兩個相互對待的作用，因著陰陽之動靜剛柔、相摩相蕩，而有氣化流行之功。就宇宙生成面向而言，「陰陽」是一切變化的作用，其最終仍含攝於「道」之形上原理；熊十力先生即以體用關係說明「道」為體，「陰陽」為「道」之功能或作用之彰顯，而言「變化者，一陰一陽也。其所以變化者，道也。道不即是陰陽。（譬如大海水不即是眾漚）而陰陽之外，無道。（道不離陰陽變化而獨存……）故易曰一陰一陽之謂道」。〔註12〕「道」與「陰陽」如同大海與波浪，二者有別卻不離，「道」之為根源本體，「陰陽」而為功能作用，體因用而顯，用本體而成，體動則成用，由用以顯體，體用有別而不相離。莊書論「陰陽」，含意深遠，具有成物與變化兩方面意義之開展。

首先，「陰陽」具成物涵義，意指當論及宇宙之生成，就是在追問天地萬物是從何而來。《易經》〈繫辭〉曰：「易有太極，是生兩儀，兩儀生四象，四象生八卦」，以「太極」為宇宙最終之成因、最高之原理；「兩儀」即陰陽二作用；「生」意謂蘊含、演發。此乃自形上至形下的演繹歷程，由宇宙之終極原理太極，衍化出陰陽兩個互相依待的作用，經由陰陽之相互作用，得到四種現象方式，依此生出萬物的八種基本表現。此宇宙生成之路數，太極雖為本原，但衍化重點卻在陰陽彼此之交互作用上，四象八卦只是生成過程之內容，故於《易經》之中，「陰陽」顯然是生成萬物之最基本，亦是最關鍵的作用。

老子之宇宙生成論點乃是：「天下萬物生於有，有生於無」（〈四十章〉），而其化生順序為：「道生一，一生二，二生三，三生萬物，萬物負陰而抱陽，沖氣以為和」（〈四十二章〉）。此皆說明「道」為宇宙萬物之形上原理，若依氣化面向而言，「道」生萬物乃「一氣」之化，是以，「道生一」意謂「道」

〔註11〕《易經》〈繫辭〉曰：「一陰一陽之謂道」，牟宗三先生釋為：「陰陽雖殊，無一以待之」（《才性與玄理》，頁115）；「無一」不是沒有一，而是「道」之「無」或渾然未分之「一氣」；正因有「無一」為之根源，方有陰之生，陽之成，以及陰陽相互對待所生之作用。

〔註12〕語出熊十力：《原儒》，頁297。

以「一氣」爲化生之始，然而，生成萬物之關鍵則在於「氣」分爲二之陰陽作用上。「一生二」意指「道」化生陰陽二作用，且陰陽二作用亦涵攝於「道」之形上原理中。「二生三」是指由陰陽二作用交互作用（相互依待之不同作用所形成之剛柔、動靜）所呈顯之和諧狀態，且萬物依此而生發。化生後之圓融和諧交感之氣不斷運行於萬物之內，萬物才得正常之發展。

莊學亦明確表示，依於陰陽之氣的交感作用，萬物方得化生，〈田子方〉云：「至陰肅肅，至陽赫赫。肅肅出乎天，赫赫發乎地。兩者交通成和而物生焉」，天地是宇宙間兩個最基本的實現，八卦中代表天的乾卦全由陽爻組成，代表地的坤卦全由陰爻組成，天地因而常爲陰陽之代稱；而「至陰」、「至陽」象徵化生萬物的兩個基本作用，代表寒熱不同的現象與作用。值得深究的是，何以肅肅之至陰是出乎天，而非出於地，又何以赫赫之至陽是出於地，而非出乎天，顯然，此說是出於強調化生過程中，「陰陽」是互相依待而不相離之前提。陽不離陰，陰不離陽，獨陽不能成物，獨陰亦無法致和，唯有陰陽之氣交感形成圓融和諧狀態，萬物才能生成，於此亦可確知，「陰陽」是使萬物生成之兩個不能分離的作用，無法獨立存在（眞正獨立存在的是交通成和後所形成之物）。

此外，「陰陽」亦是變化的作用。《易經》是談變化智慧之寶典，以最基本的陰陽爻象來象徵萬物的變動不居，以陰陽相互依待之剛柔、動靜、闔闢之特性，解釋宇宙的一切變化，而「陰陽」即是產生變化之兩個相對作用。莊學繼之，〈則陽〉有言：「陰陽相照相蓋相治，四時相代相生相殺。欲惡去就，於是橋起。雌雄片合，於是庸有。安危相易，禍福相生，緩急相摩，聚散以成。此名實之可紀，精微之可志也。隨序之相理，橋運之相使，窮則反，終則始，此物之所有。言之所盡，知之所至，極物而已」，一般人只停留於現象界變化之表象，眞知者方能掌握宇宙間之一切變化，不過是陰陽二氣之相互感應，若能明瞭陰陽之變化作用，則一切生殺、去就、安危、禍患、緩急、聚散等現象，就都能透過陰陽之交互關係而得到合理的詮釋。

就宇宙生成面向而言，萬物由無而有，由無形而有形，其歷程乃是由「陰陽」所主導之形上變化。依現象界，個別存在皆具有變化（質與量）之特性，〈達生〉謂：「凡有貌象聲色者，皆物也，物與物何以相遠？夫奚足以至乎先？是色而已」，物與物之差別在於形狀象貌（量之特性）與聲音顏色（質之特性），而有質量之萬物在「氣」之循環變化中就會產生變化。其次，〈寓言〉言：「萬

物皆種也，以不同形相禪，始卒若環，莫得其倫，是謂天均」，〈秋水〉云：「物之生也，若驟若馳。無動而不變，無時而不移」；亦皆說明萬物因「氣」而有固定本質，「氣」是形構萬物的共同根基，但是，因為質量的不同，也就形成了各自的獨立存在。當「氣」循環變化，個別存在由於時空、狀態、關係，乃至質量上的改變，於是產生變化（西洋哲學稱之為附體的變化），莊學肯定這個現象，卻更看重物之成毀與人之生滅的實體變化（西洋哲學所謂自立體的變化）。〈知北遊〉云：「人之生，氣之聚也。聚則為生，散則為死」，〈大宗師〉曰：「夫大塊載我以形，勞我以生，佚我以老，息我以死」，皆是試圖尋找變化中的理則。可以說，「陰陽」不啻是萬物生成之作用，且是萬物變化之成因，陰陽之氣交互作用若能調和，萬物自然昌盛，反之則必受害；〈大宗師〉曰：「陰陽於人，不翅父母」，〈在宥〉亦云：「陰陽並毗，四時不至，寒暑之和不成，其反傷人之形乎」，唯有陰陽調和，才能產生對人有利的變化，若不調和，疾病、凶禍等各種災殃就會產生。

　　仰觀俯察大自然之具體變化，人之生老病死，物之生滅榮枯，在在令人體認到一切有限的存在必受兩個因素支配，一是限定因素，使一物是此而非彼，能夠成為被認知的對象（「實現」）；另一則是不限定因素，使一物於限定之後，仍有變為他物之可能（「潛能」）。古希臘哲學時代，柏拉圖與亞里斯多德為了解釋變化之現象，提出「潛能」與「實現」兩個原理，而以變化是由「潛能」到「實現」的歷程。老莊論及宇宙生成理論時，皆強調「道」之大化流行與陰陽二德之交互作用，對比柏拉圖及亞里斯多德之「潛能」與「實現」之變化原理，確有許多相互契合之處；此如：陽的特性是剛健、創發、積極、主動，是限定的，類似於「實現」；陰之特性為柔順、承受、消極、被動與被限定，類似於「潛能」；陰與陽、「潛能」與「實現」，兩者相互依待，相輔相成。

　　至於，宇宙生成變化的真正原因，乃如〈天運〉云：「天其運乎？地其處乎？日月其爭於所乎？孰主張是？孰維綱是？孰居無事推而行是？意者其有機緘而不得已邪？意者其運轉而不能自止邪」，宇宙萬物的變化是出自內在自然的動力，抑或是來自外在主宰的推動，是自然本身不得不運行的結果，還是有一超越的絕對存有「推而行是」；關此兩種不同的論點，〈則陽〉有云：「季真之莫為，接子之或徒。……或使則實，莫為則虛」，所謂「或使」意指實有一外在的超越本體（宇宙主宰）而為萬物運動變化的動力因，因無法見其形跡，故以「或」名之；亦因肯定此最高之主宰，所以謂「實」；而「莫為」則

是指向萬物的運動變化乃是自然所致，萬物是自己運動、自己變化，並未有外在終極實有之主使與推動，所以是「虛」。後世學者對於莊學見解之詮釋，莫衷一是，說明如下：一則認為莊學所謂變化，意謂萬物因「氣」而化，是不得不然的自化，天地之間並未有具意志的主宰者在推動一切；〔註13〕而此根據為〈知北遊〉：「天不得不高，地不得不廣，日月不得不行，萬物不得不昌」，與〈秋水〉：「物之生也，若驟若馳。無動而不變，無時而不移。何為乎，何不為乎？夫固將自化」。二則乃以實在狀態（有始）或潛在狀態（未始有始），有形世界的盈虛、衰殺、本末、積散等由潛在至實在的變化歷程，都是以「道」為宇宙萬物最高形上原理之氣化現象，亦即，「道」是氣化所依循之形上原理，宇宙萬物之究極本根；〔註14〕而此依據為〈齊物論〉：「有始也者，有未始有始也者，有未始有夫未始有始也者」，與〈知北遊〉：「謂盈虛衰殺，彼為盈虛非盈虛，彼為衰殺非衰殺，彼為本末非本末，彼為積散非積散也」。如此歧見，本於以莊解莊之立場，依莊學氣化宇宙論為其尋求解答，所得出之結論乃是宇宙萬物之生成變化，皆因「道」自自然然之「氣化」作用所致。

　　莊學為更具體地說明宇宙萬物的自然變化，於「通天下一氣」的觀點上，引入了「化」的概念，甚至，〈外雜篇〉中將「氣」、「陰陽」與「化」的概念相互結合，而發展出「氣化宇宙論」。所謂「化」，乃關聯「生」而為言。莊書所謂「生」，是指全然生成；而言「化」，一部分類似生的涵義（化生），另一部分則意指部分生成的涵義（化）。並且，無論言「生」或謂「化」，在基本判別上，「生」的前提是建立在「氣」之「和」的性質上；〔註15〕而「化」的要件則是建基於「氣」之「精純」的特質上。〔註16〕陰陽二氣之「和」，不

〔註13〕參閱宇同：《中國哲學問題史》，頁144。

〔註14〕參閱李震：《中外形上學比較研究》，頁313～314。李震先生探討「造物者」的特質與「位格天」的關係，就此向度而言，「道」雖不等同於「位格天」，但「道」之超越性與本根性，卻如一條向著「位格天」開放的道路（所謂「位格天」，依布魯格編著，項退結編譯：《西洋哲學辭典》，頁310：「精神性的個體稱為位格。因此位格是具精神性及不能為別的個體所共有的特質之個別存有者。……有神論所云的神，既以超絕方式擁有整個完善，當然也應稱為位格」；可知「位格天」指謂中國傳統思想之主宰天或至上神）。

〔註15〕〈田子方〉：「至陰肅肅，至陽赫赫。肅肅出乎天，赫赫發乎地，兩者交通成和而物生焉」。

〔註16〕所謂「精純」是指「至精無形，至純無雜」。「至精無形」出於〈秋水〉：「夫精，小之微也。……無形者，數之所不能分也」，既是微小到不能再分割，那麼，本身自然不再含有任何物，所以是最精純的。「至純無雜」出於〈刻意〉：

但可使萬物生成，亦能使萬物生存；「氣」之「精純」至極，更可至於無可分割，不雜任何物，而直透入心性。〔註17〕透過「氣」之精純之性且無所不入的特質來看，莊子之謂「化」，其眞正意涵，見〈逍遙遊〉曰：「北冥有魚，其名爲鯤。鯤之大，不知其幾千里也。化而爲鳥，其名爲鵬。鵬之背，不知其幾千里也。怒而飛，其翼若垂天之雲。是鳥也，海運則將徙於南冥。南冥者，天池也」，鯤魚如何「化」而爲鵬鳥，依陳壽昌先生言：「冥者，海也。不曰海而曰冥，以示窈兮冥兮，其中有精也。坎位乎北，離位乎南。言魚言鳥，以類相從也。易云：『離爲雉，飛鵬之象。』以類推焉，魚化鳥者，陰盡陽純，所謂坐生羽翼也。海運者，精足而氣自動，化者自化，徙者自徙。釋南冥以天池者，天爲純陽，以喻元精，非凡水也」，〔註18〕陳先生乃自「氣」之精純來解讀「化」。因「離」位乎南而象飛鵬，相對位於北之「坎」，莊子以鯤魚象之（所謂以類相從也）；而南爲陽，北爲陰，故充滿陰氣之北冥中的鯤魚，在南徙的過程中，陰氣由盛轉衰而盡，陽氣由弱漸強至極盛，且六月出現的海動風起，方位近於陽氣盛的南方，季節恰爲陽氣盛的六月，屬陰氣之鯤魚，遂化而爲鵬鳥，並乘著陰陽二氣急速地離合，使得氣的運動加快所造成的大風，而徙於南冥。陳壽昌先生以北冥天池、鯤鵬與季節等，在方位、屬性與節氣上皆與陰陽有著密切關係的現象，藉以解讀「化」之成因；而此

「純素也者，惟神是守。……故素也者，謂其無所與雜也；純也者，謂其不虧其神也。能體純素，是謂眞人」，純素之道乃是要求守住（不虧）「無所與雜」的神，能體此道者，即謂眞人，可見，「氣」是可以守之使精純的，猶如〈達生〉所言：「純氣之守，非知巧果敢之列也」，沒有任何外物參雜之「氣」，是可以因「守」而獲致「純」之果效的。

〔註17〕關於「氣」之「至精無形，至純無雜」，故而具有滲入心性的說法，可藉《老子》〈四十三章〉：「無有入無間」來理解。「無有」是「至虛若無」，亦可謂「無形」；而「無間」是「無有間隙」，亦可謂「無內」。無有之所以能入無間，依李存山先生所言是指穿透力、可入性；再依《王弼注》曰：「氣無所不入，水無所不經」而言，「至虛若無」的無有，即虛而無形之「氣」；「無有間隙」的無間，也就是精純無內之「氣」。並且，無形無內之「氣」，對於有間隙者，能夠滲透沁入之。然而，何以無所不入之「氣」必須是精純的狀態呢？此因「氣」若不能極精純而至無形無內，就會成爲被替代被滲透的對象。換句話說，「虛而待物」之「氣」，若無法守之使至精至純，就不能說是具有絕對性之無所不入的作用，只能說是相對義的可入性了；這也就是爲何須論證「氣」具有精純之性，才能說「氣」不僅具可入性，更可謂無所不入的緣故。

〔註18〕語出陳壽昌：《莊子正義》，頁9。

〈至樂〉亦曾出現相同型態之描述：「種有幾，得水則爲䌓䌓，得水土之際則爲䵷蠙之衣，生於陵屯則爲陵舄，陵舄得鬱棲則爲烏足，烏足之根爲蠐螬，其葉爲胡蝶。胡蝶胥也化而爲蟲，生於竈下，其狀若脫，其名爲鴝掇。鴝掇千日爲鳥，其名爲乾餘骨。乾餘骨之沫爲斯彌，斯彌爲食醯。頤輅生乎食醯，黃軦生乎九猷，瞀芮生乎腐蠸，羊奚比乎不箰，久竹生青寧，青寧生程，程生馬，馬生人，人又反入於機。萬物皆出於機，皆入於機」。萬物皆自陰陽二氣摩盪涌搖，互有消長的幾微契機中而來，如此「留動而生物」（〈天地〉）說明，〔註19〕動態的陰陽二氣留駐且觸動契機而生成萬物，留駐與觸動之後，「氣」仍繼續流行；但當「氣」被觸動生發之時，若是陰陽二氣之離合，正一消一長地出現陽氣（或陰氣）獨勝，則此精純之氣，就會滲透入物中，而使之「化生」萬物。

至於，如何對應「一氣之化」的生命態度，〈知北遊〉云：「仲尼曰：古之人，外化而內不化；今之人，內化而外不化。與物化者，一不化者也。安化安不化，安與之相靡，必與之莫多」，此言無所用心的古之人聽憑形軀與萬物俱化，而內心順任持守其「一」，〔註20〕故而不化（不使此「一」與萬物遷化），今之人則反之。其實，古之人與能體「純素」（〈刻意〉）的眞人有其相似之處；眞人之純乃守氣之效，能守（不虧）純氣，使之無所駁雜，即是能使心中之氣，保持精純，而持守其「一」之意。然而，精純之氣如何轉換爲形軀之氣，則須通過「惟神是守，守而勿失，與神爲一，一之精通，合於天倫」（〈刻意〉）之眞人境界的修養工夫來理解。古之人所謂「外化而內不化」，其外化的程度乃視其守精純之氣的深度，而有形身全化、部分化的不同，境界高者有如眞人之「合於天倫」（〈刻意〉）、女偊「年長矣，而色若孺子」（〈大宗師〉）、廣成子「修身千二百歲矣，吾形未嘗衰」（〈在宥〉），而具有某種工

〔註19〕關於「留動而生物」的說明，參閱毛忠民撰〈莊子氣論思想研究〉，輔仁大學哲學博士本書，1996。

〔註20〕成玄英著《南華眞經注疏》，頁916：「安，任也。靡，順也。雖與物相順，而亦各止其分，彼我無損」。「一」是〈在宥〉：「我守其一」之「一」。「與物化」是〈德充符〉：「命物之化，而守其宗也」之「命物之化」；劉武著《莊子集解內篇補正》，頁125：「此所謂『命物之化』者，外化也，與物化也；所謂『守其宗』者，守其天也。大宗師篇云：『其一，與天爲徒。』其一，即一不化也。與天爲徒，即守其天也，亦即守其宗」。宣穎著《南華經解》，頁398亦云：「與物偕逝，天君不動」。依此可知，古之人令形軀與萬物遷化，乃因形軀與萬物皆物也，故而抱持令物自化，而其所守之「一」（或天、宗）則不化。

夫境界的古之人，則可以順任於身而與物化，並持守其一而內不化。其次，內化而外不化的今之人，則更等而次之，雖然同是稟氣而生，但若聽憑其心，不斷受人欲攪擾，不但無法持守精純之氣，甚至變得邪雜，猶如〈齊物論〉所言：「近死之心，莫使復陽也」，可見心死是因陽氣漸失；所以，純氣之守理應解讀爲持守精純陽氣。而所謂外不化只爲凸顯其心是先於身而化，即因內心已受雜染，而使形軀出現「陰陽之氣有沴」（〈大宗師〉）之現象，就會很快步向死亡；此如〈齊物論〉曰：「一受其成形，不忘以待盡。與物相刃相靡，其行盡如馳，而莫之能止，不亦悲乎！終身役役而不見其成功，茶然疲役而不知其所歸，可不哀邪！人謂之不死，奚益！其形化，其心與之然，可不謂大哀乎」，一旦受氣而成形，在未死以先，若不修養持守精純陽氣，只是等待氣散而死，其心就會與外物牴牾靡順，不停到處馳驅奔波，此無法持守精純陽氣，終身勞苦之人，即使不死，又有何益。當形骸化而死去，心亦因不能持守精純陽氣，無法修養而爲「心齋」（〈人間世〉），這難道不是最大的悲哀嗎？因而，能否持守心中的精純陽氣，確是古之人與今之人內不化與內化的關鍵，更是形軀生命有無存續價值之關鍵所在。至於，介於古之人與今之人的例子，〈至樂〉云曰：「支離叔與滑介叔觀於冥伯之丘，崑崙之虛，黃帝之所休。俄而柳生其左肘，其意蹶蹶然惡之。支離叔曰：『子惡之乎？』滑介叔曰：『亡，予何惡！生者，假借也。假之而生生者，塵垢也。死生爲晝夜。且吾與子觀化而化及我，我又何惡焉』」，說明俄而之間，瘤自手肘而生，令人蹶蹶然地感到訝異，即便是忘形之支離與忘智之滑介，亦不免作如是想。然畢竟很快就能領悟到他們正在觀化的實質，而其所觀之化即：冥伯是幽邈深邃之象徵，屬陰；崑崙是太陽西沉之處，亦爲純陰之象徵；而黃帝之所休即言黃帝葬於陰氣精純之處；於是充滿精純陰氣之冥伯與崑崙，在候忽之間被流行不已的精純陰氣所化及，故使滑介叔認爲是勢所當然的。依此可知，持守精純陽氣既是工夫，亦有其修養進程，而於未達最高境界之前，若處陰氣精純之處就不免被化及；一如〈大宗師〉之子祀、子輿、子犁與子來，乃因體悟「以無爲首，以生爲脊，以死爲尻」，且知「死生存亡之一體者」，爾後，子輿雖因「陰陽之氣有沴」而病得「曲僂發背，上有五管，頤隱於齊，肩高於頂，句贅指天」，但仍能以「縣解」的達觀心態視之，故亦爲外化而內不化之古之人了。此外，據「六合爲巨，未離其內；秋毫爲小，待之成體」（〈知北遊〉）可知，既無形又無內之精純至極之氣構成萬物，具有滲透其他有形有

隙之物的能力，故能化萬物。是以，氣和乃能生物（無物至有物），氣精純而能化物（有物至另一物）。

值得關注的是，〈知北遊〉云：「人之生，氣之聚也；聚則爲生，散則爲死」，凸顯萬物之生化皆起因於「氣」之聚散循環的運動性格。並且，人之生死既緣於「氣」之聚散，則破生死、黜形驅、通物我之理論，將更有其理論的依據。

其三，每個哲學體系皆有其所要解決的核心問題，莊子哲學所提出的核心問題即是如何全生保身，而全生保身的前提就在於追求超脫現實的精神自由（追求無何有之鄉）。至於，全生保身之「生」與「身」的實質爲何，亦是解開莊學之所以爲莊學的本質之所在。依莊學所言，「生命」是「氣」的聚合，而死亡也只是「氣」的離散，亦即，人的存在與非存在，不外是「氣」的聚散離合，是以，生不足喜，死不足惜。〈至樂〉言莊子妻死，莊子曰：「察其始而本無生，非徒無生也而本無形，非徒無形也而本無氣。雜乎芒芴之間，變而有氣，氣變而有形，形變而有生，今又變而之死，是相與爲春秋冬夏四時行也」，人是由芒芴的「道」化生的，「道」變化而產生「氣」，「氣」變化而產生形體，形體變化而產生生命，有了生命才有了人；人若死亡，生命停止，形體分解，復歸於「氣」，又隨著大自然的春夏秋冬運行變化。因著「氣」是生命的材質，是生命的活動，人之生死，不過是「氣」之聚散變化的結果，生來死往，猶如春夏秋冬四時的自然運行，是「始卒若環」（〈寓言〉），聚散循環則非人力所能掌控的。故而，莊子以死生一如的達觀態度，直接照見妻死的事實，表面看來雖不近人情，其意實在徹底破除世俗樂生哀死之見。

對於生命，乃至死亡的理解，是出於氣化宇宙的理論思維，然而，莊書最關切的仍是作爲生命主體之人，如何持守工夫修養以至於與道合一之理境。莊子的修養工夫論，一言以蔽之，那就是「虛」（〈人間世〉），所謂「喪我」（〈齊物論〉）與「忘」。〔註21〕莊子以「同於大通」（〈應帝王〉）、無待逍遙者爲至人、神人、聖人，此無己之至人、無功之神人與無名之聖人，均爲生命境界的最高者，亦皆爲理想人格的體現者。雖然，稱述三者的角度內容不同，但其精神境界卻是相同的。無己、無功、無名之工夫，與〈齊物論〉之「喪我」、〈人間世〉之「心齋」與〈大宗師〉之「坐忘」，其義亦是相通的。而莊子所言理想生命型態，則必須落實於工夫之修養，化解消弭不能乘御天地萬物、不能與萬化合冥，且遊於無窮無限之自由世界的一己之所思、所見、

〔註21〕參閱嚴靈峰：《經子叢書》第九冊〈莊子的修養論〉，頁 544。

所聞，並透過無心無爲、無我無物、順任大化之流行，而臻至與造化者同遊，生命精神絕對自由之境。

而莊學以「氣」概念詮釋宇宙萬物的生成變化，謂「氣」是構成宇宙萬物的生命材質，宇宙萬物的生成變化是由陰陽二氣的交通成和而來，是以，〈知北遊〉「通天下一氣」的觀點，乃《莊子》對中國哲學宇宙生成論最重要貢獻。此思想亦展現出，中國哲學以人爲宇宙中心之思想旨趣，人不但是萬物之靈，更是宇宙的中心，人身的小宇宙與浩瀚無垠的大宇宙，於「通天下一氣」（〈知北遊〉）之前提下，是氣息相通的。然而，氣分陰陽，若是人身之陰陽失和，不僅對己身不利，甚至影響大宇宙之氣化流行，傷及天地間之陰陽和諧，造成自然界之亂象；且此亂象又會反過來傷害人之形軀，〈在宥〉所謂：「人大喜邪？毗於陽；大怒邪？毗於陰。陰陽並毗，四時不至，寒暑之和不成，其反傷人之形乎」，人過於歡樂，會傷陽氣，過於憤怒，則損陰氣，陰陽之氣因而失調，四時不順，寒暑不和，由是造成天災，天災就必傷人之形軀。是以，「氣」之陰陽作用，不僅生成萬物，亦是構成人體之依據，陰陽調和，有益身體健康與自然界和諧，陰陽失調，不但人會生病，大自然亦因而脫序失常。同時，人之客觀存在之實，即「氣」之陰陽交感形成人之形軀，此是無所謂美醜貴賤高下之別的，只是，因著執著形軀所帶動，自我主觀之局限成見，不同價值之個別取向等因素，而致傷身、傷心、傷性之後果。莊子爲破除此偏執，於〈德充符〉中多方藉由兀者王駘、申徒嘉、叔山無趾等肢體殘缺之人，闡釋雖因身形不全，若於生命之中得以充分體現本根之道與整全之氣，面對萬物就能「物視其所一」（〈德充符〉），而爲有德之人，也就自能由內透顯無名之吸引力。另外，莊子亦舉如哀駘它、闉跂支離無脤、甕㼜大癭等外型醜怪之人，由於他們德有所長，人們與之相處，反而形有所忘，而能眞正欣賞到他們身體因氣和所呈現之整全與完美，並進一步接納他們的醜怪。基於對此形軀殘缺醜怪之人所延伸之反省，莊子顯然是欲沉溺形軀差別相之世人，透過工夫修養，活出「支離其形」〔註22〕、「才全而德不形」之人生態度與價值取向。

總而言之，在中國哲學史上，「氣」這個既普遍又無所不在的概念，能夠眞正賦予其哲學意涵與生命價值的書，就是《莊子》；自莊子而後，沒有人能

〔註22〕　〈人間世〉曰：「夫支離其形者，猶足以養其身，終其天年」，亦即忘形世俗之價值，重構更根本之判斷，〈德充符〉所謂：「非愛其形也，愛使其形者也」，人所當看重的不是形軀表象，而是形構身軀之和諧之氣。

夠輕易地否定甚或故意地忽視「氣」的存在與影響。〔註23〕因此，在中國哲學的概念發展上，莊子最大的貢獻就在於，將「氣」概念提昇至中國哲學的主要範疇，換言之，莊書在「氣論」思想中具有開創性的地位。然而，後代談「氣」的哲學家卻都於有意無意間忽略過這一點。在宋明理學間最為廣泛爭論之「惡」的來源問題，及「天理」如何演繹至「萬物」的問題，都涉及「氣」，只是，理學家們以正統儒家自居，因此避而不談「氣論」的道家淵源。即使歷代儒家，以及重視「氣」概念的清代，若已身為儒家的傳承，亦不願公開講論「氣」概念的來源。不過，自宋代林希逸的《莊子口義》、宋代劉辰翁的《莊子南華真經點校》，明代焦竑的《莊子翼》與清代王夫之的《莊子解》、《莊子通》，都不難找出當時知識份子與道家有所關聯的確切證據。並且，莊書當時所言之「氣」概念涵蓋範圍非常廣泛，〔註24〕「氣」概念不但包含人性的問題，甚且，宇宙萬物的形上根源亦涵括在內。〔註25〕

二、由〈內篇〉到〈外雜篇〉「氣」概念之比較

莊書論〈內篇〉與〈外雜篇〉之「氣」，其精采焦點，乃〈知北遊〉「通天下一氣耳」是〈大宗師〉「遊乎天地之一氣」的思想發揮。「通天下一氣」是宇宙生成論的根本命題，〈知北遊〉以「氣」詮釋人與萬物的生成變化，並以人之生死為「一氣」聚散循環的結果，此是延伸開展「遊乎天地之一氣」之理論旨趣。

然而，通過〈內篇〉與〈外雜篇〉「氣」概念之解析，可歸納出〈內篇〉與〈外雜篇〉所論之「氣」概念的異同。茲列舉〈內篇〉與〈外雜篇〉之「氣」七項不同之處，說明如下：

（一）〈內篇〉之「氣」賦予工夫修為之意義；〈外雜篇〉則偏於宇宙生成觀點而言之

〈內篇〉之「氣」多指人生中之精神性、生命性之氣，顯見工夫修養之

〔註23〕孔、孟、荀哲學中，「氣」不是核心思想；「氣」概念，在先秦諸子百家中，除了《莊子》書中的列子之外，並非是主要概念；參閱嚴靈峰：《無求備學術論集》之「辯列子書不後於莊子書」，頁335～364。

〔註24〕莊子「虛室」概念影響及後代道家，如《淮南子》、《列子》等。參閱陳鼓應：《莊子今註今釋》，上冊，頁132。

〔註25〕王夫之有鑑於此，將「氣」概念分別為「天之純氣」與「人之雜氣」。

涵義。而〈外雜篇〉則發展出以「氣」作爲形構萬物之生命材質，〔註26〕並以「氣」概念解釋宇宙萬物生成變化〔註27〕之意涵，亦即，〈外雜篇〉多有以「氣」指稱客觀宇宙中所流行之氣，而有宇宙論之意義。故而，唐君毅先生言曰：「莊子之氣，則在內篇仍多指人生中之精神性、生命性之氣；在外篇則多有以氣指一客觀宇宙中流行之氣，而有宇宙論之意義者」，〔註28〕而形成〈內篇〉與〈外雜篇〉如此殊異的原因，或許是與〈內篇〉出自莊子手筆，而〈外雜篇〉則爲莊子後學或學莊者所作，不無關係。

（二）〈內篇〉少言「陰陽」之「氣」；〈外雜篇〉則多言「陰陽」之「氣」

〈內篇〉「陰陽」之「氣」，見於〈大宗師〉「陰陽之氣有沴」與「陰陽於人，不翅於父母」，〈人間世〉「事若成，則必有陰陽之患」與「吾未至乎事之情，而既有陰陽之患矣」等四處。〈外雜篇〉言「陰陽」之「氣」，包含〈在宥〉：「陰陽並毗，四時不至，寒暑之和不成，其反傷人之形乎」、〈天運〉：「乘雲氣而養乎陰陽」、〈秋水〉：「自以比形於天地，而受氣於陰陽」、〈知北遊〉：「陰陽四時運行，各得其序」、〈則陽〉：「陰陽者，氣之大者也」等，共十九則。〔註29〕

〈秋水〉謂「受氣於陰陽」，於宇宙生成之意義下，主張人的生命乃出自

〔註26〕 依據〈至樂〉：「察其始而本無生，非徒無生也，而本無形；非徒無形也，而本無氣。雜乎芒芴之間，變而有氣，氣變而有形，形變而有生」，與〈秋水〉：「自以比形於天地而受氣於陰陽」。

〔註27〕 依據〈知北遊〉：「人之生，氣之聚也。聚則爲生，散則爲死。……故曰：『通天下一氣耳。』」

〔註28〕 語出唐君毅：《中國哲學原論》〈原性篇〉，頁134。

〔註29〕 〈外雜篇〉言「陰陽」，見於：〈秋水〉：「自以比形於天地，而受氣於陰陽」。〈知北遊〉：「陰陽四時運行，各得其序」。〈則陽〉：「陰陽者，氣之大者也」、「陰陽相照相蓋相治，四時相代相生相殺」。〈天下〉：「《易》以道陰陽，《春秋》以道名分」。〈在宥〉：「陰陽並毗，四時不至，寒暑之和不成，其反傷人之形乎」、「陰陽並毗，四時不至，寒暑之和不成，其反傷人之形乎」、「欲官陰陽，以遂群生」、「天地有官，陰陽有藏」。〈天運〉：「乘雲氣而養乎陰陽」、「一清一濁，陰陽調和，流光其聲」、「奏之以陰陽之和，燭之以日月之明」、「吾求之於陰陽，十有二年而未得也」。〈繕性〉：「陰陽和靜，鬼神不擾」。〈庚桑楚〉：「寇莫大於陰陽，無所逃於天地之間」、「非陰陽賊之，心則使之也」。〈外物〉：「陰陽錯行，則天地大絯」。〈說劍〉：「開以陰陽，持以春夏，行以秋冬」。〈漁父〉：「陰陽不和，寒暑不時」。〈列禦寇〉：「離內刑者，陰陽食之」。其中，〈秋水〉1則、〈知北遊〉1則、〈則陽〉2則、〈天下〉1則、〈在宥〉3則、〈天運〉4則、〈繕性〉1則、〈庚桑楚〉2則、〈外物〉1則、〈說劍〉1則、〈漁父〉1則、〈列禦寇〉1則等，凡19則。

「陰陽」之「氣」；〈至樂〉以「雜乎芒芴之間，變而有氣，氣變而有形，形變而有生」，解析「氣」與「形」的關係，指出人是「氣」的寓「形」，「氣」是「形」的基礎，「形」由「氣」生，生由「形」顯。而「陰陽」不僅生成萬物，亦是變化之作用，故依「道」之為形上本體，「陰陽」而為作用之認知，「道」之於「陰陽」乃顯現體動則成用、由用以顯體，體用有別卻不相離之密切關係。其次，「氣」與「形」間亦呈顯宇宙萬物由成至毀之變化過程中的親密關係，在宇宙生成之歷程，先有本根之「道」與渾然未分之「一氣」，而後有「氣」之運動變化，氣化後有「形」，「形」生而物成，成物後持續變化，最後萬物走向終結毀滅，此生來死往的現象，如同四時交替般地循環不已。由「道」而「氣」，由「氣」而「形」，由「形」而「生」；「氣」與「形」乃詮釋萬物生成的重要意含，其關係不在先後，而在相待與不離，亦即，於氣化過程中，「形」不離「氣」，「氣」不離「形」。雖然，莊書對於「形」「氣」之說明並不是很清楚，但是仍為後世理氣思想開啟先河，更進而成為宋明理學之主要課題。

（三）〈內篇〉僅〈人間世〉之「氣息」，純屬生命形軀之氣；〈外雜篇〉則多自生命形軀之意以言「氣」

〈內篇〉所言生命形軀之氣，是〈人間世〉之「氣息」，意謂人物的呼吸之氣。生命現象的存在與否，即由其呼吸之氣來判定，故「氣」字再加「息」，以表明此意，息亦有氣之意，強調的仍是「氣」。並且，控制「氣息」亦意謂著心理狀態之掌控。

關於〈外雜篇〉形軀生命之氣的論述，包含屬於人之精力的「血氣」（〈在宥〉）、鬱結於心的「忿滀之氣」（〈達生〉）、憤懣不滿之「馮氣」（〈盜跖〉）、自視甚高之「恃氣」（〈達生〉）、目中無人之「盛氣」（〈達生〉）、束縛心靈之「氣息」（〈庚桑楚〉）、心志氣概之「志氣」（〈盜跖〉）、呼吸反應的「出氣」（〈盜跖〉），以及心平氣和的「定氣」（〈說劍〉），不論其屬乎精神性或生理性，此生命形軀之氣都與心靈脫離不了聯繫，亦與生命之驅馳正相關聯。

（四）〈內篇〉將「氣」本具之虛、流行等特質，闡釋而為通過心齋工夫後所達致之虛靈明覺的精神境界；〈外雜篇〉除了以「氣」解釋自然現象的運動變化，更以「一氣」之流行詮釋宇宙萬物的生成變化

「心齋」的內容，就在於虛靜，虛靜是一種作用，可化解心靈的負累，故

於修養工夫上，老子主張「致虛極，守靜篤」（〈十六章〉），莊子亦強調「無聽之以心，而聽之以氣」。氣之「虛」即是無，是工夫論的意義。所謂「虛者，心齋也」，「虛」是落在人的「心」上講，以虛靜之心來待物，即是「心齋」。能夠作「心齋」工夫的關鍵，乃在於「聽之以氣」，必須「聽之以氣」，才能和他人以氣相感。「聽之以心」是有心聽，「聽之以氣」則是無心聽，欲自「聽之以心」超越到「聽之以氣」，必須通過「齋以靜心」（〈達生〉）的工夫修為，以返心之虛靜，心虛靜才能夠「虛而待物」，以無執無欲之心來觀照萬物、實現萬物的真實美好，抑且，因此生命主體的虛靜觀照而如如朗現虛靈明覺之道心境界（故〈人間世〉曰：「唯道集虛」）。而莊子對於生命的自覺與關懷，皆與其修養工夫論有關，尤其是「氣」概念思維的導入，啟發我們必須通過「心齋」的工夫，將有執有欲之成心轉化為無執無欲之道心，而以無執無欲之道心虛而待物，乃能觀照宇宙萬物，讓萬物回歸自己，呈現本有之真實美好，並體悟絕對之「道」。「氣」既是「虛而待物」，故人與物相接時，若能化掉耳與心之定執，自耳聽進到用心聽，由用心聽再進到用無心之氣聽，以心之虛靜來待物，隨順自然之氣，那麼，生命自會是一氣之流行，如此一氣之化則又同體流行。

〈外雜篇〉所言之「天氣」、「地氣」、「六氣」（〈在宥〉），「春氣」（〈庚桑楚〉）與「四時殊氣」（〈則陽〉），雖為自然現象的變化流行之氣，然〈外雜篇〉論氣，卻強調以「一氣」之流行詮釋宇宙萬物的生成變化。無論是指生物呼吸之「氣息」，或是天地呼吸之「氣息」，都屬〈知北遊〉：「通天下一氣耳」（全天下皆是「氣」）之概念的發揮。莊學以「氣」為構成宇宙萬物共同普遍的原始材質，並以「氣」之聚散說明宇宙萬物之生成變化；「氣」凝聚而人物成，「氣」消散而人物死，人之生死，物之成毀，都是「氣」聚散變化而成的結果，人是如此，萬物亦復如是。是以，對於生命的終極關懷，莊書乃欲人於「一氣」的流轉之中，透過「無聽之以心，而聽之以氣」的「心齋」（〈人間世〉）工夫修為，契會「通天下一氣」之理，明瞭死生存亡為一體（〈大宗師〉），且將死生皆放下，不入於胸次，提撕生命超拔於萬化之上，證成虛靈明覺之真君主體，體悟真道，求得精神之絕對自由。

（五）〈大宗師〉「遊乎天地之一氣」之「一氣」，隸屬〈內篇〉工夫修為之氣一類，有其精神境界之義；而〈知北遊〉「通天下一氣耳」之「一氣」，則歸屬於哲學意涵之氣，有其宇宙生成之旨

　　〈大宗師〉：「遊乎天地之一氣」與〈知北遊〉：「通天下一氣」，皆有其「萬物一也」（〈知北遊〉）之義旨；「一」意謂宇宙萬物皆出自「一氣」，所謂「萬物一氣」之義。此因，「逍遙」方能「遊乎天地之一氣」，〔註30〕「齊物」亦才能「通天下一氣」，故而，「遊」與「物化」實爲「萬物一氣」之前提，且就「氣」概念所關連之人生論題，可自現象界之構成（「宇宙生成論」）來思維，亦可由吾人當該如何自處（「修養工夫論」）來反省。

　　雖謂〈知北遊〉「通天下一氣耳」是〈大宗師〉「遊乎天地之一氣」的思想發揮，然而，兩處之「一氣」實有不同。〈大宗師〉「遊乎天地之一氣」是遊於渾然一氣之意，莊子認爲「氣」是充滿於天地之間的，宇宙萬物都是「自然」的「一氣」所變化的結果，亦即，「一氣」的「自然」變化形成所謂宇宙萬物，因而，不論是「自然」的「一氣」變化，或者是「一氣」的「自然」變化，都只是氣化之過程。

　　然而，〈知北遊〉「通天下一氣耳」之「一」當指「道」，〔註31〕「一氣」即「一」，〔註32〕「一」即「一氣」，「一氣」是「氣」概念的根本思想；而此「一氣」概念，是較上於生命與形體之概念，故可進一步依此推論，莊學在宇宙生成論上是「一氣」論者，且以「氣」爲宇宙萬物之形構原理，「一氣」爲宇宙萬物之存在原理。正因人與萬物同以「道」爲根本，皆由「氣」所構成（始源），既是同根同源，故可互通爲一。亦依通天下都是一氣（「通天下一氣」〈知北遊〉），萬物的變化皆只是一氣之流行，故云萬物自身可以變化，

〔註30〕〈逍遙遊〉：「今子有大樹，患其無用，何不樹之於無何有之鄉，廣莫之野，彷徨乎無爲其側，逍遙乎寢臥其下」：說明寢臥於「大樹」，就是寢臥於〈人間世〉：「瞻彼闋者，虛室生白，吉祥止止」之「虛室」，也就是寢臥於〈至樂〉：「人且偃然寢於巨室」之「巨室」；換句話說，也即是逍遙於「一氣」之中，逍遙於無爲之意（〈天運〉：「逍遙無爲也」、〈大宗師〉：「彷徨乎塵垢之外，逍遙乎無爲之業」；「無爲」是指在天地之中回歸自然的狀況）。

〔註31〕「一」指「道」，可證之於「聖人故貴一」下，宣穎注曰：「以上皆言道也」（引自宣穎：《南華經解》，〈知北遊〉解，頁385）。而馮友蘭以「一氣」解釋「一」，而認定〈知北遊〉有「氣化論」之嫌，甚以之爲「唯物論」，此絕非莊子「一氣」論之善解：參閱《中國哲學史本書初集》，頁14。

〔註32〕何謂「一」？《禮記》〈禮運疏〉孔穎達曰：「未分曰一」。「一氣」亦指未分而連續之「氣」。《易傳》〈繫辭上〉云：「易有太極，是生兩儀，兩儀生四象，四象生八卦」，鄭玄注「太極」爲「淳和未分之氣也」，所以，「太極」亦稱未分而連續之「氣」。《荀子》〈賦〉言雲氣：「充盈大宇而不窕」，所謂「不窕」即無間，亦即雲氣是充盈無間之連續的氣。在古代哲學質樸的思想中，無間與連續就是被空間充滿，而沒有虛空的存在。

萬物與萬物之間亦可相互轉化。「始終相反乎無端，而莫知乎其所窮」（〈田子方〉），生生死死之所以成爲一大循環，起因就在於「通天下一氣」。自此觀點而言，氣聚與氣散，皆仍在天地之間，故而，生與死在本質上並無差別，都只不過是「氣」之聚散循環，且人之生命由「氣」構成，來自於自然，人死亦只是回歸於自然。老子視生死如「出入」，並不似莊子自「氣」之聚散來看生死問題；而「聚散」則是莊學首次明確提出的概念，〈則陽〉云：「陰陽相照相蓋相治，……聚散以成」，「聚散」概念來自於萬物的變化，「氣」之聚散過程，使得從「一氣」所產生之宇宙萬物，得以復歸於「一氣」；正是因爲萬物是由「氣」之聚散而成，而「氣」之聚散一如「道」之無終始，所以，「氣」亦是一直存在著的。故而，莊學以「氣」而爲宇宙萬物的共同材質，並以「氣」詮釋生死、美惡等生命與物體之實質，著實發揮了〈大宗師〉「遊乎天地之一氣」的「一氣」思想，似乎亦較老子的「氣」概念思想更進一步，亦更爲深刻。因著整個天下可以通於「一氣」，並且，基於「通天下一氣」的認知，即衍生出「萬物一也」、「死生爲徒」之萬物齊一、生死一如的哲學思考，可知莊學所謂「生死」，其實就是「一氣」的聚散。自「氣」之聚散解讀人之生死，其意在於喻示人的生命是處在無窮的變化之中，人之悅生惡死，乃是出於未知「生者死之徒，死者生之始」（〈知北遊〉）；實則生生死死無有分別，只不過是一氣之流轉，物生物死，亦只是死生夢覺。以物觀之，是「其形化」（〈齊物論〉），以氣觀之，「氣」充塞天地宇宙間，通天下都是氣，萬物之生成變化，都在渾然「一氣」之中，故只是「氣」之聚散循環的作用不同，並無所謂生死。而「一氣」之化的終極理想，即在與「造物者」之間的同流與合一，照應「造物者」之變化而改變，亦即「造物者」要「化」我爲什麼，就讓自己變爲什麼，這就是「氣化」。莊學以「造物者」的作爲比喻「一氣」的自然之化，凸顯「造物者」自然無私之特性，亦確立了「造物者」爲「氣化」原因之地位。

　　值得注意的是，自莊子肯定「天地自然」與強調「萬物一氣」可知，〈大宗師〉：「遊乎天地之一氣」與〈知北遊〉：「通天下一氣」所言，天地間的宇宙萬物乃同於「一氣」；此是自「氣」概念而言，宇宙萬物是合而爲一、物我一體〔註33〕的，亦且，唯有在「遊心」與「遊物」的前提之下，方能成就「天

〔註33〕關於審美性的「物我一體」；參閱顏崑陽：〈從莊子「魚樂」論道家〉，《中國美學論集》（台北市，南天，1987），頁 121～151 與項退結：《邁向未來的哲

地與我並生，而萬物與我爲一」的生命意義與價值。只是，深刻反省〈大宗師〉：「遊乎天地之一氣」所肯定的「一氣」，乃是宇宙萬物所稟受來自天地之間的自然之氣、共同之氣，人人皆同、萬物亦不異；然而，若欲臻至「天地與我並生，而萬物與我爲一」之「遊心」與「遊物」之境地，仍必須通過工夫修爲之歷鍊與鍛鑄。而〈知北遊〉：「通天下一氣」所闡明之「一氣」，固仍是出於天地之間宇宙萬物所共同稟受的自然之氣，不過，此「一氣」卻是莊學論證宇宙生成與生死一體之思維起點（或謂預設立場），並且，〈外雜篇〉此一思維立場亦反過來證成〈內篇〉最核心之逍遙齊物論說。依此可知，關乎「遊乎天地之一氣」必須通過工夫修爲之歷鍊與鍛鑄，與「通天下一氣」乃基於宇宙生成面向與死生爲一之思維與立場，兩處「一氣」在立論發展上，所寓含之哲學意義，顯然並不相同。易言之，依〈大宗師〉：「遊乎天地之一氣」與〈知北遊〉：「通天下一氣」，宇宙萬物是合而爲一地根於「一氣」，共同不異的形構之氣；然依「氣」概念之發展脈絡而言，兩處之「一氣」實有差異。〈大宗師〉所言偏向由「一氣」出發，須進一步依靠工夫修爲，方能「遊乎塵垢之外」（〈齊物論〉）、「乘物以遊心」（〈人間世〉）、「遊心乎德之和」（〈德充符〉）；而〈知北遊〉之「一氣」則傾向氣之整體性的宇宙論述，故能進一步帶出氣化宇宙、生死一如之觀瞻。是以，「道」通過一氣之化而顯現之「通天下一氣」（〈知北遊〉）之思想，似較〈大宗師〉之「遊乎天地之一氣」，更具有存在原理之哲思色彩。

（六）〈內篇〉「神」與「氣」分言；〈外雜篇〉皆以「神氣」連文而言

　　〈內篇〉言「神」，見於〈逍遙遊〉：「至人無己，神人無功，聖人無名」、「藐姑射之山，有神人居焉。……其神凝，使物不疵癘而年穀熟」，〈齊物論〉：「至人神矣！大澤焚而不能熱，河漢冱而不能寒」，〈養生主〉：「以神遇而不以目視，官知止而神欲行」，〈大宗師〉：「神鬼神帝，生天生地」。〈內篇〉言「氣」，見於〈逍遙遊〉：「絕雲氣，負青天」、「乘天地之正，而御六氣之辯，以遊無窮者」，〈齊物論〉：「夫大塊噫氣，其名爲風」，〈人間世〉：「氣也者，虛而待物者也」，〈大宗師〉：「伏戲氏得之，以襲氣母」、「陰陽之氣有沴」、「遊乎天地之一氣」，〈應帝王〉：「遊心於淡，合氣於漠」。《莊子》中「神」字出

現一百餘次，意義亦頗不相同，〈內篇〉言「神」除神人、神奇等外，亦有與鬼相連，意指神靈之意（《人間世》：「鬼神將來舍」）。而〈內篇〉論「氣」，則有自然現象、形軀生命與工夫修為等涵義。不過，〈內篇〉無論「神」或「氣」，皆是分別言之。

然而，〈天地〉之「忘汝神氣」與〈田子方〉之「神氣不變」，都是〈外雜篇〉中「神氣」連言的工夫修為之氣。「神」與「氣」連文，是「神」亦指「氣」。「忘汝神氣」之「神氣」乃是就著人的心知講，所以要忘，氣才會出來，也才可以自在自如，是以，此處之「神」其實是形容詞，用以形容「氣」的境界。而「神氣不變」之「神氣」，則是經過修養工夫而至體道後，所呈現之自在自得的精神境界。「忘汝神氣」與「神氣不變」，意義雖不相同，但都象徵莊學連言「神氣」之義旨，亦為莊學之開創性思想。

（七）〈外雜篇〉發展出以「氣」之聚散循環說明萬物生死的觀點，而有「死生一氣」的思想

〈內篇〉與〈外雜篇〉論「氣」，在思想內容上，有其一致之處，亦有相互發明者，但其中仍存在著相當程度的殊異。〈內篇〉之「氣」，多與生命精神相互輝映，較為偏向修養工夫論而言，未有宇宙生成論之思想，亦不以「氣」解釋生與死。〈外雜篇〉所言之「氣」，則涵義較廣，且偏向宇宙生成觀點而立論；以「一氣」之聚散循環詮釋生死現象，此是莊學的創舉。

所謂生死，皆因「一氣」之聚散循環，萬物生死乃自然現象，而為進一步說明死生一如（死生可齊一）之理，並表現了悟生死之智慧，〈齊物論〉以夢覺譬喻生死，認為生為迷夢，死為覺醒，正與世俗之見反其道而行，意在破除執著，扭轉以死生為憂喜之迷思。的確，人生若夢，執著生死更是大夢，「萬物」因「一氣」之流轉變化，可自此物到彼物、從彼物到此物，若能化掉心知執著與擺脫形軀拘限，莊周是「一氣」，蝴蝶也是「一氣」，莊周蝴蝶皆一也，正所謂天地一莊周也、萬物一蝴蝶也、莊周一蝴蝶也、蝴蝶一莊周也。因著萬物同為「一氣」之聚散循環，物我之間可彼此相忘，主客對立亦可消解融合，而此生命主體在精神上跨越對立、超越限制、情景交融、物我兩忘，即至隨物而化（物化）之境地。然此觀點似乎也有可能落入另一好死惡生之偏向的疑慮，實則，〈養生主〉曰：「丘也，與女皆夢也；予謂女夢，亦夢也」，話說人家正在生死夢中的本身，也是夢，此名之曰「弔詭」。是以，「弔詭」之說實乃莊子自我解構的生命智慧，隨說隨掃，將自己所說的化掉

（忘）。

　　依莊書，人不但可與天地之氣互相交通，亦可與天地間其他氣聚而生之
物相互涉入，就彷彿是作夢一般地自然。故自「物化」角度解讀生死，即知
死生乃是「氣化」現象，氣聚則生，氣散則死，人應無心自然，在生適生、
在死適死，而以「善吾生者，所以善吾死」（〈大宗師〉）之態度對應死生問題。

　　綜上解析，由〈內篇〉到〈外雜篇〉「氣」概念之開展與比較，透顯深刻
且獨特之「氣」義內涵。一直沉寂的「氣」概念思維，始終強烈地融貫於莊
書學說體系之中，亦深深地影響著此後「氣」概念的形成與發展。

　　試觀〈內篇〉所論之「氣」，較為傾向人之生命性、精神性之「氣」，亦
即偏重於修養工夫方面的論述。即使，莊書體系中之「道」，乃為萬物之宗，
且以實現原理的方式成就萬物，不過，莊書中並未嘗提出無為無形之「道」
如何生成萬物的明確論證。而〈外雜篇〉自「氣」概念出發，闡釋「氣」為
構成生命的原始材質，以「氣」概括宇宙萬物的生成變化與生死思想，實真
能與〈內篇〉之義理相互呼應，亦可彌補某些不足之處。是故，通觀〈內篇〉
與〈外雜篇〉之言，亦更能獲致莊子「氣」概念之全貌與真義。

　　至於，外雜篇之「氣」則偏向發揮宇宙生成理念與生死觀點。〈知北遊〉
所謂「通天下一氣」之說，以「氣」之聚散循環說明宇宙萬物之生成變化，
並強調人與萬物同根源於「道」，且能互通為一。故而，「通天下一氣」，除對
中國哲學之宇宙生成論具有重要貢獻外，尚為齊是非、同生死、泯善惡、均
得失之萬物平齊（即〈齊物論〉之「天地與我並生，而萬物與我為一」）思想
的理論根源。其次，「通天下一氣耳」以「人之生，氣之聚也；聚則為生，散
則為死」為根本命題，說明生死乃是一氣之化的聚散，勉人解開「遁天倍情」
之桎梏，「安時而處順」（〈養生主〉），更是生命智慧之充分展現。再者，〈內
篇〉與〈外雜篇〉之「氣」概念，雖有相當程度之差異性，其真正之意旨，
乃欲吾人透過「聽之以氣」的心齋修養，涵養其氣，並持守純和之氣，使得
生命主體與宇宙萬物契合為一，體現受氣於陰陽，神氣不變的精采，而能通
乎物之所造，乘物遊心於天地一氣之中。

　　此外，值得關注的是，在莊學宇宙生成論的哲學思維，「陰陽」概念顯
得特別重要。《莊子》內篇少談陰陽，至於外雜篇，陰陽一詞則屢見不鮮，
並且，〈內篇〉與〈外雜篇〉之論陰陽，當中的涵義是有區別的，徐復觀先
生即言：「外篇雜篇，有的地方以陰陽表達天地之造化。……內七篇中〈人

間世〉提到陰陽者三，〈大宗師〉提到陰陽者二，其中有四條皆就人身上而言，此皆係早期之陰陽觀念；至於外篇雜篇中之涉及陰陽者，則皆就天地造化而言」。〔註34〕〈內篇〉之「陰陽」二字連用凡四見，大多意指人體生理變化，如寒熱等；見於〈人間世〉：「事若成，則必有陰陽之患」、「吾未至乎事之情，而既有陰陽之患矣」，以及〈大宗師〉：「陰陽之氣有沴」、「陰陽於人，不翅於父母」（始具造化義）。〈外雜篇〉之「陰陽」，主要意指造化之意；見於〈知北遊〉：「陰陽四時運行，各得其序」，以及〈則陽〉：「陰陽相照相蓋相治，四時相代相生相殺，欲惡去就於是橋起，雌雄片合於是庸有。安危相易，禍福相生，緩急相摩，聚散以成」。〈外雜篇〉以「氣」與陰陽詮釋宇宙萬物之所生，視人與萬物「比形於天地，而受氣於陰陽」（〈秋水〉），強調萬物之生命是由陰陽之氣所構成的。依此則可意會，何以莊子之言「陰陽於人，不翅於父母」（〈大宗師〉）。

第二節　莊子「氣」概念在先秦諸子的分位

　　「氣」概念，在先秦諸子百家中，除了莊子（或《莊子》）書中的列子之外，並非是主要概念。〔註35〕莊子「氣」概念的提出，與其所處的時代環境關係密切。戰國時期是中國史上第一個大亂世，價值解體、人心失序，面對戰禍頻仍且深陷物欲之無可自救自拔的悖亂世代，莊子指出「心」的迷執是萬惡之首。因此，莊書援引「氣」概念之思想，一方面藉虛而待物之「聽之以氣」的「心齋」工夫，使有執的成心轉化為無執的道心，以達於空靈虛靜的生命境界；另一方面以「通天下一氣」之觀點，詮釋人之生死與萬物之化生，視死生為一如、萬物為同一。是以，莊書「氣」概念之深刻意涵，乃為挺立人的生命主體，使之不再向外流落，並且，消解生命的有限與存在的困頓，使失喪的心靈可以重獲安頓。而於戰國時期提出「一氣」概念的歷史意義則是，代表當時理論思維能力的提昇與對宇宙整體性之認識的發展。戰國而後，中國哲學之「氣」概念，雖有許多發展與變化，然而，「一氣」之涵義卻仍然貫徹其中，且一直被沿用。〔註36〕此「氣」概念思想，象徵宇宙萬物皆為「氣」所生，並且宇宙因「一氣」

〔註34〕語出徐復觀：《中國人性論史》〈先秦篇〉，頁361。
〔註35〕參閱嚴靈峰：《無求備學術論集》之「辯列子書不後於莊子書」，頁335～364。
〔註36〕譬如：《淮南子》〈本經訓〉：「天地之合和，陰陽之陶化，萬物皆乘一氣者也」、《董子文集》〈雨雹對〉董仲舒曰：「陰陽雖異，而所資一氣也」、《橫渠易說

而爲連續統一的整體，此爲中國氣論哲學最根本的思想。故而，一般所言之「氣論」，主要是指「一氣論」或「氣一元論」。

　　莊子睿智超群、理論深微，是道家的巨擘，若無莊子，道家便難以成爲能與儒家相抗衡並共存的思想學派，且莊書的重要性不言可喻，其思想影響亦是前仆後繼。縱使，莊子因著所處時代的艱辛困苦，表現其無奈應對於思想中的消極傾向，〔註37〕常予人避世印象，不過，莊書對於中國古代思想發展的激盪與啓示，實已超越其消極影響，是以，後人之消極態度亦不能全然歸咎於莊書。因此，莊子之於中國哲學史上之分位，其重要性與影響力，是被充分肯定的。即以管子「精氣」說爲例〔註38〕而予闡明：

　　管子乃以「精氣」來作爲宇宙萬物的統一原理。起初管子以水作爲本原的思考，這是中國哲學史上首次提出「水」爲萬物本原的學說，見於《管子》〈水地〉曰：「水者何也？萬物之本原也，諸生之宗室也，美、惡、愚、不肖、愚俊之所產也」、「水者，萬物之準也」、「水，具材也」，管子先著眼於五行中所謂土、金、木、水、火中，抽象出單一物質之「水」，作爲本原。然則，管子何以單單只選擇「水」，依《禮記》〈月令疏〉之記載：「水體最微，火比於水嚴屬著見，木比火象有體質，金比木其體堅剛，土載四行又廣大」，除此而外，再加上水具最易流動的特質。不過，水畢竟還是具有固定形體的物質，如何能夠成其爲一切宇宙萬物的本原，而此〈水地〉亦曰：「水者，地之血氣，如筋脈之通流者也」，這是吸收當時中醫對人體「血氣」、「筋脈」之認識，以論證「水」的重要性。其後，〈水地〉接著又說：「人，水也，男女精氣合，而水流行」，則言人的精氣相合在先，水之流行在後，而此即觸及到「水」與「精氣」的關係問題。亦正如呂思勉所言：「氣合而水流行，故五行之次以水

下》張載曰：「天惟運動一氣，鼓萬物而生，無心以恤物」、《困知記》羅欽順曰：「蓋通天地，亙古今，無非一氣而已」、《讀四書大全說》〈告子上〉王夫之曰：「天人之蘊，一氣而已」。

〔註37〕回溯歷史情境之中，省察莊子所以予人以消極之印象，不是因爲懦弱逃避，也不是因爲懼畏天命，乃是因爲他在亂世當中所感到無可奈何的必然性，因而，他深切的感受到自己的無能爲力，也明瞭無法掌控自己的命運，並且，真實的體認到，唯有隨順客觀的必然（安命無爲），方能保有心靈的寧靜，追求精神的自由。

〔註38〕《管子》相傳是春秋齊國管仲所撰，其實，也可能是戰國時期齊國稷下學者之著作總集。《管子》當中的某些篇章反映了管仲的事蹟與思想，據載此書共有564篇，實際上是86篇，現存76篇；注釋版本主要有清戴望：《管子校正》，與郭沫若、聞一多等：《管子集校》。

爲首」，也就是如此，管子至終則以「氣」（「精氣」）比水更爲根本。〔註39〕

　　關於「精氣」說的特點，可納歸爲三項。其一是虛而無形，依〈內應〉：「靈氣在心，一來一逝，其細無內，其大無外」與〈心術上〉：「道在天地之間也，其大無外，其小無內」而言，所謂小到極點而又大到極點之「氣」，顯然是一種無形之物。所以，〈心術上〉言：「冥冥乎不見其形」、「道也者，動不見其形」、「天之道虛」、「天之道，虛而無形」、「虛而無形謂之道」；氣既無形，自然就是虛的。其二是遍流無間，〈心術上〉曰：「虛則不屈，無形則無所抵牾」，只有具體有形之物（如木火土金水），才會相互抵觸，虛而無形之氣是毫無阻礙、永不窮竭的。所以，〈心術上〉言「氣」：「遍流萬物而不變」、「虛之與人也無間」，〈內應〉亦曰：「流於天地之間」，〈宙合〉也曰：「散之至於無間」。所謂遍流與無間，表明氣之「虛」，並非虛無，氣之「無形」，亦非不存在，而是指「氣」的流動變化是無處不在的，此爲〈宙合〉之言：「通

〔註39〕此外，〈太一生水〉與〈恆先〉等出土文獻，亦是研究管子水、氣概念思想的參考來源。由於〈太一生水〉楚簡之出土，使學界關注到古代道家的宇宙生成論及本原說，除尚「氣」這一系統外，還有向來被忽視之尚水說此一系統。水是道家的第一性，老莊皆出於淮河水鄉，而受楚宋影響的《管子》〈水地〉亦以水爲萬物之準，則太一與水的牽連，有其必然性。戰國秦漢太一既是天地萬物的創造者、典章禮樂的本源，又是眾星拱之天極星神；而太一星神的崇拜，與東南道家淮水楚宋故地有地緣關係，而出土於楚地的〈太一生水〉，即屬於這個地域文化的思想，與燕齊以北方水德爲中心的觀念不同。陳鼓應先生以尚水說可源於老子，《老子》貴柔，以水性善下之（〈六十六章〉）且柔能勝剛（〈七十八章〉），並盛讚水善利萬物而不爭（〈八章〉）（參閱《管子四篇詮釋：稷下道家代表作》，頁71）。除此，莊萬壽先生則以「太一生水」在思想史上缺乏直接承先啓後的脈絡，而其形成應在太一與水兩個獨立概念之後，重新探討太一與水之關係及發展（參閱莊萬壽：〈太一與水之思想探究──《太一生水》楚簡之初探〉，《哲學與文化》（台北市，26 卷 5 期，1999 年 5 月））。此外，李零：《上海博物館藏戰國楚竹書》，第三冊〈恆先〉一篇（上海：古籍出版社，2003），論及宇宙生成思想涵蓋「恆」、「氣」、「有」三個環節；〈恆先〉言：「天下之作也，無不得其恆而果遂」，此與《老子》〈三十九章〉：「昔之得一者，天得一以清，地得一以寧，神得一以靈，谷得一以盈，萬物得一以生，侯王得一以爲天下正」之寓意相近；而〈恆先〉所言之氣屬於無有之間的存在。依據〈恆先〉論述之宇宙生成觀點所予以的恰當理解，恒代表的是世界的終極本原，氣則是"有"的本原。「恆」代表的是世界的終極本原，「氣」則是「有」的本原（因爲〈恆先〉中，恆本身就是一個帶有終極意義的詞，且饒宗頤先生曾撰文〈帛書〈繫辭傳〉"大恒"說〉，載於陳鼓應主編《道家文化研究》第三輯，上海古籍出版社 1993 年，認爲「大恒」是漢以前〈繫辭傳〉本來面目，並列舉了「恆」字在楚學中受到重視與使用的情況）。

乎無上，詳乎無窮，運乎諸生」，亦即〈內應〉所言：「道滿天下，普在民所」。並且，「氣」的流動變化亦是無時不有，〈內應〉中清楚可見氣之「一往一來」、「一來一逝」、「其往不復，其來不舍」、「往來莫知其時」、「淫淫乎與我俱生」，可知宇宙萬物皆於「氣」的流動變化中，「氣」實具有最大的普遍性。〔註40〕不但如此，氣的流動變化亦包含「氣」之轉化，〈內應〉曰：「一物（氣）能化謂之神」，〈心術下〉亦曰：「一氣能變曰精」、「化則為生」，都是說明一氣向萬物的轉化。〔註41〕其三是內藏泉源，依〈內應〉言：「精存自生，其外安榮，內藏以為泉源，浩然和平，以為氣淵。淵之不固，四體乃固，泉之不竭」，可知「精氣」具有成為宇宙萬物生成之泉源的功能，且「精氣」的功能是取之不盡、用之不竭的。依循〈白心〉言：「道者，一人用之，不聞有餘，天下行之，不聞不足，此謂道矣。小取焉則小得福，大取焉則大得福，盡行之而天下服」，可見「精氣」具有無窮無盡的功能，宇宙萬物與「氣」不可須臾離。且就〈內應〉所言：「此氣，杲乎如登於天，杳乎如入於淵，淖乎如在於海，卒乎如在於屺」，此變化莫測之「精氣」功能，並非來自他處，而是精氣所自具，即所謂「精存自身」。依上論述可知，「精氣」〔註42〕乃指極精靈細微之氣。「精氣」瀰漫於天地，充形於萬物；人若吸納愈多精氣，生命力即愈強，智慧亦愈高。

　　而與「精氣」概念相關聯之「精」字，主要有四層涵義：〔註43〕其一，「精」與大、粗相對，細微之意；〈內業〉言靈氣曰：「其細無內，其大無外」，細即精字細微之意。其二，與細微相連之意，「精」字有純粹、純潔之意。其三，與細微、純粹之意相連，「精」字有變化神妙之意；〈心術下〉：「一氣能變曰精」，此是對〈內業〉：「一物能化謂之神」的注解。其四，「精」字有精神之意；依〈內

〔註40〕　「氣」具有最大的普遍性，能夠產生生命；〈內應〉有言：「氣道乃生」，據清戴望之解釋：「氣道乃生，猶言氣通乃生耳」，可見氣是流通不息、暢通無阻的，也只有氣流通了，才能產生生命。

〔註41〕　於一氣向萬物的轉化之觀點上，〈內應〉又言：「化不易氣」，顯示即使千變萬化，亦無法改變氣的物質本性。此如亞里斯多德所言：「萬物的唯一原理就在物質本性。萬物始所從來，與其終所入者，其屬性變化不已，而本體常如」，除揭示了物質（精氣）與運動（流、化）的不可分割性，亦印證了物質是永恆性與變動性的統一：參閱亞里斯多德：《形而上學》，頁7。

〔註42〕　陳鼓應言：「稷下道家繼承了老子道論中的形而上之道，並將之轉化，以『心』、『氣』為主要論述之範疇，泛見於〈內業〉與〈心術下〉，從而成就了中國哲學史上極為著名的『精氣說』」。參閱《管子四篇詮釋：稷下道家代表作》，頁50。

〔註43〕　「精」字四層涵義，參考自李存山：《中國氣論探源與發微》，頁159。

業〉：「凡人之生也，天出其精，地出其形」。綜上解析，「精氣」是即細微、純粹、神妙之氣，且「精氣」進入人的身體可轉化爲人的精神。〔註44〕

〈白心〉、〈內業〉、〈心術上〉、〈心術下〉四篇之精氣說與全心論，是管子闡述心與「氣」之關係的重要記載。〔註45〕心的概念離不開「氣」，較一般心靈更深隱的「彼心之心」（前知覺的心靈），自然也離不開比一般氣更精微的某種類型之氣。據管子言，「全心」之意乃是「彼心之心」逐漸滲透擴充至經驗意義的心，亦完全化爲「精氣」之流行，兩層心復合爲一，此時即是「全心」。是以，「全心」的成立是「彼心之心」徹底滲化日常之心，兩者渾融浹釋，化而爲心氣流行的結果。

管子以單一物質來說明宇宙整體的嘗試，〔註46〕與老子以「道」爲世界本原之思維，都是以最精微之材質（或透明體）〔註47〕作爲構成宇宙萬物的形構原理，兩者之間實有其異曲同工之妙。〔註48〕毋寧說老子之「道」是春

〔註44〕 此外，依據〈水地〉之主要思想——男女精氣合而水流形（〈水地〉之主要思想尚包括：水者萬物之本原與水者地之血氣）；男女合精而稟賦生命，生命於水中流動成形，此男女精氣合的觀點，乃屬道家萬物化生之課題（此如《列子》〈天瑞〉云：「天地含精，萬物化生」）；且道家精氣化生萬物的說法亦爲《易傳》所本（此如〈繫辭〉云：「天地絪縕，萬物化醇；男女構精，萬物化生」）。

〔註45〕 參閱陳鼓應：《管子四篇詮釋：稷下道家代表作》，序言頁2：「從《管子》四篇，可明白孟子心氣一類哲學議題的由來。……四篇的心學、氣論，實爲中國古代思想史不可或缺的一環。……稷下道家所形成的黃老之學，是爲戰國諸子顯學中的顯學」。

〔註46〕 李志林先生言：「《管子》的精氣說不是憑空產生的，而是沿著兩條路線進行抽象的結果。第一條路線：「六氣」→「道」→「氣」（「精氣」）；第二條路線：「五行」→「水」→「氣」（「精氣」）。二者可謂殊途同歸，但前者顯得更爲重要」：語出《氣論與傳統思維方式》，頁31。

〔註47〕 一如黑格爾所說：「水則與土相反，是統一體，是透明體，我們很明顯地看得出它表現著統一的形式。……所以，必須在自身中具有統一性」；此謂最初的哲學家總以最精微之物質、透明體來作爲世界統一性的形式，並且因此將它作爲構成宇宙萬物之最基本元素，同時，這也是符合認識發展規律的。參閱《哲學史講演錄》第一卷，頁199。

〔註48〕 管子與老子對「道」之解讀不同，整理自李志林先生之說法，分四方面加以說明：其一是老子之「道」「先天地生」，乃超離並高於宇宙萬物之上之超時空的絕對精神；而管子則言「虛無無形謂之道」、「無爲之謂道」（〈心術上〉），「道」雖是宇宙萬物的總原理，然卻是自天地出，在天地之中與天地一樣是無限的。其二是老子之「道」「其中有精」，是由精混成之獨立的精神力量，「道」與精是包含與被包含的關係；而管子之「道」，往往與「氣」相通，此如〈內業〉：「道者，所以充形也」、〈心術下〉：「氣者，身之充也」、〈樞言〉：「道之

秋時期六氣五行說向管子「精氣」說發展的中介，而管子之「精氣」說，依〈侈靡〉所言：「天地精氣為五，不必為沮」，亦將「五行」納入於其「氣」論體系之中，只是，管子之言「五行」，已不同於表示地上的五種物質，而是失去其原有形質之附於四時的五種物質。〔註 49〕因此，管子之「精氣」說，以「氣」作為宇宙的本原，區分「氣」與有形之物，說明物質的統一與多樣，此亦為管子「氣論」思想最獨到之處。〔註 50〕

在天者，日也；其在人者，心也；故曰：有氣則生，無氣則死」，再者，〈心術上〉以「其大無外，其小無內」形容「道」，而〈內應〉以「其細無內，其大無外」形容「氣」，管子認為「氣」充滿於天地之間，可說是無限大，然而，「氣」又是最小的物質單位，故又可說是無限小。其三是老子之「道」是說明宇宙萬物的起源，而管子之「道」則是解釋宇宙萬物的構成，將「氣」視為宇宙萬物的本原（〈內應〉所謂：「精也者，氣之精者也」、「凡物之精，比則為生，下生五穀，上為列星，流于天地之間，謂之鬼神；藏於胸中，謂之聖人，是故名氣」、「天出其精，地出其形，合此以為人」；精氣是比一般的氣更加精微的氣，精氣是宇宙萬物最終的物質本原，氣產生天地中的種種東西，如地上的五穀生長，天空中的列星分布，氣流行於天地之間，凝聚成天地間一切之有形體，氣更進入人體，產生智慧，甚而構成人之形體、精神與生命）。並且，〈樞言〉、〈內應〉篇亦明確指出：「有氣則生，無氣則死，生者以其氣」、「氣道乃生，生乃思，思乃知」；整個宇宙皆是物質性的氣（精氣）所生，人亦為氣（精氣）所構成，氣是第一序的，而認識、思想等精神現象則是第二序的。其四是老子之「道」是規律，是所謂「莫之命而常自然」（〈五十一章〉），歸根曰命之意即歸根於「道」，此「道」即表規律（人於自然運命之前是無能為力的，故有消極無為之傾向），並且，「道可道，非常道」（〈一章〉），規律之「道」亦是感覺經驗與理性思維所無法把握到的，所以，應不窺牖，而見天道，閉木塞聽，與外界隔絕；而管子之「道」，〈七法〉有言：「根天地之氣，寒暑之時，水土之性，人民鳥獸草木之生，物雖甚多，皆均有焉，而未嘗變也，謂之則」，說明「道」或規律是依存於物質（氣）的，規律是天時、水、土、植物與動物，以及人類等各種事物中共有且穩定的東西，而且，管子認為規律是不以人的意志為轉移的，〈形勢〉：「天不變其常，地不易其則，春夏秋冬不更其節，古今一也」，人們不能依味無為，而必須遵循規律行事，即〈形勢〉所言：「順天者，有其功；逆天者，懷其凶」。參閱《氣論與傳統思維方式》，頁 31～34。

〔註49〕 〈四時〉：「東方曰星，其時曰春，其氣曰風，風生木與骨，……南方曰日，其時曰夏，其氣曰陽，陽生火與氣，……中央曰土，土德實輔四時入出，以風雨節土益力，土生皮肌膚，……西方曰辰，其時曰秋，其氣曰陰，生金與甲，……北方曰月，其時曰冬，其氣曰寒，寒生水與血」；此謂「五行」由「氣」而生，將東、南、西、北四方與春、夏、秋、冬四時相配列，並將四時之更替與木、火、土、金、水之相生順序關聯起來。

〔註50〕 《管子》「精氣」說已將道解釋為精氣，但卻忽略氣分陰陽這點，而《呂氏春秋》除釋道為「精氣」，且將氣分陰陽之說，在理論上實有超克《管子》之處。成書於戰國末年之《呂氏春秋》以為萬物都生於太一，都是陰陽之

　　中國哲學的「氣」概念，致廣大，盡精微；其廣大以致於無外，其精微以至於無內；無外與無內即是不留空隙，將無限空間從宏觀到微觀全部充滿。《管子》〈內應〉：「道滿天下」、《荀子》〈云賦〉：「充盈大宇而不窕」，皆是說明「氣」充滿空間，具有連續性；張載《正蒙》〈太和〉更明言：「知太虛即氣則無無」，王夫之《正蒙》亦言：「虛涵氣，氣充虛，無有所謂無者。氣在空中，空無非氣，通一而無二者也」，虛空即氣、空無非氣（否認虛空），〔註51〕此是氣論哲學的基本思想。

　　除管子而外，張載言「氣」，亦很深刻。《正蒙》〈乾稱〉：「至虛之實，實而不固；……實而不固，則一而散」，此是說明「至虛」之中有「氣」，所以

化；〈大樂〉篇曰：「太一出兩儀，兩儀生陰陽，陰陽變化，一上一下，合而成章。渾渾沌沌，離則復合，合則復離，是謂天常。……萬物所出，造於太一，化於陰陽」，此言有天地就有陰陽，陰陽變化就產生萬物，天地始於太一（太一就是道），即渾沌狀態，而渾沌狀態分離為天地，化於陰陽之後，仍要復歸於渾沌，回到太一，這就是自然的規律（天常）。其次，《呂氏春秋》亦以「精氣」作為宇宙萬物的本原；〈有始〉篇曰：「天微以成，地塞以形。天地合和，生之大經也」，此言天地產生之前，只有「氣」存在；又〈應同〉篇曰：「因天之威，與元同氣」、「芒芒昧昧，廣大之貌，天之威，無不敬也，非同氣不協」，此言天地的產生是「氣」變化的結果，氣輕清者成天，重濁者成地，天地形成之後，萬物便稟受天地之氣而成形。於是，《呂氏春秋》於「精氣」的基礎上，又引出了「形氣」的概念；〈盡數〉篇所謂：「形氣亦然，形不動則精不流，精不流則氣鬱」，顯然《呂氏春秋》亦具氣一元論思想。而且，無論是「精氣」或「形氣」，皆有陰陽之分；舉凡〈大樂〉篇：「萬物所出，造於太一，化於陰陽」、〈本味〉篇：「若射御之微，陰陽之化」、〈仲夏紀〉篇：「陰陽爭，死生分」、〈有始〉篇：「陰陽，材物之精」等；在在都表明了《呂氏春秋》釋道為「精氣」，且氣分陰陽之說，乃《管子》思想所未及。

〔註51〕中國古代哲學之所以否定虛空，即並未提出運動必以虛空為其基本條件的思想，其一是因虛實之間可以相互轉化，其二是因中國的地理環境、氣候特點使得連續性物質（「氣」），在宇宙間循環運動的思想深植人心。中國古代哲學家認為，陽氣始於東北而盛於東南，陰氣始於西南而盛於西北，春秋東夏是陰陽二氣在宇宙間之此消彼長、循環運動（「陰陽之推移也」）；從一年之變化來說，陰陽二氣主要圍繞東西南北循環，就一日之變化而言，陰陽二氣主要圍繞上下東西循環，此即《大戴禮記》〈曾子天圓〉所謂：「天道曰圓」，亦即《易傳》所謂：「一陰一陽之謂道」、「剛柔相推而生變化」；易言之，就是將陰陽二氣的消長循環作為宇宙運動變化之規律與原因。相對中國古代哲學之以物質屬性——陰陽，其間之消長循環作為宇宙運動變化之規律與原因，西方哲學家以虛空做為原子的運動條件（而非原子自身運動的原因），如果說原子的運動是由於碰撞，那麼，仍然並未說明引起碰撞之原子的原始運動；整理自羅素：《西方哲學史》上卷，頁99。

是實，〔註52〕「氣」希微不形，有聚有散，所以是「實而不固」，正因「實而不固」此一矛盾，所以才能「一而散」；亦即在「一」之中包含著「多」。《正蒙》〈神化〉曰：「所謂氣也者，非待其郁蒸凝聚，接於目而後知之；苟健順、動止、浩然、湛然之得言，皆可名之象爾。然則象若非氣，指何爲象？時若非象，指何爲時」，張載以健順、動止、浩然、湛然爲「氣」之本然狀態（屬性），其中，「健順」即陰陽之矛盾（有此陰陽矛盾，即具凝聚與散發兩種抗衡的力量）；「動止」即由陰陽所引起，而非外物所決定（《正蒙》〈神化〉王夫之曰：「非氣之外有神也」）；「浩然」即具有空間屬性之廣襃；「湛然」即聚而有象，清虛無礙之狀態。〔註53〕張載所謂「氣本之虛則湛一無形」之「一」，是包含著矛盾的一與多之對立的統一，只有這樣，「氣」才能運動。是以，中國哲學之「氣」概念包含著一與多、有厚與無厚、無形與有形之微、連續性與點積性之矛盾，在這些矛盾中蘊含著原子論產生的萌芽。

〔註52〕「實」在中國氣論中具有兩層涵義：其一是「虛空即氣」，「氣」是實有之物，虛空本身就是「實」；其二是聚而成形之物比未聚成形之「氣」更爲充實，因而無形有形又有虛實之分。而虛實之分又可稱爲清濁之分，即無形爲清，有形爲濁，張載《正蒙》〈太和〉曰：「太虛爲清，清則無礙，無礙故神；反清爲濁，濁則礙，礙則形」；王夫之《正蒙注》〈太和〉曰：「氣之未聚於太虛，希微而不可見，故清。清則有形有象者皆可入於中，而抑可入於形象之中⋯⋯氣聚於太虛之中，則重而濁，物不能入，不能入物，拘礙於一而不相通，形之凝滯然也」；如此，氣論就有兩種不同的屬性，一是清虛無形，具有可入性之物質，另一則是濁重有形，形與形不可入之物質，基本上，這兩種物質可相互轉化，而「虛」是物的根本，也就是說太虛無形是「氣」本來的狀態，所以萬物形色即是氣聚而生的產物。而且，因爲無不能生有，有亦不能生無，所以，空不逾實，實不逾空。由於，原子論者主張物質具有不可入性，就必然肯定有虛空的存在，使其成爲物質運動的條件，而中國古代哲學家承認物質之「至虛之實，實而不固」（《正蒙》〈乾稱〉）此一矛盾，且物質亦有清虛與重濁之分，清虛即可無礙，因此，「知虛空即氣則無無」（《正蒙》〈太和〉）。

〔註53〕笛卡兒物質觀與中國氣論相同者是「動止」與「浩然」（即廣襃，類似虛空或絕對空間的同一性）這兩方面，而不同者是笛卡兒物質觀缺少了「健順」與「湛然」兩種屬性。由於，笛卡兒之物質觀只有「浩然」廣襃的同一性，而無「健順」之矛盾，所以，物質只有自上帝處才能獲得運動與靜止的情狀（動自外來），而中國氣論對於運動的解釋則是動非自外。而且，笛卡兒訴諸上帝以爲「動止」之因，卻忽略了《正蒙》〈太和〉張載所言：「氣本之虛則湛（王夫之曰湛，澂澈而靜正）一無形，感而生則聚而有象」，氣論思維之清與濁、可入與不可入之相互對立與轉化，亦即清虛無礙之氣是使充滿空間的微小物質之運動條件。當笛卡兒將物質屬性定義爲廣襃時，笛氏只有意識到廣襃的連續性而未顧及到廣襃物應有被分割性，因而，並未能使物質運動。參閱李存山：《中國氣論探源與發微》，頁337～352。

　　依上論述可知，莊書對後世之影響，既廣博又深遠。莊學以氣化觀點詮釋生命的起源與演化，肯定生命的工夫修養，對中醫理論與氣功發展有其相當意義，且其闡明時間空間的眞實意含，提出宇宙無窮的深刻理念，〔註54〕對於自然科學的啓發亦有其重要貢獻。尙有，莊子超脫世俗之齊物觀與逍遙論，以浪漫取向所表現之文學形式，在中國文化史上亦有其不可抹滅的功績。

　　此外，須要指出的是，關於道家「守氣」、「養氣」的思想，與儒家治氣養心的思想，亦有其共通之處。道家「道」「氣」關係與「守氣」、「養氣」之思想，後爲儒家所吸收改造，成爲儒家心性之學的重要內容，並予宋明理學的道氣之辨以啓迪，而爲宋明理學道氣論的重要思想來源之一。因此「氣」概念之影響與價值，吾人必須肯定的是：「中國人的文化上永遠留著莊子的烙印」。〔註55〕

第三節　莊子「氣」概念之現代詮釋

　　莊子「氣」概念的思想要旨，在於建構與闡發「道」與「氣」的宇宙生成論意涵，並落實於人生的修養工夫上，作爲生命上達的最高境界。其實，「氣」

〔註54〕莊子是中國首位肯定時空無限性的思想家，無窮即今之無限（infinite）；〈逍遙遊〉：「乘天地之正，而御六氣之辯，以游無窮」，這是關於無窮之域的想像、〈應帝王〉：「體盡無窮，而游無朕」，表明現象世界是無限的，至人應悉心體認現實世界的無窮無盡、〈齊物論〉：「六合之外，聖人存而不論；六合之內，聖人論而不議」，六合即天地四方，此亦表明莊子認爲在有限的天地之外，尚有無邊無際的浩瀚宇宙，這也顯示了莊子宇宙無窮（空間）的概念。其次，莊子亦有時間無窮的說法，〈齊物論〉：「有始也者，有未始有始也者，有未始有夫未始有始也者」，如果世界有一個開端，那麼，就有這個開端的開端，有這個開端的開端，那麼，就應有這個開端的開端的開端，如此追溯，必然無窮、〈齊物論〉：「有有也者，有無也者，有未始有無也者，有未始有夫未始有無也者」，世界有存在，又有非存在，在非存在之前又有非存在尚未有之時，也會有這非存在尚未有之時的尚未有之時，如此溯源，無窮無盡，可知時間是沒有開端的。此外，莊子所言「無古今」、「無所終窮」（〈大宗師〉），及「與外死生無終始者爲友」（〈天下〉），亦表明其時間無窮之說；「年不可舉，時不可止，消息盈虛，終則有始」（〈天下〉），年月無法捉摸，時間不能留滯，事物消長盛衰自有其不可改變之規律，此亦涉及時間的流逝不以人的意志爲轉移的客觀性問題。綜而言之，時間與空間的無窮就是宇宙的無窮，〈庚桑楚〉嘗謂宇宙之定義爲：「有實而無乎處者，宇也；有長而無本剽者，宙也」；宇是上下四方之空間，空間實有而無定位，表明空間是無限的，宙是古往今來之時間，時間不斷流逝而無本末之終極，表明時間是無限的。

〔註55〕語出聞一多：《聞一多全集》第二卷〈古典新義〉，頁281。

一辭的用法與適用性極其廣博，如果完全依照「氣功」〔註56〕觀念來加以解釋「氣」概念，是絕對無法全盡的。不過，莊子的若干思想亦存在由「氣功」觀點來詮釋的可能性，此如〈養生主〉：「緣督以爲經，可以保身，可以全生，可以養親，可以盡年」及〈大宗師〉：「古之眞人，其寢不夢，其覺無憂，其食不甘，其息深深。眞人之息以踵，眾人之息以喉」。所謂「緣督以爲經」與「眞人之息以踵」，常被後代註釋家認爲是煉丹或「氣功」的方法，王夫之就嘗言：「身前之中脈曰任，身後之中脈曰督。督者居靜，而不倚於左右，有脈之位而無形質者也。緣督者，以輕微纖妙之氣循虛而行，止於所不可不止，而行自順以適得其中」。〔註57〕此外，蘇東坡亦曾詠詩道：「平生學踵息，坐覺兩鐙溫」。〔註58〕不過，「緣督以爲經」與「眞人之息以踵」的眞實意涵，可能並不似王夫之與蘇東坡之所言，是爲練氣之意或涉及「氣功」之問題。憨山大師之解讀，就以完全無關乎練氣之「以心釋之」的方式詮釋而爲：「緣，順也；督，理也；經，常也。言但安心順天理之自然以爲常，而無過求馳逐之心也。」〔註59〕、「此釋上深深之義。踵者，腳跟也。以喻息之所自發處，深不可測，故心定不亂」。〔註60〕

　　原則上，道教比起道家重視「氣功」問題，而後期道家比起前期道教注重有關「氣功」之事（亦即「養生之術」），因此，若只憑無普遍性之「氣功」觀點，而欲理解莊子「氣」概念哲學的話，必然會忽略掉許多東西。〔註61〕

〔註56〕一般而言，「氣功」不是由先天或後天自然而然能夠體會得到的，而是必須經過某些技巧的練習和訓練且不一定可以具備得成的，因而，「氣功」本身並無普遍性。

〔註57〕參閱王夫之：《莊子解》，頁30～31。其他學者也引用此段說明「緣督以爲經」者，有李澤厚：《中國古代思想史論》，頁169與陳久如著《皇帝內經今譯》，頁157～161。

〔註58〕語出《東坡文集》〈蔡州道上遇雪〉。

〔註59〕語出憨山：《老子道德經憨山解・莊子內篇憨山註》〈養生主・莊子內篇憨山註〉三卷，頁3。

〔註60〕語出憨山：《老子道德經憨山解・莊子內篇憨山註》〈大宗師・莊子內篇憨山註〉四卷，頁9。

〔註61〕有些人以〈刻意〉：「吹呴呼吸，吐故納新，能經鳥申，爲壽而已矣。此道引之士，養形之人，彭祖壽考者之所好也」所言，做爲莊子「氣功」術的根據；然而，事實上，莊子理想中的人物，並非只是「道引之士」的養形之人彭祖，其希冀的是「不刻意而高，無仁義而修，無功名而治，無江海而閒」的「養神之道」（〈刻意〉），而不是練氣之類的「氣功」。關此可參閱張榮明：《中國古代氣功與先秦哲學》頁194；及黃山文化書院編：《莊子與中國文化》之陳

是以，〈達生〉云：「悲夫！世之人以爲養形足以存生；而養形果不足以存生，則世奚足爲哉！雖不足爲而不可不爲者，其爲不免矣」，真正生命之主所追求的，不是養形，乃是在於養神之道。因著「氣」之用法與適用性是如此地廣博，以下即就四大面向，分別析論莊子「氣」概念之現代意義。

一、「氣」論思想是中國古代的自然觀

古人仰觀俯察，自人的生老病死、四時之更迭交替，到大自然之飄風驟雨與滄海桑田，尋求在千變萬化的世界之中，是否依循著一定的律則。此由變化現象探索不變原理、自形下世界反歸形上領域的哲學思考，將人類的生命帶入更高的領域與境界。

在春秋時期，「氣」被用以說明宇宙的秩序與普遍的關係；戰國時期，「氣」被視爲化生宇宙萬物的原始材質；秦朝之後，「氣」論思想相繼被兩漢、魏晉南北朝、隋唐、宋元明清的哲學家承傳與發展。「氣」概念不僅是哲學概念，而且滲透到中國古代各門具體科學，特別是天文學、醫藥學等學科，是在歷史脈絡中具有其深遠影響的重要概念。至今，中國傳統的醫學與運動健康休閒等思維，仍然與「氣」概念關係密切，並且，新興的人體科學正將「氣」概念作爲科學研究的對象。

二、莊子乃凸顯以「變」爲主的哲學家

莊子言「氣」，主張氣變〔註62〕而化。〈大宗師〉曰：「孟孫氏不知所以生，不知所以死；不知就先，不知就後；若化爲物，以待其所不知之化已乎！且方將化，惡知不化哉？方將不化，惡知已化哉？吾特與汝。其夢未始覺者邪」，所言「生死」、「先後」、「化不化」間的無窮變化，其中，「化不化」〔註63〕可以代表人生所有的變化，而且，「化不化」就像是夢境中的快速變幻，每一時刻當下立即發生（「方將化」、「方將不化」）。莊子其人，即如〈天下〉所云：「雖然，其應於化而解於物也，其理不竭其來不蛻，芒乎昧乎，未之盡者」，

廣忠：〈《莊子》氣功試解〉與潘明環：〈淺談《莊子》與氣功〉。

〔註62〕特別是「質變」；參閱〈逍遙遊〉：「北冥有魚，其名爲鯤。鯤之大，不知其幾千里也。化而爲鳥，其名爲鵬。鵬之背，不知其幾千里也。怒而飛，其翼若垂天之雲。是鳥也，海運則將徙於南冥。南冥者，天池也」；莊子以「變」爲主的哲學思維，與老子以「常」爲主的形上體驗，有著顯著的差異。

〔註63〕「化不化」即是「變化無常」（〈天下〉）。

通過各家批判之後，莊學欲顯其最理想的境況，是「應於化而解於物」，由此可知，「化」是莊學之要旨。並且，依循莊學之思維脈絡，氣變而化有之目的，就主體而言，是「使物自喜」（〈應帝王〉）；就萬物而言，是「極物之真」（〈天地〉）；就主客體而言，是「物自化」（〈在宥〉）。

三、莊子「氣」概念的理論影響

　　一般而言，於「氣論」思想發展與演變的歷程〔註64〕之中，在莊子之前的「氣」概念，並非先秦諸子百家思想的重心之所在。然而，這樣的情況到了漢代之後已有所改觀，「氣」成為說明宇宙本體與自然現象的主要概念，尤其是與「五行」相關聯的「元氣」思想。隋唐時期，「氣」亦不是中心概念。時至宋代，有關莊子「氣」概念的詮釋，歷經唐代成玄英、王通、韓愈有關「正氣」、「和氣」、「靈氣」等探討，「氣」概念又再度成為令人關切的論題；張載的「太虛」說開啟宋明的「氣論」思想，且自二程子以來，「氣」概念儼然已成說明人性的核心理論。元明時期吳澄、湛若水、劉宗周等思想家，尚有清代的知識份子顏元、戴震、王夫之等，這些哲學家皆屬「氣一元論」者之表徵；如此亦顯示，清代儒者仍以「氣」來說明宇宙本體與自然現象，同時，也用「氣」來作為解釋人性的核心概念。依此可知，「氣」概念幾乎在每一時期都受到重視，而且，自歷代不少氣論家皆曾註解過《莊子》〔註65〕的事實來推敲，莊子的「氣」概念必定深遠地影響著後代思想。

　　中國傳統之「氣」概念發展，其過程是源遠流長的。在中華民族的文化寶庫中，不僅有曾為人類的文明進步作出卓越貢獻的古代哲學，並且，也有

〔註64〕學者對「氣」論發展過程的看法不同：任繼愈先生曾將「氣」論發展劃分為三階段；先秦——精氣論，漢唐——元氣自然論，宋至明清——元氣本體論；參閱《中國古代樸素唯物主義的特點》，載於《人民日報》1964年4月19日。張岱年先生主張：先秦——精氣論或一氣論，兩漢——元氣論，宋至明清——氣一元論；參閱《中國古代唯物主義的歷史發展及其特點》，載於《中國哲學史研究》1985年第1期。李志林先生自辯證法出發，將「氣」論發展概括為三階段；先秦——察類（對「氣」論形態之分類），漢唐宋——求故（對氣化源泉之探求），宋明清——明理（對氣化規律之闡明）；參閱李志林：《氣論與傳統思維方式》，頁1。

〔註65〕王夫之：《莊子通》、《莊子解》；吳澄：《莊子南華真經點校》；方以智：《藥地砲莊》，可為代表作。其他更詳細的書目，參閱嚴靈峰：《列子莊子知見書目》。

與西方原子論相互媲美的「氣」論自然觀；〔註66〕而此「氣」概念思維對中國古代哲學、文學與科學，皆產生了巨大的影響。只是，自清末至明初，西風東漸，古老中國經不起衝擊而搖搖欲墜，知識份子為救亡圖存，以「師夷之長技以制夷」而為主流價值，傳統氣論思想先是被物理、化學、天文學所改造，繼而又為物質概念或科學實驗所取代，不但解消其哲學意涵，甚有學者主張氣論退出哲學領域而附屬於科學之下。此間誤解實導因於不理解哲學與科學，因著方法、範圍之不同，功能形貌則必互異之認知，而最重要的是，必須真確體認哲學與科學領域雖不同卻可互為表裡之事實。這段時間可說是中國氣論思想的黑暗時期，五〇年代之後，大陸學者（幾乎一致地）開始以唯物主義為基本立場，重新研究中國傳統的氣論思想，以馬克思理論為預設判準，在特殊政治氛圍中找尋其唯物蹤跡，雖無可避免會有牽強附會、斷章取義之情事，但於重新整理中國氣論相關史料之企圖與努力上，仍具有其積極意義與研究價值。

四、自比較觀點彰顯莊子「氣」概念的理論價值

回溯歷代不同派別的哲學家，自不同的思維角度，對「氣」概念的諸多層面進行程度不同的抽象探討，與形成諸家「氣」論對「氣」概念的種種理論規定。是以，歷史地探究古代「氣」概念思維的發展，旨在掘發優秀歷史文化遺產的現代意義，亦為研索民族文化傳統中之思想精華，與現代化科學思維的歷史接合。而能充分展現現代全新之科學意義者，則表現於「氣」論與原子論於目前所呈現之合流趨勢，而此趨勢可自現代物理學的物質觀、中西醫結合，以顯示其中西自然觀於現代合流之理論根據。

自現代科學之意義及其發展趨勢，可以審視中（氣論）西（原子論）傳統自然觀之差異，本書希冀以此為進路，透過比較觀點，進一步把握莊子「氣」概念（中國傳統「氣」概念思維）之理論價值。即就中西方自然觀於文化背景與社會、思維方式與科學發展型態之差異，論述「氣」概念之理論價值如下：

（一）文化背景與社會政治的差異

古希臘社會是多個政治經濟獨立之小國寡民式的城邦國家。在西方之社

〔註66〕參閱第一章第二節既有研究成果的綜述與檢討，關於李志林先生的部份。

會政治領域，個體觀念十分盛行，每個人皆具獨立人格，﹝註67﹞集合個人之自由意志，即形成社會，此猶如單個原子集合而構成物質。整個西方一切倫理、道德、社會、政治、經濟、法律等，都在於謀求個體性之發展，此與古希臘哲學家視個體爲宇宙本原之原子論思想，不無關係。

　　反觀中國古代之政經社會，宗法制度與中央集權之君主專制主導一切。中國以家族爲本位，從夏朝開始就建立了以家天下爲特徵之宗族統治，自戰國時代就進入了以大一統爲特徵之封建社會，個人只能消融於宗氏親族與整體社會之中。傳統儒家之殺身成仁、捨身取義，道家理想之「天地與我並生，萬物與我爲一」，此對重視整體性之「氣」概念思維具有重要之啓發。

（二）思維方式的差異

　　自然觀是思維方式之產物，李約瑟博士認爲：「當希臘人和印度人很早就仔細地考慮到形式邏輯的時候，中國人則一直傾向於發展辯證邏輯」。﹝註68﹞古希臘之形式邏輯發微自歐幾里得幾何學；原子論者德謨克利圖斯與伊比鳩魯皆是邏輯學家；亞里斯多德主張嚴格的邏輯主義；古希臘哲學家之認知自然，注重形式概念與抽象思維，熱衷於自然界中抽繹出某種純粹形式之簡單觀念，例如時間、空間、質量、位置，而原子論自然觀正是抽象思維下之產物。

　　反觀中國傳統思維方式注重辯證思維。老子首先提出「反者道之動」之辯證法的否定原理；荀子則闡述了辨合（結合分析與綜和）、符驗（理論應接受事實的檢驗）與解蔽（克服主觀之片面性）等辯證法原理；《易傳》主張「一陰一陽之謂道」之對立統一原理；此辯證思維亦爲後代思想家，如張載、王夫之、黃宗羲所繼承與發展。辯證思維之特點在於考察整體之普遍關係，表現於自然觀之上，就是物我不分、天人合一，中國傳統之辯證思維，實與代表辯證法之自然觀的「氣」概念思維，存在著密切之關連。

（三）科學發展型態的差異

　　原子論思想產生於古希臘，其思想表現於天文學上，阿納克西曼德提出

﹝註67﹞於西元前六世紀，畢達哥拉斯之 psyche 靈魂輪迴說，已開始具有個體性；德謨克利特斯則強調靈魂與作爲道德品評標準之自我的主體性；而柏拉圖乃使用反省語式主張自我認識、自我克服、自我完善。即連道德意識亦以個體爲前提，整個古希臘世界觀的核心就是個體性；對希臘人而言，凡無法支配自己與由人擺佈的人都是奴隸，若不依附他人才具有最高品格，此或許與雅典高度競爭性之生活方式有關。

﹝註68﹞語出李約瑟：《中國科學技術史》第三卷，頁337。

太陽與星星是自原先火焰炙熱之外衣中所分出的碎片，整個世界是從渾沌未分的原質中分裂產生。在數學上，古希臘偏重幾何，而原子是幾何學的基石，原子組成線，線組成面，再由面組成體；在生物學上，恩培多克利斯主張生物進化論，以人與動物之頭、眼、臂、腿原是各自獨立，後經由愛的吸引方互相結合產生萬物。正是科學家們以獨立的物質元素之相互結合，來詮釋人體之形成與宇宙萬物之結構的同時，原子論自然觀即應運而生。

　　反觀中國氣論的產生，亦相呼應於古代自然科學之發現與開展，在天文學上，古人以「氣」作為宇宙萬物之原始材質，此乃《皇帝內經》〈素問・陰陽應象大論〉：「清陽為天，濁陰為地」、「一氣充溢，分為兩儀。……輕清者上為陽為天，重濁者下為陰為地」。亦由於農業生產型態，古人亦關懷季節之變化與自然界中之風雨、霜雪與雷霆之成因，然受限於當時之科學知識，則以「氣」來歸納一切的變化，此即《淮南子》〈天文訓〉：「天之偏氣怒者為風，地之含氣合者為雨，陰陽相薄，感而為雷，激而為霆，亂而為霜。陽氣勝則散而為雨露，陰氣勝則凝而為霜雪」。在醫學上，奠定中醫理論基礎之《皇帝內經》，自「氣」之陰陽對立的統一觀點來考察人體，此乃〈素問・生氣通天論〉：「自古通天者生之本，本於陰陽、九竅、五臟、十二節，皆通乎氣」，甚而，亦以陰陽之平衡與否來做為人體健康或疾病之病徵，此即〈素問・生氣通天論〉：「陰陽乖戾，疾病乃起」。由視生命為複雜的自我調節機制，與自整體原則上說明生命之現象，具有整體性、連續性與功能性之氣論思維，實與中國古代科學之發展形態，有著相當程度之關係。

　　基於中西方自然觀之差異的原因分析，西方哲學主張理性的、對立的思索與邏輯的分析；中國哲學則強調將個人、社會與自然連為一個整體而作直觀思維；東西方自然觀之不同標準，主要是取決於思維方式之不同所導致的。

　　此外，因著思維方式、文化背景與社會政治及其科學發展型態之不同所帶出之差異的自然觀，中國之氣論與西方之原子論，個別地歷經了二千多年之獨立發展，兩者之間的表現亦有明顯之差異。

1. 直觀性與思辨性之差異

　　古希臘原子論擅長以理性思辨的方式來把握客觀世界，著重對考察對象進行理論的概括。此思辨性之特長表現在對原子特性的描述上 〔註 69〕（原子

〔註69〕亞里斯多德：《形而上學》第一卷，第四章記載：留基伯自原子與虛空的觀點出發，進一步將巴門尼德斯之「必然性」與赫拉克利特斯之「邏各斯」結合

無空隙不可分，具有大小、形狀及重量等屬性）、對事物與客觀世界的觀察上〔註70〕（萬物是原子的表現形式，而原子與虛空的結合就成爲萬物）與對運動狀態的詮釋上〔註71〕（事物在虛空中是永恆運動的）；而此特長之展現亦爲自然科學之發展重新提供了哲學基礎。

反觀中國傳統之氣論則呈現出較多之直觀特性。此直觀之特性反應在對自然界之直觀認知〔註72〕、以陰陽而爲生成萬物之思想〔註73〕與五行觀點之發展上。〔註74〕至於，陰陽五行是如何形構與化生宇宙萬物，及如何促使自然界之變化與發展，傳統中國氣論很難於直觀思維之外，給予科學嚴格的理論說明。雖然，依老莊思想之成物過程，常以抽象之一、二、三，或寓言之方式帶過即止，因「氣」之成物，其過程乃思辯的理論、邏輯的結果，而非

起來，視必然性爲原子論之基本概念，而主張「沒有任何東西是任意的，一切都能説出理由，並遵循必然性」。

〔註70〕 德謨克利特斯説道：「不可感的原子可以組合成一切可感的物體」；參閱亞里斯多德：《形而上學》第一卷，第四章。

〔註71〕 亞里斯多德曾謂：留基伯與德謨克利特斯以事物（物質）通過虛空而運動，不僅肯定了現實世界的變化、運動的合理性，而且，更將本質（原子）與現象（原子於虛空中的運動）統一了起來。參閱亞里斯多德：《形而上學》第一卷，第四章，頁 41。

〔註72〕 《莊子》〈天下〉記載：「南方有倚人焉曰黃繚，問天地所以不墜不陷，風雨雷霆之故」，當時的莊子以〈知北遊〉：「通天下一氣耳」來解釋。《管子》〈白心〉更言：「夫天不墜，地不沉，夫或維而載之也夫。……夫或者何？若然者也。視則不見，聽則不聞，灑乎天下滿」，此謂維載天地的（或）是瀰漫宇宙之「氣」。因而，中國古人對於天地之起源、四季的變化、風雨雷霆霜雪的成因，乃至曆法音律，都是出於直觀之感受，而以「氣」來加以解釋。

〔註73〕 《易經》自乾坤二卦（陰陽之象）推演出整個宇宙的結構，〈彖傳〉：「大哉乾元，萬物資始，乃統天」、「至哉坤元，萬物資生，乃順承天。坤厚載物，德合無疆」，以乾元坤元作爲萬物本原。此外，〈繫辭傳〉：「夫乾，其靜也專，其動也直，是以大生焉；夫坤，其靜也翕，其動也闢，是以廣生焉」、「男女媾精，萬物化生」，亦以人類的行爲來比附自然界的運動。依此可知，陰陽之説自中國傳統思維方式而出，亦將自然界之結構型態與運動型態納入氣論思維之中；因而，氣分陰陽，陰陽二氣結合而化生萬物之思想，即爲中國氣論思想之共同觀點。

〔註74〕 五行説在中國思想史上影響深遠，五行不僅指木火土金水五種物質元素，尚且包含五色、五音、五味、五德等屬性與關涉運動型態對人之作用，以《朱子語類》卷九十四，朱熹的話頭來說就是：「天地之間，何事而非五行」。所以，許多中國哲學家都將五行與陰陽之氣相提並論；所不同的是，兩漢董仲舒、王充，是結合陰陽之氣與五行之氣來解釋萬物的構成及性質，而宋代之周敦頤、朱熹，則進一步以二氣五行的結合來闡述萬物的生成。

感官所能掌握的狀貌，是以，無法做成實際之描述；這可謂是中國氣論特有之含混性，且此含混性對於詮釋宇宙萬物之生成變化有著極大的方便性，因而可說是中國氣論的獨到之處，亦是莊子「氣」概念思想的一大特色。

2. 整體性與個體性之差異

古希臘哲學家留基伯與德謨克利圖斯所謂的原子（atom），是指一種沒有空隙、最後不可分的物質微粒，也是組成物體的最小單位；〔註75〕亞里斯多德亦指出，原子是不可分的個體。

反觀中國古代之「氣」概念，卻是意指整體的形構材質。〈大宗師〉：「彼方且與造物者爲人，而游乎天地之一氣」，與〈知北遊〉：「通天下一氣耳，聖人故貴一」；所謂「一氣」即「一」，「一」即「一氣」。其所謂「一」，《禮記》〈禮運疏〉孔穎達曰：「未分曰一」，所謂未分即是整體，故而，「一」指整體。並且，中國古代哲學家常言「天地未生，混沌一氣」，「混沌」亦是整體之意。若謂「道」是絕對無待、無所不容，不受任何限制，則自宇宙生成之面向而言，「一氣」代表「道」之動化特性，彰顯「道」爲萬物根本；此「一氣」之動而萬物化成之意義，自應具此不受範限之特性，此亦爲莊學何以結合「氣」與「一」之概念而爲生成萬物之緣由。而「氣」之整體主要表現在無邊無際的特質上，依《管子》的記載，「氣」之特質爲〈心術上〉：「其大無外，其小無內」及〈內應〉：「其細無內，其大無外」；「氣」所占有的空間既無限小，又無限大，而無限小又無限大之關係，猶如〈宙合〉：「合絡天地，以爲一裹，散之至於無間」，所謂「無間」，也就是整體。漢代之後，「氣」之整體觀逐漸明朗，《論衡》〈談天〉王充曰：「天地，含氣之自然也」與〈天論〉劉禹錫曰：「空者，形之希微者也」，皆謂「氣」爲充斥宇宙空間的整體物質。直至宋朝，張載明言「虛空即氣」，且稱「氣」之整體爲太和，《正蒙》〈太和〉：「太和所謂道，中涵浮沉升降動靜相感之性，是生絪縕相蕩、勝負屈伸之始」，所言虛空與太和，皆指無限的宇宙整體。明代之方以智，將「氣」定義爲：「充一切虛，貫一切實」（《物理小識》卷一），顯示「氣」乃統攝與貫穿虛實時空之整體。明清之際王夫之於《張子正蒙注》〈太和〉曰：「陰陽二氣充滿太虛，此外更無他物……天之象，地之形，皆其所範圍也」，此亦言「氣」即瀰漫一切、包羅萬象、無所不在與無邊無際之廣大整體。

〔註75〕參閱亞里斯多德：《形而上學》第一卷，第四章。

3. 無形性與有形性之差異

古希臘哲學家以爲原子是有形的物質微粒，留基伯與德謨克利特斯將原子特性歸納爲形狀、次序與位置三種，〔註76〕爾後，伊比鳩魯進一步指出原子尚具有重量的特性。伊比鳩魯此說象徵原子論者已自原子的形狀等物理性質，跨越至認知物質內部結構與事物構成要素之重要進展，成爲解釋物質自身運動之原因。

反觀中國哲學中之「氣」則是絪縕無形之物，早在春秋時期《左傳》〈召公元年〉醫和即指出：「天有六氣。……六氣曰陰、陽、風、雨、誨、明」，此言六氣的共同特點就是沒有固定的形體。依《說文解字》釋「氣」爲：「元氣也，象形」，可知「氣」乃飄忽不定之風雲煙霧。《莊子》〈至樂〉亦言：「雜乎芒芴之間，變而有氣，氣變而有形」，所謂芒芴亦指渾然無形，「氣變而有形」是指無形之氣存在於有形之物之先，〈知北遊〉更言：「不形之形，形之不形」，〔註77〕就是說由無形之氣產生出有形之物，再由有形之物復歸於無形之氣，從萬物之起始迄於終結，都是無形之氣的作用。漢代之後，氣之無形的思想更形發展，王充指出：「氣茫蒼無端末」（《論衡》〈變動〉）、「非物則氣」（《論衡》〈紀妖〉）、「不爲物則爲氣」（《論衡》〈論死〉）、「無體則氣」（《論衡》〈祀義〉）、「非形體則氣」（《論衡》〈卜筮〉），而此皆言「氣」相對於有形之物而言，是一種無形之物。宋代張載著《正蒙》〈太和〉亦謂：「太虛無形，氣之本體」、「氣本之虛，則湛一無形」；可知「氣」乃無形、無象、無端末、無終極止息，永存於宇宙中之物質。至於，「氣」是否具有內部結構，「氣」如何構造事物的不同性質，無形之氣如何產生有形之物，中國氣論卻鮮少論及；而這亦爲偏重抽象直觀之中國氣論，與傾向具體思辨之西方原子論者的基本差異之所在。

4. 連續性與間斷性之差異

西方原子論者以爲世界是由原子所構成，原子存在於虛空之中，原子與原

〔註76〕形狀指原子體積的大小及外形的變化，如圓形或扁形、表面平滑或粗糙、一定數量的角等；次序指原子排列的方式；位置指原子的方位。德謨克利圖斯以體積與形狀等爲原子之屬性，但爲解釋物質之運動現象的成因，伊比鳩魯再次提出重量而爲原子之屬性，且爲原子自身運動之原因。亦由於原子論者視原子與原子間爲絕對的虛空，所以，原子除相互接觸與發生碰撞之外，似乎就不再具有其他的關係。不過，很顯然地原子論者將重量視爲原子之本質屬性時，忽略了物質之所以有重量是因爲物質間具有相互吸引的關係。

〔註77〕成玄英疏：「夫從無形生形，從有形復無形質」。

子間存在著間隙（此間隙要比原子所占的空間大得多），具有不可入性。換言之，原子是間斷性的物質微粒，間隙或虛空的存在，即是原子理論的必要前提。

反觀中國哲學中之「氣」，則沒有空隙，是在空間中具有連續性〔註78〕的概念。《管子》〈內應〉言「氣」為：「下生五谷，上為列星，流於天地之間」、〈白心〉亦云：「灑乎天下滿」；《莊子》〈知北遊〉也說：「通天下一氣耳」；此謂流、滿、通，即言「氣」之連續形態。漢代《淮南子》〈泰族訓〉：「萬物有以相連，精侵〔註79〕有以相蕩」，指出「氣」具連接萬物之作用與屬性，「氣」自身即為連續性的存在。北宋《正蒙》〈太和〉曰：「氣之聚散於太虛，猶冰凝釋於水，知太虛即氣，則無無」，此言張載將「氣」比喻作水，而水在古代無疑是被視為連續形態的存在，所謂的無「無」，亦指「氣」貫穿於空間而無虛空，因而，太虛之氣亦為連續性之存在。明代《張子正蒙注》〈太和〉王夫之曰：「氣充滿太虛，……亦無間隙」，無間隙即代表「氣」的可入性，而《莊子解》〈達生〉王夫之言：「氣有動之性，猶水有波之性」，道出「氣」如水波般綿延連續。清朝《孟子字義疏證》〈天道〉戴震亦謂：「道猶行也，氣化流行，生生不息」，認為道就是「氣」連續不斷的流行、生成與變化的過程。

依上所論，倘若西方原子論所主張思辨性、個體性、有形性與間斷性，就作為一種方法論與世界觀，曾對古希臘的自然哲學與歐洲近代科學理論產生巨大影響的話，那麼，以莊書為首，強調直觀性、整體性、無形性與連續性之中國氣論傳統思維，則為中國二千多年來之哲學理論與古代科學留下了無可磨滅的基本定調。

而如何透過中西傳統自然觀之差異比較，呈顯中國氣論之現代意義與永續價值，這是現階段研究「氣」概念思維的當務之急。由於，中國傳統氣論思想與中國古代科學理念是密切關聯的，但是，隨著近代中國科學的落後不振，中國氣論也相應沉寂。〔註80〕不過，氣論自然觀一如人類其他認知一般，

〔註78〕《邏輯學》上卷，頁195；黑格爾曾指出：所謂「連續性」，就是指「有區別的諸一」；「不以虛空或否定物為它們的關係，而以自己的連續性為關係，而且，這種自身相等在多中並不間斷」。古代中國的氣論亦持有此連續性的概念。

〔註79〕高誘注「侵」：氣之侵入者也。

〔註80〕李志林先生指出中國氣論沒落的原因是：「近代自然科學的誕生，特別是牛頓力學的成功，與比較密切的是原子論自然觀，指導著近代科學發展達二三百年之久。同時，哲學發展到機械唯物論階段，在自然觀上占支配地位的也是原子論。而中國近代哲學卻並沒有發展到機械唯物論階段。所以，中國傳統哲學在天道觀上的『理氣』之辯，在近代被冷落了」。語出李志林：《氣論與

並未隨著自然科學之發展而成其爲歷史的軌跡，反倒因著近代原子論之許多無法超克的理論困難〔註 81〕與形而上學自然觀向著傳統辯證法自然觀之復歸，〔註 82〕在現代又重現其意義與價值。簡而言之，莊書氣論自然觀及其思維方式，又在現代西方科學與文明發展之中，重新揚現其智慧與光芒。雖然，十七世紀法國哲學家、數學家笛卡兒之宇宙渦漩理論可能來自中國氣論之宇宙模型，而光學波動說之早期提出者之一的英國科學家胡克（R. Houke, 1665～1703），亦可能受到中國氣論自然觀及其思維之影響，〔註 83〕是以，現階段必須省思之兩大課題分別爲：回歸中國傳統氣論自然觀之本質，審視氣論對於現代科學究竟有何理論意義，及氣論如何對當代人類文明之發展產生助益。其實，這兩個問題是二而一的。面對氣論思想對於現代科學究竟有何理論意義之問題，須先定義中國傳統氣論自然觀之本質。莊子「氣」概念思想（中國傳統氣論自然觀）自構成論點詮釋萬物根本出發，主張從事物內在矛盾來詮表自然界的變化，強調萬之構成是連續和不連續之辯證的統一，否認自然界存在著絕對的虛空。莊書氣論對於現代科學之理論意義，就是中西自然觀之交融與合流，中西醫結合即是個顯明的例子。中醫和西醫各有不同之理論體系與方法，中醫是自整體觀念出發，對人體生命活動之感受、疾病本質之掌握與藥理作用之認知，都貫穿著矛盾統一之整體系統觀，建立在氣論基礎上之中醫理論，視人爲一有機的功能整體，在歷經二千多年之發展，時至今日，國際醫學界仍有許多有志之士，依從中醫見解，將中醫全面調節人體生理、心理狀態之治療原則，視爲西醫理論的重要補充。中西醫結合所以成爲日益爲人們接受之醫學界的新潮流，乃在於此新潮流反映了整體與局部、內因與外因、功能與數據、連續與間斷之辯證的結合，而此正體現了中

傳統思維方式》，頁 315。

〔註81〕 古希臘原子論發展至近代原子論，雖有力地推動了科學的進步，但卻也經歷許多無法克服的理論困難；此如，原子論之間斷性概念所追求之不可分的終極單元物質，不僅未被理論證實，反而不斷地被加以修正，亦即於原子之外，科學家相繼找到了電子、質子、中子、光子等二百多種基本粒子，而基本粒子仍有其結構，亦仍可分割，如今，多數物理學家已不再堅信原子不可分的概念，亦揚棄了尋找萬物終極性質之理念。

〔註82〕 十九世紀而後，生物進化論、能量守恆定律及電磁場理論，衝擊了形而上學自然觀，促使形而上學自然觀向著傳統辯證法自然觀形態復歸。

〔註83〕 關於笛卡兒與胡克之說明：參閱 R. A.尤利坦〈中國傳統的物理學和自然觀〉，載於《美國物理學雜誌》第 43 卷，第 2 期，1975。

西傳統自然觀之合流。隨著對自然界認知的加深與擴大，現代科學出現了整體化的趨勢，而整體化的趨勢即辯證發展的趨勢，此與中國傳統氣論之整體與辯證觀念正相符應。此外，中西自然觀之交融與合流，亦必須經受現代文明的洗禮與現代科學的改造。加拿大人試圖以現代科學語言，將《黃帝內經》的陰陽學說闡釋爲陰陽三定律，並用物理學、化學、數學原子結構的、人體生理學等原理，證明陰陽定律藉著堅實的科學基礎，可重獲新的生命形式。美國物理學家卡普拉（F. Capra）於 1975 年所寫成之論著《物理學之道》，嘗試將現代物理學與中國古代哲學作一對比，驚人地發現中國古代哲學的「氣」概念包含著現代物理學中「場」〔註84〕的觀念，卡氏認爲「氣」就是量子場，而不單單是存在的基本要素，而且，「氣」還以波的形式傳遞相互的作用，宇宙所有的現象就像是「氣」一樣，是一個和諧的整體，同時，卡氏亦強調現代物理學之復歸於中國傳統「氣」概念，並非出自攏統的直覺，而是倚靠精確複雜的實驗檢視與數學嚴格的數據顯示所達致的。〔註 85〕依此，可以確知現代化之精密研究與長足發展，已然重新賦予中國傳統「氣」概念以文明之躍進與科學之新義。〔註86〕

　　由於，現代合流之中西自然觀，如實地反映了中西文化衝突與交融所代表的一種面向，則於揭示中國傳統「氣」概念思維，已具有全新之現代科學之涵義的背後，更應回歸「氣」概念思維自身，落實一本質性的省思——以莊子爲首所代表之中國傳統氣論思想，其對後世之影響與價值爲何，欲深入

〔註84〕肯定了「場」的存在，也就否認了原子論所主張一無所有的盧空，由原子與盧空組成的世界成爲了由物質與場所組成的世界。如此，中國古代哲學家所設想的物質之清盧與濁重之分，物與物間同氣相感等觀點，即顯示其合理性。「場」是充滿空間的、可入的，有物質可入乎其中，而「場」亦可入乎物質之中，以此便可說明中國古代哲學家之「充盧之相移易」（《正蒙注》〈太和〉），「氣」乃清盧無礙，「有形有象者皆可入於中，而抑可入於形象之中」（《正蒙注》〈太和〉），便可藉由科學而得證明。

〔註85〕關於中國傳統「氣」概念思維，已具有全新之現代科學之涵義，所舉美、加之例，資料轉引自李志林：《氣論與傳統思維方式》，頁 319～324。

〔註86〕原子論者以爲，每個原子都是不可分的，因而是獨立自存、完全封閉的，而原子與原子間差異只在於體積、形狀與重量，原子間若接觸碰撞就形成萬物。然而，現代自然科學不僅否認了原子論的絕對盧空，而且也否定了原子的不可分。誠如黑格爾所言：欲使物質的結合成爲內在的、有機的，就必須打破原子的封閉性，使其從獨立自存的狀態改變而爲由某種關係決定的東西；而此改變似乎又印證了中國古代哲學家所謂「太虛無形，氣之本體，其聚其散，變化之客形爾」（《正蒙》〈太和〉）。

此一問題，就須先釐清並區別中國傳統氣論之知識意義與智慧意義之所在。在當今人類文明與科學高度發展之時代，氣論在作爲一種對宇宙與自然之認知，無疑地已失落其知識意義的主導地位，然而，觀之中國古代科學在明代之前曾長期領先於世界，其中必有許多值得珍視之理論瑰寶，此即氣論所蘊含的理論智慧所帶出之深刻洞見。以莊子爲首之傳統氣論所兼具之知識與智慧之雙重意義，是必須走向現代化與有可能現代化之思維路徑；而走向現代化的理論根據則在於去舊染與擇其新的批判態度。就氣論之凝固性、保守性的理論缺失，〔註87〕對於中國古代文化、哲學、科學所造成之消極影響，不可低估亦不可隱諱。故而，中國傳統氣論之影響與價值，就顯現在融會貫通中西自然觀、文化與哲學之合流，落實表現於深刻而核心地學習西方之學說理論、對中西學說理論進行分析與比較、打破定於一尊之思維模式從而進行反思中西文化、試圖建立中西結合之理論體系的努力與改變之中。是以，不論世代如何變遷、科技如何精湛，以莊子爲首之中國傳統「氣」概念思維，因著人心之歸趨與文化之所向，而能與時俱進。

　　平心而論，「氣」概念思維乃有其理論罅隙：其一是「氣」概念思維是以哲學理論的概括替代對科學理論的概括，而沒有獨立成爲自然科學的理論傾向；其二是「氣」論思維往往以含混的、籠統的概念來解釋自然科學現象，而缺乏概念的與思維的明晰與確定；其三是「氣」概念思維以氣、陰陽、五行爲中介的整體觀，於邏輯分析之形式化與系統化，有其明顯之不足；其四是「氣」概念在思維方式上具有某些含糊的神秘色彩。雖然如此，仍無法撼動莊子「氣」概念思維所具有之現代意義與理論價值。「氣」論與傳統思維方式關係密切，既受傳統思維方式的制約，又爲傳統思維方式提供智慧。〔註88〕由於，中西自然觀之現代合流，反映出中西文化衝突融合的一個側面，因而，在定位中國傳統「氣」概念之價值時，實應進一步區分知識的意義與智慧的

〔註87〕任何思維一落入傳統，就會產生凝固性、保守性與消極性，因而就需要更新改造；氣論思想亦不例外。《清代學術概論》梁啓超指出，不能因爲某些現代哲學家、科學家對氣論的重視，而將「氣」概念附會現代辯證法之自然觀、科學觀，以之爲古已有之，這是以新知附益舊說之誤謬，亦是謂西方皆中土所已有之弊端。

〔註88〕中國傳統「氣」論所蘊含的現代科學智慧，包含（1）力圖自物質本原來認識與說明世界（2）強調物質結構是連續與不連續之辯證的統一（3）認爲物質既不可創造也不可消減（4）主張自事物內部的矛盾來說明自然界的變化（5）否認自然界存在著絕對的虛空。參閱李志林：《氣論與傳統思維方式》，頁7。

意義，意即以「氣」概念作爲不斷更新的知識而言，其所包含之智慧是永遠不會背時的。

此外，值得關注的是，莊子「氣」概念思想所展現之意義與價值，就在於明分出東西方哲學之思域差異。西方原子論以爲原子是被虛空所充滿之有形的、不可分與不可入的微小粒子；而「氣」概念一方面是充盈無間、至精無形、無限的、能動的、可入的存在，另一方面則成爲現代量子力學之重要概念（場）的先驅。雖然，莊學並未對萬物既根於「一氣」之化，何以成物之後會有千差萬別，而給出明確的解答，也或許，明道之人方能「語大義之方」，一般人於此也只能「議之所止」。但這也許是中西哲學的根本差異之處，相較西方哲學論理清晰周延，中國哲學在許多概念的解讀上，常保持著某種程度的模糊性。莊學雖以現象世界有其客觀存在的原始材質，但這卻非生命關懷的論說重點；雖不質疑人的認知能力是否能夠達到外在的客體，且內在觀念是否與外在客體相合，然而基本上這些都不是真正的問題。〔註 89〕莊學所致力的是明瞭「氣論」之真實概念與豐富意涵，其終極關懷的是如何透過「道」「氣」意義、功能、價值之探討，作爲現象世界之思考、反省與依據，進而超越有限自我上達生命之永恆理境。亦即，莊子不以理性認知的進路把握理解「氣」概念，而欲借助工夫修爲彰顯人之所以爲人之尊貴與價值，雖則，「氣」概念思維有其模糊之處，卻也更增其虛明靈動之特性，留與後人不斷發掘與持續研討之無限空間。

總之，莊子「氣」概念所呈顯之現代意義與理論價值，歸根究底即是自莊子思想所啓發帶動之人生態度，一如〈秋水〉所言：「夫物，量無窮，時無止，分無常，終始無故。是故大知觀於遠近，故小而不寡，大而不多：知量無窮。證曏今故，故遙而不悶，掇而不跂：知時無止。察乎盈虛，故得而不喜，失而不憂，知分之無常也。明乎坦塗，故生而不說，死而不禍：知終始之不可故也」，面對森然萬象的現象世界，只有培養宏觀之智慧，方能了解氣化流行是永恆循環，因而不致執著物之大小、多寡與遠近，從而異中求同，由末探本。明瞭人生歲月的有限，氣化作用的永恆，就不致感嘆遙遠事物的

〔註89〕〈養生主〉：「吾生也有涯，而知也無涯，以有涯隨無涯，殆矣」；生指生命，有涯之生，表有限的時間，無涯亦即時間之無限，而此即是說明，作爲人類認識對象的客觀世界之發展變化，永遠不會完結，也是證明時間之流逝永遠不會停止。莊子於此揭示人生有限與認識對象的無限，這是很深刻的。

不及，亦不致汲汲於眼前事物的追求。亦可因此而體悟人世之盈虛消長，不過是道化氣行之結果，因而能夠不以物喜，不以己悲。當了然生命之有限與知識之無窮時，最佳的心態是適可而止，不再向外盲目追逐，導致心神迷亂不安，對於人力不及之處，安於其所不知，並且，以「道」與「氣」之知來安頓人生，超越萬物之差異性與相對性，則「道」與人、「道」與物，乃至人與人、人與物，即皆能相通而爲一。亦且，莊學中既有至高無上的道，又有通于天下之「氣」；既有對現實環境的深刻觀察與批判，又有其客觀地冷漠與超脫；既講安然順命，又講絕對自由；既言懷疑論調，又言理想思維；既說辯證方法，又說詭辯理論；既強調安時處順、與人不爭的一面，又主張曠達不羈、傲視權貴的表現；以上種種側面都在莊子哲學中，矛盾綜合地呈現出來。〔註 90〕因而，明白莊學有其對立地統一，亦是呈顯「氣」概念思想之重要關鍵。此乃牟宗三先生所謂真理必須要通過形而上之必然性限制來表現之意：「理學家也很看重這個氣，氣雖然是形而下的，它阻礙、限制我們，但同時你要表現那個理也不能離開氣。離開氣，理就沒表現」。〔註 91〕同時，「道」、「真理」亦必須通過這個生命而表現，此是人生的悲劇性，生命在表現「道」、「真理」，同時又限制這個「道」、「真理」，此限制都是形而上地必然，也即是莊子所謂之「弔詭」（paradox）。

　　莊學在一定意義上可說是一種批判的哲學、解放的哲學，富於啓發性的

〔註 90〕 依劉笑敢先生指出，莊子出身戰國時代的平民階層，思想性格亦顯露其內在之矛盾性，其表現於人生態度上有二重化的傾向：一方面可以激烈地抨擊現實，揭露統治者的兇殘本性，另一方面也很容易滿足現狀，陶醉在安然順命的氛圍之中；一方面是對現實不滿，消極悲觀，心灰意冷，另一方面又積極追求精神自由，安身立命，樂觀放達；一方面否定認識的可靠性，承認現實中的矛盾，另一方面又嚮往無差別之道的直觀境界，盡力抹殺矛盾。依此可知，莊子思想之矛盾與統一，乃是因爲集批判與反省於一身之故。劉先生說明莊子的消極悲觀情狀是：「比別人更敏感地感受到了社會生活中的客觀必然性，更深刻地看到了統治階級的殘暴貪婪的本性是不可能改變的，更懂得自己及自己所從屬的社會力量是無法根本扭曲混亂的社會現實的，他也比別人更清醒地認識到每一種行動、每一種願望都可能走向自己的反面，因此他感到強烈的無可奈何的悲哀，感到有所爲不如無所爲，有所求不如無所求，然而他又比別人更強烈地渴望精神的獨立自由，這就造成了他思想上深刻的矛盾」。據此可知，劉先生對莊子的看法，正是歷史背景下悲劇人物對於現實社會的真切反映。參閱劉笑敢：《莊子哲學及其演變》，頁 248～249。

〔註 91〕 語出牟宗三：《中國哲學十九講》，頁 9。

哲學，莊子更是中華民族的幽默大師與浪漫大師。〔註92〕筆者一路探索「氣」論於中國傳統思維方式的傳承與變革，以及向現代化轉換的可能性與契機；得出一面肯定傳統「氣」論之智慧的光采，一面揭示傳統「氣」論之侷限性的結論。在思考文化與哲學的關係之際，亦反省傳統文化哲學的靈魂與所觸及的概念體系何以最能反映民族文化的特徵與時代的特點，從中試圖尋找傳統歷史與現代文化之創造性轉換的接合點。此因任何有價值的、在歷史上產生過深遠影響的思想理念或學說理論，是不會隨著歷史腳蹤而成其為過去的。「氣」概念思維帶給人們的，不僅僅是緊扣歷史形成的發展過程，而且，包含反映人類認知之規律發展與理論智慧，通過對「氣」概念之研究與反思，人類思維的發展才是自覺與理性的，亦才能循著更理想的方向邁進。

〔註92〕 參閱劉笑敢：《莊子哲學及其演變》，內容提要（34），頁5。

參考書目

（依姓氏筆劃爲序）

一、《莊子》原典及其注疏校詁之部

1. 王先謙：《莊子集解》（台北市：文津出版社，1983 年）。
2. 王叔岷：《莊子校詮》（台北縣：藝文書局出版，1978 年）。
3. 王夫之：《莊子通・莊子解》（台北市：里仁書局出版，1984 年）。
4. 林西仲：《標注補義莊子因》（台北市：弘道出版社，1970 年）。
5. 馬敘倫：《莊子義證》（台北市：弘道出版社，1970 年）。
6. 陳壽昌：《南華眞經正義》（台北市：廣文書局出版，1978 年）。
7. 陳鼓應：《莊子今註今釋》（台北市：商務書局出版，1985 年）。
8. 陳冠學：《莊子新注》（台北市：東大圖書出版，1989 年）。
9. 郭慶藩輯：《莊子集釋》（台北市：漢京出版社，1983 年）。
10. 郭象：《南華眞經注》（台北市：中華書局出版，1987 年）。
11. 黃錦鋐：《新譯莊子讀本》（台北市：三民書局出版，1987 年）。
12. 焦竑：《莊子翼》（台北市：廣文書局出版，1979 年）。
13. 張默生：《莊子新釋》（台北市：漢京文化出版，1983 年）。
14. 劉武：《莊子集解內篇補正》（台北市：文津出版社，1988 年）。
15. 釋德清：《莊子內篇憨山註》（台北市：琉璃經房出版，1985 年）。
16. 成玄英：《南華眞經注疏》，嚴靈峰編《無求備齋莊子集成初編》，第三、四冊（台北縣：藝文印書館，1969 年）。
17. 林希逸：《南華眞經口義》，嚴靈峰編《無求備齋莊子集成初編》，第七、八冊（台北縣：藝文印書館，1972 年）。
18. 方以智：《藥地砲莊》，嚴靈峰編《無求備齋莊子集成初編》，第十七冊（台北縣：藝文印書館，1972 年）。

19. 劉辰翁：《莊子南華真經點校》，嚴靈峰編《無求備齋莊子集成續編》，第一冊（台北縣：藝文印書館，1974年）。

20. 陸長庚：《南華真經副墨》，嚴靈峰編《無求備齋莊子集成續編》，第七冊（台北縣：藝文印書館，1974年）。

21. 焦竑：《莊子翼》，嚴靈峰編《無求備齋莊子集成續編》，第十一、十二冊（台北縣：藝文印書館，1969年）。

22. 林雲銘：《莊子因》，嚴靈峰編《無求備齋莊子集成續編》，第十八冊（台北縣：藝文印書館，1974年）。

23. 宣穎：《南華經解》，嚴靈峰編《無求備齋莊子集成續編》，第三十二冊（台北縣：藝文印書館，1969年）。

24. 陳壽昌：《莊子正義》，嚴靈峰編《無求備齋莊子集成續編》，第三十七冊（台北縣：藝文印書館，1969年）。

25. 高亨：《莊子新箋》，嚴靈峰編《無求備齋莊子集成續編》，第四十二冊（台北縣：藝文印書館，1974年）。

二、其它原典及其注疏校詁之部

1. 王弼：《老子註》（台北縣：藝文印書館，1975年）。

2. 王弼原注‧袁保新導讀《老子》（台北市：金楓出版，1987年）。

3. 王充：《論衡》（台北市：中華書局出版，1966年）。

4. 司馬遷：《史記》（台北市：鼎文書局出版，1984年）。

5. 左丘明撰‧韋昭注《國語》（台北市：漢京文化出版，1983年）。

6. 朱熹集註：《詩經讀本》（台南市：綜合出版社，1986年）。

7. 朱熹：《四書集注》（台北縣：藝文印書館，1980年）。

8. 朱熹撰；黎靖德編：《朱子語類》（台北市：文津出版社，1986年）。

9. 列禦寇撰；張湛注：《列子注釋》（台北市：革聯出版社，1969年）。

10. 余培林：《新譯老子讀本》（台北市：三民書局出版，1987年）。

11. 李勉註譯：《管子今註今譯》上、下冊（台北市：商務印書館，1988年）。

12. 李滌生：《荀子》（台北市：學生書局出版，1981年）。

13. 呂不韋：《呂氏春秋》（台北市：中華書局出版，1981年）。

14. 河上公注：《老子道德經》（台北市：廣文書局出版，1990年）。

15. 河洛圖書編輯群：《帛書老子》（台北市：河洛圖書出版，1975年）。

16. 林品石註譯：《呂氏春秋今註今譯》上、下冊（台北市：商務印書館，1986年）。

17. 段玉裁：《說文解字注》（台北市：藝文書局出版，1964年）。

18. 高亨：《老子正詁》（台北市：開明書店出版，1968 年）。

19. 高懷民：《大易哲學論》（台北市：成文出版社，1978 年）。

20. 陳鼓應：《老子今註今釋》（台北市：商務書局出版，1986 年）。

21. 陳久如：《皇帝內經今譯》（台北市：國立編譯館，1986 年）。

22. 陳啟天：《增訂韓非子校釋》（台北市：商務印書館，1985 年）。

23. 許慎：《說文解字注》（台北市：學海出版社，1977 年）。

24. 梁寬、莊適選註《左傳》（台北市：商務印書館出版，1973 年）。

25. 梁啟超：《墨子學案》（台北市：中華書局出版，1966 年）。

26. 焦竑：《老子翼》（台北市：廣文書局出版，1977 年）。

27. 程頤：《易傳》（台北市：學生書局出版，1967 年）。

28. 張載：《張載集》（台北市：漢京文化出版，1983 年）。

29. 張載撰；西進一郎、小糸夏次郎譯註：《正蒙》（東京市，岩波書店出版，昭和 13 年，1938 年）。

30. 張載撰；王夫之注：《正蒙注》（成都市，四川人民出版社，1998 年）。

31. 程俊英等譯注《詩經》（台北市：錦繡出版，1993 年）。

32. 鄭玄注：《禮記》（台北市：中華書局出版，1970 年）。

33. 墨子校注；吳毓江校注：《墨子》（台北市：廣文書局出版，1978 年）。

34. 繆天綬選註：《宋元學案》（台北市：商務印書館，1982 年）。

35. 謝大荒：《易經語解》（台北市：大中國圖書公司出版，1976 年）。

36. 釋德清：《老子道德經憨山解》（台北市：琉璃經房出版，1985 年）。

37. 《易經集註》（台北市：新陸圖書公司出版，1963 年）。

38. 王弼、韓康伯注《周易正義》，台灣中華書局四部備要經部（台北市：中華書局出版，1965 年）。

39. 許慎：《說文解字眞本》，台灣中華書局四部備要經部（台北市：中華書局出版，1981 年）。

40. 洪亮吉：《春秋左傳詁》，台灣中華書局四部備要經部（台北市：中華書局出版，1981 年）。

41. 鄭玄注：《禮記》，台灣中華書局四部備要經部（台北市：中華書局出版，1981 年）。

42. 董仲舒：《春秋繁露》，台灣中華書局四部備要經部（台北市：中華書局出版，1981 年）。

43. 呂不韋：《呂氏春秋》，台灣中華書局四部備要子部（台北市：中華書局出版，1981 年）。

44. 韓非：《韓非子》，台灣中華書局四部備要子部（台北市：中華書局出版，

1981 年）。

45. 管仲著；房玄齡注：《管子》，台灣中華書局四部備要子部（台北市：中華書局出版，1981 年）。

46. 劉安撰；高誘注：《淮南子》，台灣中華書局四部備要子部（台北市：中華書局出版，1981 年）。

47. 朱熹：《朱子大全》，台灣中華書局四部備要子部（台北市：中華書局出版，1981 年）。

48. 黃宗羲撰；全祖望續修；王梓材校補：《宋元學案一百卷》，台灣中華書局四部備要子部（台北市：中華書局出版，1981 年）。

三、道家哲學相關研究專書之部

1. 王邦雄：《莊子道》（台北市：漢藝色研出版，1993 年）。
2. 王邦雄：《生死道》（台北市：漢藝色研出版，1994 年）。
3. 王邦雄：《老子的哲學》（台北市：東大圖書出版，1993 年）。
4. 王邦雄：《中國哲學論集》（台北市：學生書局出版，1990 年）。
5. 王邦雄：《21 世紀的儒道：儒道兩家思想的現代出路》（台北市：立緒文化出版，1999 年）。
6. 王邦雄：《儒道之間》（台北市：漢光文化出版，1994 年）。
7. 王邦雄：《人人身上一部經典》（台北市：漢光文化出版，1993 年）。
8. 王邦雄等編著：《中國哲學史》（台北縣：國立空中大學印行，1998 年）。
9. 王邦雄、陳德和：《老莊與人生》（台北縣：國立空中大學印行，2008 年）。
10. 王叔岷：《莊學管闚》（台北市：藝文書局出版，1978 年）。
11. 王博：《莊子哲學》（北京：北京大學出版，2004 年）。
12. 方東美著‧孫智燊譯《中國哲學之精神及其發展》（台北市：成均
13. 出版社，1984 年）。
14. 方東美：《中國人生哲學》（台北市：黎明出版社，1980 年）。
15. 方東美：《原始儒家道家哲學》（台北市：黎明出版社，1993 年）。
16. 牟宗三：《中國哲學十九講》（台北市：學生書局出版，1993 年）。
17. 牟宗三：《圓善論》（台北市：學生書局出版，1985 年）。
18. 牟宗三：《心體與性體》三冊（台北市：學生書局出版，1981 年）。
19. 牟宗三：《才性與玄理》（台北市：學生書局出版，1985 年）。
20. 牟宗三：《歷史哲學》（台北市：學生書局出版，2001 年）。
21. 牟宗三：《牟宗三先生全集》（台北市：聯經出版社，2003 年）。
22. 李存山：《中國氣論探源與發微》（北京：中國社會科學出版社，1990 年）。

23. 朱曉鵬：《道家哲學精神及其價值境域》（北京：中國社會科學出版，2007年）。

24. 池田知久著・黃華珍譯：《「莊子」—「道」的思想及其演變》（台北市：國立編譯館，2001年）。

25. 李志林：《氣論與傳統思維方式》（上海：學林出版社，1990年）。

26. 吳康：《老莊哲學》（台北市：商務印書館，1987年）。

27. 吳怡：《逍遙的莊子》（台北市：東大圖書出版，1991年）。

28. 吳怡：《禪與老莊》（台北市：東大圖書出版，1991年）。

29. 吳怡：《中國哲學的生命與方法》（台北市：東大圖書出版，1984年）。

30. 吳汝均：《老莊哲學的現代析論》（台北市：文津出版社，1998年）。

31. 唐君毅：《中國哲學原論》〈導論篇〉〈原道篇〉〈原性篇〉（台北市：學生書局出版，1992年）。

32. 唐君毅：《哲學概論》（台北市：學生書局出版，1989年）。

33. 唐君毅：《人生之體驗續篇》（台北市：學生書局出版，1993年）。

34. 徐復觀：《中國人性論史》〈先秦篇〉（台北市：商務書局出版，1987年）。

35. 徐復觀：《中國藝術精神》（台北市：學生書局出版，1984年）。

36. 徐復觀：《中國思想史論集》（台北市：學生書局出版，1993年）。

37. 袁保新：《老子哲學之詮釋與重建》（台北市：文津出版社，1991年）。

38. 袁保新：《老子》（台北市：金楓出版社，1987年）。

39. 高柏園：《莊子內七篇思想研究》（台北市：文津出版社，1992年）。

40. 陳鼓應：《老莊新論》（台北市：五南圖書出版，1995年）。

41. 陳鼓應：《莊子哲學》（台北市：商務印書館，1989年）。

42. 陳鼓應註譯；王雲五主編：《莊子今註今譯》（台北市：商務印書館，1992年）。

43. 陳鼓應註譯；王雲五主編：《老子今註今譯及評介》（台北市：商務印書館，1997年）。

44. 陳鼓應：《管子四篇詮釋：稷下道家代表作》（台北市：三民書局出版，2003年）。

45. 陳鼓應：《易傳與道家思想》（台北市：商務印書館，1994年）。

46. 陳鼓應：《道家易學建構》（台北市：商務印書館，2003年）。

47. 陳德和：《道家思想的哲學詮釋》（台北市：里仁出版社，2005年）。

48. 陳德和：《從老莊思想詮詁莊書外雜篇的生命哲學》（台北市：文史哲出版，1993年）。

49. 陳品卿：《莊學研究》（台北市：中華書局出版，1982年）。

50. 崔大華：《莊學研究》（北京：中國人民大學出版，1992 年）。

51. 崔大華：《莊子歧解》（河南：中州古籍出版社，1988 年）。

52. 連清吉：《日本江戶後期以來的莊子研究》（台北市：學生書局出版，1998 年）。

53. 黃山文化書院編：《莊子與中國文化》（安徽：人民出版社，1991 年）。

54. 陸欽：《莊周思想研究》（河南：人民出版社，1983 年）。

55. 馮友蘭：《中國哲學史新編》（台北市：藍燈文化出版，1991 年）。

56. 馮友蘭：《中國哲學史》（台北市：商務印書館，1993 年）。

57. 馮友蘭：《新原道》（香港：九龍古文圖書公司出版，1972 年）。

58. 馮友蘭：《中國哲學史本書初集》（上海市：人民出版社，1962 年）。

59. 馮友蘭：《中國哲學史本書二集》（上海市：人民出版社，1962 年）。

60. 勞思光：《中國哲學史》（台北市：三民出版社，1991 年）。

61. 張立文等：《氣》（北京：中國人民大學出版，1996 年）。

62. 張榮明：《中國古代氣功與先秦哲學》（台北市：桂冠出版社，1994 年）。

63. 張立文主編：《道》（台北市：漢興書局出版，1994 年）。

64. 傅佩榮：《儒道天論發微》（台北市：學生書局出版，1985 年）。

65. 張恆壽：《莊子新探》（湖北：人民出版，1983 年）。

66. 曹礎基：《莊子淺注》（北京：中華書局出版，1990 年）。

67. 楊儒賓主編：《中國古代思想中的氣論及身體觀》（台北市：巨流圖書出版，1993 年）。

68. 楊儒賓：《莊周風貌》（台北市：黎明文化出版，1991 年）。

69. 葉海煙：《老莊哲學新論》（台北市：文津出版社，1997 年）。

70. 葉海煙：《莊子的生命哲學》（台北市：東大圖書出版，1999 年）。

71. 福永光司著‧陳冠學譯：《莊子》（台北市：三民書局出版，1985 年）。

72. 鄭世根：《莊子氣化論》（台北市：學生書局出版，1993 年）。

73. 鄭開：《道家形上學研究》（北京：宗教文化出版，2003 年）。

74. 劉笑敢：《莊子哲學及其演變》（北京：中國社會科學出版社，1987 年）。

75. 劉光義：《莊學蠡測》（台北市：學生書局出版，1987 年）。

76. 錢穆：《莊老通辨》（台北市：東大圖書出版，1991 年）。

77. 錢穆：《莊子纂箋》（台北市：東大圖書出版，1989 年）。

78. 錢穆：《中國思想史》（台北市：學生書局出版，1985 年）。

79. 鍾泰：《莊子發微》（江蘇：上海古籍出版社，1988 年）。

80. 鍾泰：《中國哲學史》（台北市：商務印書出版，1987 年）。

81. 羅光：《中國哲學思想史》〈先秦篇〉（台北市：學生書局出版，1987 年）。

82. 譚宇權：《莊子哲學評論》（台北市：文津出版社，1998 年）。

83. 蘇新鋈：《郭象莊學平議》（台北市：學生書局出版，1980 年）。

84. 嚴靈峰：《老子莊子》（台北市：正中書局出版，1991 年）。

85. 嚴靈峰：《莊子選注》（台北市：正中書局出版，1982 年）。

86. 嚴靈峰：《經子叢書》〈莊子的修養論〉（台北市：國立編譯館，1983 年）。

87. 嚴靈峰：《列子莊子知見書目》（香港：無求備齋，1961 年）。

88. 陳鼓應主編：《道家文化研究》第一、二輯（台北市：文史哲出版，2000 年）。

89. 陳鼓應主編：《道家文化研究》第四、五輯（上海：古籍出版社，1994 年）。

90. 陳鼓應主編：《道家文化研究》第六、七、八輯（上海：古籍出版社，1995 年）。

91. 陳鼓應主編：《道家文化研究》第九、十輯（上海：古籍出版社，1996 年）。

92. 陳鼓應主編：《道家文化研究》第十二、十四輯（北京：生活‧讀書‧新知三聯書店出版，1998 年）。

93. 陳鼓應主編：《道家文化研究》第十五、十七輯（北京：生活‧讀書‧新知三聯書店出版，1999 年）。

94. 陳鼓應主編：《道家文化研究》第十九輯（北京：生活‧讀書‧新知三聯書店出版，2002 年）。

四、相關哲學研究專書之部

1. 小野澤精一、福永光司、山井涌等編著，李慶譯：《氣的思想》（上海：人民出版社，1992 年）。

2. 王叔岷：《諸子斠證》（台北市：世界書局出版，1964 年）。

3. 王煜：《明清思想家論集》（台北市：聯經出版社，1981 年）。

4. 布魯格編著，項退結編譯：《西洋哲學辭典》（台北市：國立編譯館印，1976 年）。

5. 北京大學哲學系外國哲學史教研室編譯：《古希臘羅馬哲學》（北京，商務印書館，196 1 年）。

6. 任繼愈主編：《中國哲學史》四冊（北京：人民出版，1990 年）。

7. 任繼愈主編：《中國哲學發展史》〈先秦〉（北京：人民出版社，1983 年）。

8. 朱熹：《近思錄》（台北市：商務印書館，1980 年）。

9. 宇同：《中國哲學問題史》（台北市：彙文堂出版，1987 年）。

10. 艾柯等著:《詮釋與過度詮釋》(北京:生活‧讀者‧新知三聯書店出版,1997 年)。

11. 李震:《中外形上學比較研究》(台北市:中央文物供應社,1982 年)。

12. 李約瑟著;中國科學技術史翻譯小組譯:《中國科學技術史》(香港:中華書局出版,1975 年)。

13. 李澤厚:《中國古代思想史論》(台北市:華京出版社,1989 年)。

14. 余英時:《士與中國文化》(上海:人民出版社,1987 年)。

15. 沈清松:《現代哲學論衡》(台北市:黎明出版社,1986 年)。

16. 沈清松:《物理之後—形上學的發展》(台北市:牛頓出版社,1987 年)。

17. 吳永猛、林俊寬:《易經與風水》(台北縣:國立空中大學出版,2007 年)。

18. 武內義雄:《中國哲學思想史》(新竹:仰哲出版社,1982 年)。

19. 俞樾:《諸子平議》(台北市:商務印書館,1978 年)。

20. 胡適:《中國古代哲學史》(台北市:商務印書館,1982 年)。

21. 亞里斯多德:《形而上學》(新竹市,仰哲出版社,1982 年)。

22. 亞里斯多德著;徐開來譯:《物理學》(北京,中國人民大學出版社,2003 年)。

23. 梁啟超:《古書真偽及其年代》(台北市:中華書局出版,1973 年)。

24. 梁啟超:《老孔墨以後學派概觀》(台北市:中華書局出版,1977 年)。

25. 傅偉勳:《西洋哲學史》(台北市:三民書局出版,1981 年)。

26. 傅偉勳:《死亡的尊嚴與生命的尊嚴》(台北市:正中書局出版,1993 年)。曾昭旭:《王船山哲學》(台北市:遠景出版社,1983 年)。

27. 黑格爾(G. W. F. Hegel)。:王太慶、賀麟合譯:《哲學史講演錄》(中和市:谷風出社版,1987 年)。

28. 黑格爾著;王一之譯:《邏輯學》(台北市:結構群出版,1991 年)。

29. 項退結:《邁向未來的哲學思考》(台北:現代學苑月刊社,1972 年)。

30. 項退結:《海德格》(台北市:東大圖書出版,1989 年)。

31. 張岱年:《中國哲學大綱》(北京:中國社會科學出版,1982 年)。

32. 張岱年:《中國哲學發微》(山西:人民出版社,1981 年)。

33. 強昱著;湯一介、陳鼓應主編《從魏晉玄學到初唐重玄學》(上海:上海文化出版,2002 年)。

34. 湯用彤著‧湯一介等導讀:《魏晉玄學論稿》(上海:古籍出版社,2001 年)。

35. 楊祖漢:《當代儒學思辨錄》(台北縣:鵝湖出版社,1998 年)。

36. 聞一多:《聞一多全集》(北京:三聯書店出版,1982 年)。

37. 熊十力:《讀經示要》(台北市:明文書局印行,1984 年)。

38. 熊十力:《原儒》(台北市:明文書局印行,1988 年)。

39. 蔡仁厚:《孔孟荀哲學》(台北市:學生書局出版,1987 年)。

40. 蔡仁厚:《宋明理學》〈北宋篇〉〈南宋篇〉(台北市:學生書局出版,1983 年)。

41. 羅素(B. Russell)。著;劉福增譯註解:《哲學問題及精采附集》(台北市:心理出版社,1997 年)。

42. 羅素著;秦悅譯《中國問題》:(上海市:學林出版社,1996 年)。

43. 羅素作;胡品清譯《羅素論中西文化》:(台北市:水牛出版社,1988 年)。

44. 羅素著;正中書局編審委員會譯《哲學大綱》(台北市:正中書局出版,1963 年)。

45. 嚴靈峰:《無求備學術論集》(台北市:中華書局出版,1969 年)。

46. 嚴靈峰:《無求備齋學術新著》(台北市:商務印書出版,1987 年)。

五、期刊之部

1. 王邦雄:〈莊子思想及其修養工夫〉,《鵝湖月刊》(台北縣,第一七卷,第 1 期,總號第一九三)。

2. 王邦雄:〈從修養工夫論莊子「道」的性格〉,《鵝湖月刊》(台北縣,第二一卷,第 6 期,總號第二四六)。

3. 王邦雄:〈蝴蝶之夢「莊子寓言與人生哲學」〉,《藝壇》(台北,第一九六期,1984 年 7 月)。

4. 王邦雄:〈《莊子》心齋「氣」觀念的詮釋問題〉,《淡江大學中文學報》(台北縣,第 14 期,2006 年 6 月)。

5. 沈清松:〈莊子的語言哲學初考〉,《國際中國哲學研討會本書集》(台北市,台灣大學哲學系,1985 年)。

6. 沈清松:〈莊子的人觀〉,《哲學與文化》(台北市,14 卷 6 期,1987 年 6 月)。

7. 杜正勝:〈形體、精氣與靈魂——中國傳統對「人」認識的形成〉《新史學》(2 卷 3 期,1991)。

8. 胡孚琛:〈道家形、氣、神三重結構的人體觀〉(新竹市,國立清華大學中國文學系與研究所,氣與身體哲學研討會,1991 年 5 月)。

9. 袁保新:〈老子形上思想之詮釋與重建〉,《鵝湖月刊》(台北縣,第 110～115 期,1984 年 8 月～1985 年 1 月)。

10. 唐端正:〈郭注「齊物論」糾謬——論天籟、真宰、道樞、環中、天鈞、兩行〉,《鵝湖月刊》(台北縣,第 326 期,2002 年 8 月)。

11. 高瑋謙：〈莊子外雜篇之人論〉，《鵝湖月刊》（台北縣，第 193 期，1991年 11 月）。

12. 莊萬壽：〈太一與水之思想探究—《太一生水》楚簡之初探〉，《哲學與文化》（台北市，26 卷 5 期，1999 年 5 月）。

13. 傅佩榮：〈莊子人觀的基本結構〉，《哲學與文化》（台北市，15 卷 1 期，1988 年 1 月）。

14. 傅佩榮：〈道家的邏輯要點與認識方法〉，《哲學論評》（台北市，台灣大學哲學系，第 14 期，1991 年 1 月）。

15. 張亨：〈莊子哲學與神話思想—道家思想溯源〉，《東方文化》（香港：亞洲研究中心，21 卷，1983 年 2 月）。

16. 楊儒賓：〈論孟子的踐行觀—以持志養氣爲中心展開的工夫論面〉，《清華學報》（新竹市，國立清華大學，新 21 期，第 1 期，1990 年 6 月）。

17. 楊儒賓：〈向郭莊子注的適性說與向郭支道林對於逍遙遊義的爭辯〉，《史學評論》（台北市，第九期，1985 年 1 月）。

18. 楊儒賓：〈先秦道家『道』的觀念的發展〉，《台大文史叢刊》（台北市，第七十七期，1987 年）。

19. 楊儒賓：〈昇天變形與不懼水火——論莊子思想中與原始宗教相關的三個主題〉，《漢學研究》（台北市，1989 年 6 月）。

20. 楊儒賓：〈從「以體合心」到「遊乎一氣」——論莊子眞人境界的形體基礎〉（台中市，第一屆中國古代思想史研討會，1989 年）。

21. 鄔昆如：〈否定詞在道德經中所扮演的角色〉，《哲學與文化》（台北市，8卷 10 期，1981 年 10 月）。

22. 劉長林：〈說氣〉（新竹市，清華大學「氣」國際性研討會，1990 年 6 月）。

23. 顏崑陽：〈從莊子「魚樂」論道家〉，《中國美學論集》（台北市，南天，1987 年）。

24. 饒宗頤：〈帛書〈繫辭傳〉"大恒"說〉，《道家文化研究》，第三輯（上海：古籍出版社，1993 年）。

六、其他參考之部

1. 李零：《上海博物館藏戰國楚竹書》，第三冊（上海：古籍出版社，2003年）。

2. 蘇軾：《集註分類東坡先生詩》（台北市：商務印書出版，1975 年）。

七、本書參考之部

1. 毛忠民撰〈莊子氣論思想研究〉，李振英指導，輔仁大學哲學博士本書，1996 年。

2. 鄭世根撰〈莊子氣化論〉，嚴靈峰、張永儁指導，台灣大學哲學博士本書，1991 年。

八、日文之部

1. 大濱皓：《莊子哲學》（東京：勁草出版社，1982 年）。
2. 木村英一：《老子の新研究》（東京：株式會社創文社，1986 年）。
3. 阿部吉雄：《莊子》（東京：株式會社明德出版社，1972 年）。
4. 武內義雄：《老子と莊子》（東京：岩坡書店，1935 年）。
5. 森三樹三郎：《老子・莊子》（東京：株式會社講談社，1998 年）。

九、西文之部

1. A.C.Graham, *Chuang Tzu：The Inner Chapters*（London：George Allen & Unwin, 1981）
2. Ernst Cassier, *Myth of State*（New Haven：Yale Univ. Press, 1945）
3. F.C.Northrop, *The Meeting of East and West*（N.Y.：Macmillan, 1946）
4. Giancarlo Finzzo, *The Notion of Tao in Lao Tzu and Chuang Tzu*（Taipei:Mei Ya Publications,Inc., 1968）
5. Joseph Needham , *Science and Civilization in China*（Cambridge University Press, 1962）
6. Kuang-ming Wu, *Chuang-tzu:World Philosopher at Play*（New York:The Crossroad Publishing Company, 1982）
7. K.Popper, *Objective Knowledge*（Oxford：Clarendon Press, 1972）
8. Richard Wilhelm, *The I Ching or Book of Changes*（Princeton：Princeton Univ. Press., 1967）
9. Victor H.Maired, *Experimental Essays on Chuang-tzu*（Hawaii:The University of Hawaii Press, 1983）
10. Wing-tsit Chan, *A Soure Book in Chinese Philosophy*（New Jersey:Princeton University Press,4th printing., 1973）